# 前言

人工智能（Artificial Intelligence，AI）已上升为国家战略，Python 凭借丰富的 AI 库、机器学习库、自然语言和文本处理库，在 AI 领域广受好评。此外，Python 还可应用于数据分析、组件集成、图像处理、科学计算等众多领域。

党的二十大报告提出"创新是第一动力"，要"加快实施创新驱动发展战略"。为响应跨界创新的要求，不同层次、不同专业的读者迫切需要一种可以更多地专注于解决问题，而不必更多地考虑细节的计算机语言。Python 成为首选。

Python 具有简单、优雅、明确、易学等特点，是学习编程的入门级语言。豆瓣、知乎、百度、腾讯、美团等知名互联网企业都在使用 Python。几十万的第三方库形成了 Python 的"计算生态"，推动了 Python 的发展。

Python 应用广泛，其学习需求也日益增长，教育部在 2018 年将 Python 纳入了全国计算机等级考试范围。本书第 1 版、第 2 版分别于 2019 年 2 月、2022 年 2 月出版，得到了广大读者的认可。本书第 3 版做了如下改进。

（1）增加了 AI 辅助编程的内容。大部分章节融入 AI 实践相关内容，紧跟当前技术热点。

（2）完善了 numpy 库、matplotlib 库相关的内容；删除了教学实践中讲得较少、等级考试也不涉及的数据库编程相关内容；将正文中各章的"小结"模块转移到本书的配套资源中。

（3）修订了因 Python 的版本升级、第三方库更新、部分在线资源改变等引起的内容变化。在原有资源基础上，增加了上机实践的电子资源，为本书内容的深化和拓展提供了支撑。

（4）完善主要内容的微课视频，强化百科园教育软件平台的支持，让读者能够实现按章节练习测试，或在百科园客户端进行在线编程测试。

本书主要具有以下特点。

（1）重点突出。内容体系科学完整，章节次序由浅入深。考虑到 Python 语言的应用特色，与其他程序设计教材相比，本书更强调应用思维。

（2）案例丰富。全书设计了超过 200 个示例，内容基本覆盖 Python 的核心知识要点，还提供了教学平台、PPT 课件、程序源码，读者可前往人邮教育社区（www.ryjiaoyu.com）下载。此外，编者还录制了重难点内容的课程微视频，读者扫描书中二维码即可观看。

（3）针对性强。本书内容与全国计算机等级考试和 Python 实际应用需求相匹配。书中的知识点基本覆盖了等级考试的核心内容，部分使用频率较低的知识点已被删减。

本书建议教学的组织形式为"示例—分析—练习—总结"。从应用的角度介绍 Python 语言，通过示例说明编程的方法和过程。建议授课 48 学时，第 11～13 章的内容可根据需要选讲，书中标注*号的章节可以略讲，这部分内容不影响 Python 的学习和全国计算机等级考试的备考。

本书由刘德山、朱斌、李鹏、高国军主编。在修订过程中，本书吸收了相关高校一线任课老师的宝贵建议，在此表示感谢。书中难免存在不足之处，恳请读者批评和指正。

编　者
2025 年 1 月

高 等 院 校 程 序 设 计 **新 形 态 精 品** 系 列

Python 3 Programming

# Python 3

## 程序设计

|第3版|AI辅助版|附微课视频|

刘德山 朱斌 李鹏 高国军 ◎ 主编

人民邮电出版社

北 京

**图书在版编目（CIP）数据**

Python3 程序设计：AI 辅助版：附微课视频 / 刘德山等主编. -- 3 版. -- 北京：人民邮电出版社，2025.
（高等院校程序设计新形态精品系列）. -- ISBN 978-7-115-67422-7

Ⅰ. TP312.8

中国国家版本馆 CIP 数据核字第 2025531CR0 号

## 内 容 提 要

本书以通俗易懂的语言、翔实的示例、新颖的内容诠释了 Python 这门简单、优雅、明确、易学的计算机语言。全书共 13 章，第 1～10 章介绍了 Python 语言基础，覆盖了全国计算机等级考试 Python 语言的主要内容；第 11～13 章介绍了 Python 语言的应用以及第三方库的应用。全书穿插 AI 辅助编程的相关内容。本书提供微课视频、教学平台。教材内容以应用为核心展开，力求以知识的最小集来实现最大范围的应用。

本书难度适中，可作为本科院校和职业院校相关课程的教材，也可作为初学者学习 Python 程序设计课程的教材，还可作为全国计算机等级考试二级 Python 语言程序设计考试的辅助教材。

◆ 主　编　刘德山　朱　斌　李　鹏　高国军

　　责任编辑　韦雅雪

　　责任印制　马振武

◆ 人民邮电出版社出版发行　　北京市丰台区成寿寺路 11 号

　　邮编　100164　　电子邮件　315@ptpress.com.cn

　　网址　https://www.ptpress.com.cn

　　三河市君旺印务有限公司印刷

◆ 开本：787×1092　1/16

　　印张：16.25　　　　　　　　　2025 年 8 月第 3 版

　　字数：419 千字　　　　　　　 2025 年 8 月河北第 1 次印刷

定价：59.80 元

读者服务热线：(010)81055256　印装质量热线：(010)81055316

反盗版热线：(010)81055315

# 目录

### 第 7 章

### 用类实现
### 抽象和封装*

### 第 10 章
### 异常处理

### 第 11 章
### tkinter
### GUI 编程

# 第1章 初识 Python

Python 是一种面向对象的、解释型的计算机程序语言,被广泛应用于科学计算、Web 开发、系统运维等领域。那么,什么是计算机语言?解释型语言有什么特点?Python 语言有什么特点?本章将帮助读者认识 Python,了解 Python 程序的开发环境,理解 Python 程序的执行过程。

## 1.1 程序设计语言

### 1.1.1 程序设计语言的概念

想让计算机按照用户的意图完成相应的操作,需要使用程序设计语言来编写程序。程序设计语言也称计算机语言,是用于描述计算机所执行的操作的语言。从计算机产生到现在,作为软件开发工具的程序设计语言的发展经历了机器语言、汇编语言、高级语言等阶段。

微课视频

#### 1．机器语言

**机器语言**是采用计算机指令格式并以二进制编码表达各种操作的语言。计算机能够直接理解和执行机器语言程序。

机器语言能够被计算机直接识别,它执行速度快,占用存储空间小,但难读、难记、编程难度大、调试修改麻烦,而且不同型号的计算机具有不同的机器指令系统。机器语言常被计算机厂商中的专业人员使用。

#### 2．汇编语言

**汇编语言**是一种符号语言,它用助记符来表达指令功能。

汇编语言程序比机器语言程序易读、易写,并保持了机器语言执行速度快、占用存储空间小的优点。汇编语言的语句功能简单,但程序的编写较复杂,而且程序难以移植。因为汇编语言和机器语言都是面向机器的语言,所以都是为特定的计算机系统设计的。汇编语言主要供专业硬件开发人员使用。

汇编语言程序不能被计算机直接识别和执行,需要由一种起翻译作用的程序(称为汇编程序),将其翻译成机器语言程序(称为目标程序),计算机才能执行,这一翻译过程称为"汇编"。

机器语言和汇编语言都被称为低级语言。

#### 3．高级语言

**高级语言**是面向问题的语言,它比较接近于人类的自然语言。高级语言是与计算机结构无关的程序设计语言,具有更强的表达能力,因此,它可以方便地表示数据的运算和程序控制结构,能更有效地描述各种算法,使用户更容易掌握。

Python 是一种高级语言，计算 5+11 的 Python 代码如下。

```
>>> print(5+11)
16          #运算结果
```

用高级语言编写的程序（称为源程序）并不能被计算机直接识别和执行，需要经过翻译程序翻译成机器语言程序后才能执行，高级语言的翻译程序有编译程序和解释程序两种。下面分别介绍编译与解释。

### 1.1.2 编译与解释

不同的计算机语言的程序执行方式是不同的。这里所说的执行方式是指计算机执行一个程序的过程。按照计算机程序的执行方式，可以将高级语言分成静态语言和脚本语言两类。静态语言采用编译执行的方式，脚本语言采用解释执行的方式。无论采用哪种执行方式，执行程序的方法都是一致的。例如，都可以通过双击鼠标执行一个程序。

#### 1. 编译

**编译**是将源代码转换成目标代码的过程。源代码是计算机高级语言的代码，而目标代码则是机器语言的代码。执行编译的计算机程序称为编译器（compiler）。

#### 2. 解释

**解释**是将源代码逐条转换成目标代码，同时逐条运行目标代码的过程。执行解释的计算机程序称为解释器（interpreter）。

编译和解释的区别：编译是一次性地翻译，程序被编译后，运行时就不再需要源代码了；解释则在每次程序运行时都需要解释器和源代码。这两者的区别类似于外语资料的笔译和实时同声传译间的区别。

编译的过程只进行一次，所以编译过程的速度并不是关键，关键是生成的目标代码的执行速度。因此，编译器一般都会集成尽可能多的优化技术，使生成的目标代码有更好的执行效率；而解释器因为要追求解释速度，所以不会集成太多的优化技术。

## 1.2 Python 语言

### 1.2.1 Python 的历史

创新是引领发展的第一动力，Python 的发展过程就是一个不断创新的过程。Python 的开发者吉多·范罗苏姆（Guido van Rossum）是荷兰人。Guido 理想中的计算机语言，要能够方便地调用计算机的各项功能，如打印、绘图、语音等，而且让程序可以轻松地被编辑与运行，适合所有人学习和使用。1989 年，Guido 开始编写这种理想的计算机语言的脚本解释程序，并将其命名为 Python。Python 的目标是成为功能全面、易学易用、可拓展的语言。

Python 的第 1 个公开版本于 1991 年发布。它是用 C 语言实现的，能够调用 C 语言的库文件，具有类、函数、异常处理等功能，包含表和词典等核心数据类型，并具有以模块为基础的拓展系统。

之后，在 Python 的发展过程中，出现了 Python 2.x 和 Python 3.x 两个不同系列的版本，这两个版本之间不兼容。Python 2.x 的最高版本是 Python 2.7，Python 官网宣布，自 2020 年起不再为 Python 2.x 发布新的版本。Python 3.x 是从 2008 年开始发布的，本书中的程序是在 Python 3.12 版本下实现的。

存在 Python 2.x 和 Python 3.x 两个不同版本的原因是，Python 3.0 发布时不支持 Python

2.0 的版本，但 Python 2.0 拥有大量用户，这些用户无法正常升级使用新版本，所以之后才发布了一个 Python 2.7 的过渡版本，并且 Python 2.7 被支持到了 2020 年。

### 1.2.2　Python 的特点

Python 是目前最流行且发展最迅速的计算机语言之一，它具有如下特点。

#### 1．简单、易学

Python 以"简单""易学"的特性成为编程的入门语言。一个良好的 Python 程序像一篇英文文档，非常接近于人类的自然语言。人们在应用 Python 的过程中，可以更多地专注于要解决的问题，而不必考虑计算机语言的细节，从而回归语言的服务功能。

#### 2．开源，拥有众多的开发群体

用户可以查看 Python 源代码，研究其代码细节或进行二次开发，而不需要为使用 Python 支付费用，也不涉及版权问题。因为 Python 是开源的，越来越多的优秀程序员加入 Python 开发中，Python 的功能也愈加丰富和完善。

#### 3．Python 是解释型语言

使用 Python 语言编写的程序可以直接从源代码运行。在计算机内部，Python 解释器先把源代码转换成字节码，再把它翻译成计算机使用的机器语言并运行。Python 是解释型语言，因此我们可以在交互方式下直接测试执行一些代码行，这使得 Python 的学习更加简单。

#### 4．良好的跨平台性和可移植性

Python 是开源的，它可以被移植到多个平台。如果用户的 Python 程序使用了依赖于系统的特性，Python 程序可能需要修改与平台相关的代码。Python 的应用平台包括 Linux、Windows、Solaris、OS/2、FreeBSD、Amiga、Android、iOS 等。

#### 5．面向对象

Python 既支持面向过程的编程，也支持面向对象的编程。在面向过程的语言中，程序是由过程或仅仅是可重用代码的函数构建起来的。在面向对象的语言中，程序是由数据和方法组合而成的对象构建起来的。与其他主要的语言（如 C++和 Java）相比，Python 以一种非常强大又简单的方式实现面向对象编程，为大型程序的开发提供了便利。

#### 6．可扩展性和丰富的第三方库

Python 中可以运行 C/C++编写的程序，以便某段关键代码可以运行得更快或者达到不公开某些算法的目的。我们也可以把 Python 程序嵌入 C/C++程序中，使其具有良好的可扩展性。

Python 还有功能强大的标准库。Python 标准库可以处理各种工作，包括正则表达式、文档生成、单元测试、线程、数据库、HTML、WAV 文件、密码系统、GUI（图形用户界面）和其他与系统有关的操作。除了这些标准库，Python 还有大量高质量的第三方库，如用于科学计算的 numpy、用于图像处理的 PIL 和用于 Web 开发的 Django 等第三方库。

### 1.2.3　Python 的应用

在 PYPL（popularity of programming language，编程语言流行指数）排行榜单中，Python 近年连续排名第一，已经成为 AI 时代的热门语言。Python 的应用领域覆盖了科学运算、Web 开发、云计算、系统运维、GUI 编程、网络爬虫等诸多方面。

#### 1．科学运算

Python 广泛应用于 AI 与深度学习领域，相关的典型第三方库包括 numpy、scipy、matplotlib 等。众多第三方库的开发，使得 Python 越来越适合用于进行科学运算。例如，

美国国家航空航天局（national aeronautics and space administration，NASA）就经常使用 Python 进行航空航天相关的数据的运算。

Python 在科学运算方面的典型应用还包括数据搜索、股票数据量化分析、遥感数据挖掘等，使用的第三方库包括 Gleam、Plotly、Pygal、geoplotlib 等。

### 2．Web 开发

Python 包含标准的 Internet 模块，可用于实现网络通信及应用。Python 的第三方框架包括 Django、Web2py、Zope 等，可以让程序员方便地开发 Web 应用程序。Google 爬虫、Google 广告、YouTube、豆瓣、知乎等典型的 Web 应用都是使用 Python 开发的。

### 3．云计算

Python 是在云计算方面应用最广的语言，其典型应用 OpenStack 就是一个开源的云计算管理平台项目。

### 4．系统运维

Python 是运维人员必备的语言。Python 标准库包含多个调用操作系统功能的库。通过第三方库 pywin32，Python 能够访问 Windows API；使用 IronPython，Python 能够直接调用 .NET Framework。一般而言，使用 Python 编写的系统管理脚本在可读性、性能、代码重用度、扩展性等方面都优于普通的 Shell 脚本。

### 5．GUI 编程

Python 可以非常简单、快捷地实现 GUI 编程。Python 内置了标准库 tkinter，可以非常方便地开发图形应用程序，还可以使用其他一些扩展包（如 wxPython、PyQt、Dabo 等）在 Python 中创建 GUI 应用。

### 6．网络爬虫

网络已经成为海量信息的载体，有效地从互联网提取和使用各种信息是当前的应用热点。网络爬虫是一种自动获取网页内容并可以按照一定规则提取相应内容的程序。Python 结合 request、beautifulSoup4、urllib 和 Scrapy 等库和框架，可以快速完成数据的采集、处理和存储。

练习

（1）Python 语言的开发者是谁？
（2）查阅相关资料或网站，了解 Python 在计算机语言中的地位。
（3）说明 Python 作为解释型语言的特点。

## 1.3 Python 的开发环境

### 1.3.1 下载和安装 Python

Python 是一个轻量级的软件，用户可以在其官网下载安装程序（打开的下载界面和可下载软件版本可能会与本书略有区别，但下载与安装的方法类似）。

微课视频

Python 开发包在官网的下载页面如图 1-1 所示。本书是在 Windows 10 操作系统下下载和安装 Python 3.12.5 版本的，用户也可以下载 Linux、iOS、Android 等操作系统的 Python 开发包，或选择其他 Python 版本。

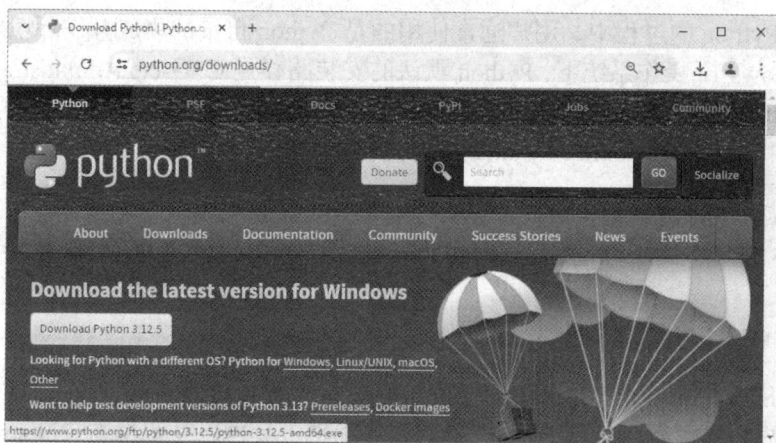

图 1-1　Python 开发包官网下载页面

　　双击打开 Python 安装程序 Python 3.12.5.exe，启动安装向导，按提示操作即可。在图 1-2 所示的安装程序界面中，选中"Add python.exe to PATH"复选框，将 Python 的可执行文件路径添加到 Windows 操作系统的环境变量 PATH 中，以便在将来的开发中启动各种 Python 工具。

> 📖 提示　在安装 Python 过程中，选中"Add python.exe to PATH"复选框非常重要，它可以保证 pip、pyinstaller 等命令在所有的文件夹中都能正确执行，而不需要切换到 Python 的安装文件夹。

　　Python 安装成功界面如图 1-3 所示，同时会在 Windows 操作系统的"开始"菜单中显示图 1-4 所示的 Python 命令。这些命令的具体含义如下。

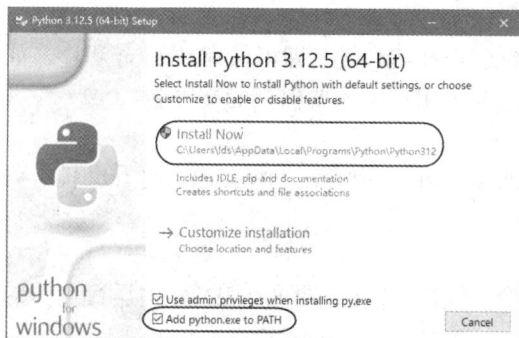

图 1-2　安装程序界面

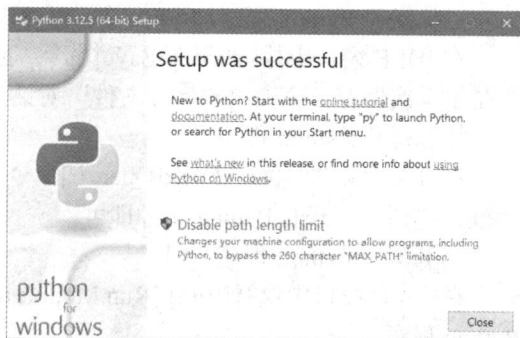

图 1-3　Python 安装成功界面

- IDLE (Python 3.12 64-bit)：启动 Python 自带的集成开发环境 IDLE。
- Python 3.12 (64-bit)：以命令行的方式启动 Python 的解释器。
- Python 3.12 Manuals (64-bit)：打开 Python 的帮助文档。
- Python 3.12 Module Docs (64-bit)：以内置服务器的方式打开 Python 模块的帮助文档。

图 1-4　"开始"菜单中的 Python 命令

在学习 Python 的过程中，用户通常使用的是 Python 自带的集成开发环境 IDLE。

在 Windows 10 操作系统下，Python 默认的安装路径是 C:\Users\Administrator\AppData\Local\Programs\Python\Python312，如果想要自定义 Python 解释器的安装路径，可以在图 1-2 所示的界面中选中"Customize installation"选项，并选择需要安装的部件。

> 📖 **提示**　因为用户定制的原因或计算机名不同，Python 的安装路径可能有所区别，可以在 IDLE 窗口中执行"import sys；print(sys.executable)"命令来查看 Python 的安装路径。

### 1.3.2　IDLE 开发环境

Python 是一种脚本语言，开发 Python 程序首先要在文本编辑工具中书写 Python 程序，然后由 Python 解释器执行。我们选择的程序编辑工具可以是记事本、Notepad+、EditPlus 等。Python 开发包自带的编辑器 IDLE 是一个集成开发环境（Integrated Development Environment，IDE），其启动文件是 idle.bat，位于安装目录的 Lib\idlelib 文件夹下。我们在"开始"菜单中执行[Python 3.12]/[IDLE(Python 3.12 64-bit)]命令，即可打开 IDLE 窗口，如图 1-5 所示。

在 IDLE 下，编写和运行 Python 程序的主要操作如下。

（1）新建 Python 程序

在 IDLE 窗口中执行[File]/[New File]命令，或按 Ctrl+N 组合键，即可新建 Python 程序。窗口的标题栏会显示程序名称，初始的文件名为 Untitled，表示 Python 程序还没有保存。

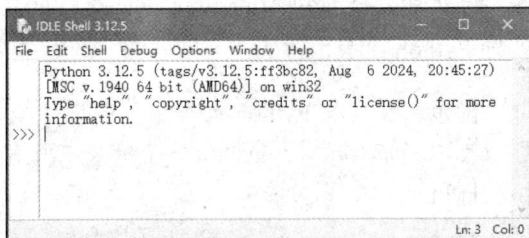

图 1-5　IDLE 窗口

（2）保存 Python 程序

在 IDLE 窗口中执行[File]/[Save]命令，或按 Ctrl+S 组合键，即可保存 Python 程序。如果是第 1 次保存，会弹出"保存文件"对话框，要求用户输入要保存的文件名。

（3）打开 Python 程序

在 IDLE 窗口中执行[File]/[Open…]命令，或按 Ctrl+O 组合键，将弹出"打开文件"对话框，选择要打开的 Python 文件即可。

（4）运行 Python 程序

在 IDLE 窗口中执行[Run]/[Run Module]命令，或按 F5 键，即可在 IDLE 中运行当前的 Python 程序。

如果程序中存在语法错误，则会弹出提示框"invalid syntax"，并且会有一个浅红色方块定位在错误处。

（5）语法高亮

IDLE 支持 Python 的语法高亮显示，即 IDLE 能够以彩色标识出 Python 的关键字，提醒开发人员该词的特殊作用。例如，Python 的注释以红色显示，关键字以橙色显示，字符串显示为绿色。

（6）常用快捷键

IDLE 支持撤销、全选、复制、粘贴、剪切等常用快捷键，使用 IDLE 的快捷键能显著提高编程效率。IDLE 的常用快捷键及其功能说明如表 1-1 所示。

表 1-1　IDLE 的常用快捷键及其功能说明

| 快　捷　键 | 功　能　说　明 |
|---|---|
| Ctrl + [ | 减少缩进（向左缩进） |
| Ctrl + ] | 增加缩进（向右缩进） |
| Alt+3 | 注释代码行 |
| Alt+4 | 取消注释代码行 |
| Alt+/ | 单词自动补齐 |
| Alt+P | 浏览历史命令（上一条） |
| Alt+N | 浏览历史命令（下一条） |
| F1 | 打开 Python 帮助文档 |
| F5 | 运行程序 |
| Ctrl+F6 | 重启 Shell，将之前定义的对象和导入的模块全部清除 |

### 1.3.3　PyCharm 开发环境

IDLE 是 Python 开发包自带的集成开发环境，其功能相对简单。PyCharm 是 JetBrains 公司开发的专业级的 Python IDE，PyCharm 具有典型 IDE 的多种功能，如程序调试、语法高亮、Project 管理、代码跳转、智能提示、自动完成、单元测试、版本控制等。

#### 1．PyCharm 的下载和安装

访问 JetBrains 的官方网址，进入 PyCharm 的下载页面，如图 1-6 所示（软件版本与下载界面可能会与本书略有区别，但下载与安装的方法类似）。

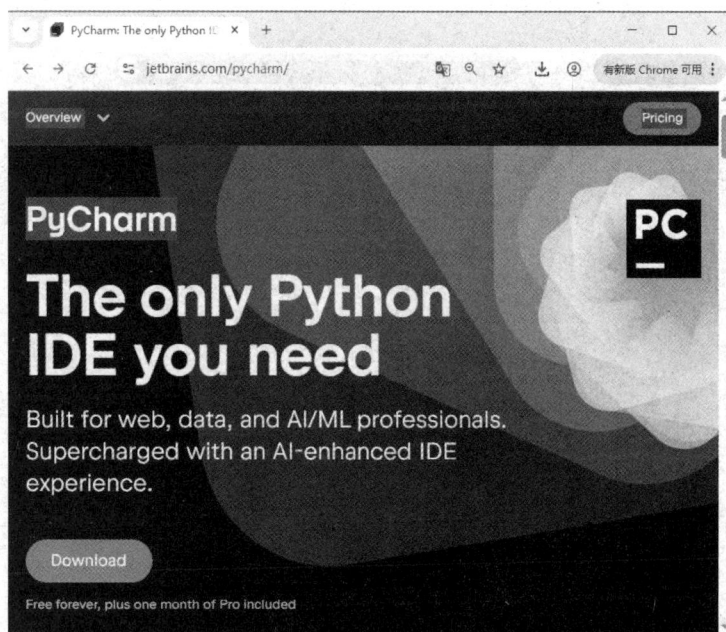

图 1-6　PyCharm 的下载页面

从 PyCharm 2025.1 版本开始，早期独立的社区版和专业版已整合为单一的 PyCharm 产品，用户不必切换不同安装包。

当前的 PyCharm 分为免费和 Pro 两种模式。PyCharm 的免费用户可永久使用代码编辑、调试、版本控制、Jupyter Notebook 支持等核心功能。Pro 用户需订阅以获得高级功能，例如，远程开发、Web 框架支持、数据库工具等。所有用户可自动获得 1 个月免费 Pro 试用期，试用结束后可自由选择订阅 Pro 或转为免费模式。

安装 PyCharm 的过程十分简单，用户只要按照安装向导的提示逐步安装即可。图 1-7 是安装过程中选择 PyCharm 安装路径的界面。安装完成界面如图 1-8 所示。

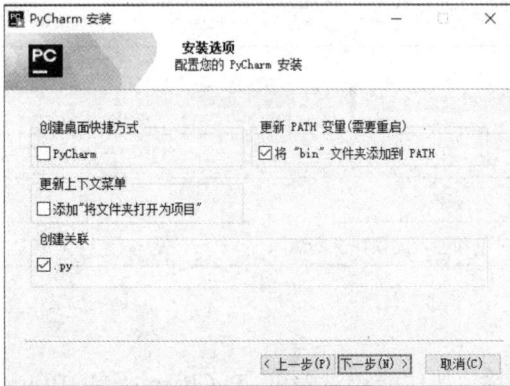

图 1-7　选择 PyCharm 安装路径的界面　　　　　　　图 1-8　安装完成界面

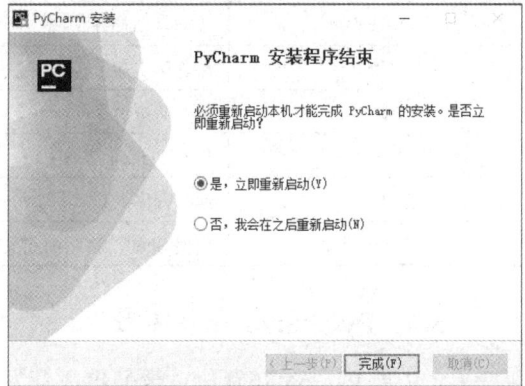

## 2．建立 Python 项目和文件

第 1 次启动 PyCharm 时，会显示若干初始化的提示信息，保持默认值即可。然后可进入创建项目的界面。如果不是第 1 次启动 PyCharm，并且以前创建过 Python 项目，则创建过的 Python 项目会出现在图 1-9 所示的启动窗口中，其右上方有"新建项目"和"打开"等按钮。

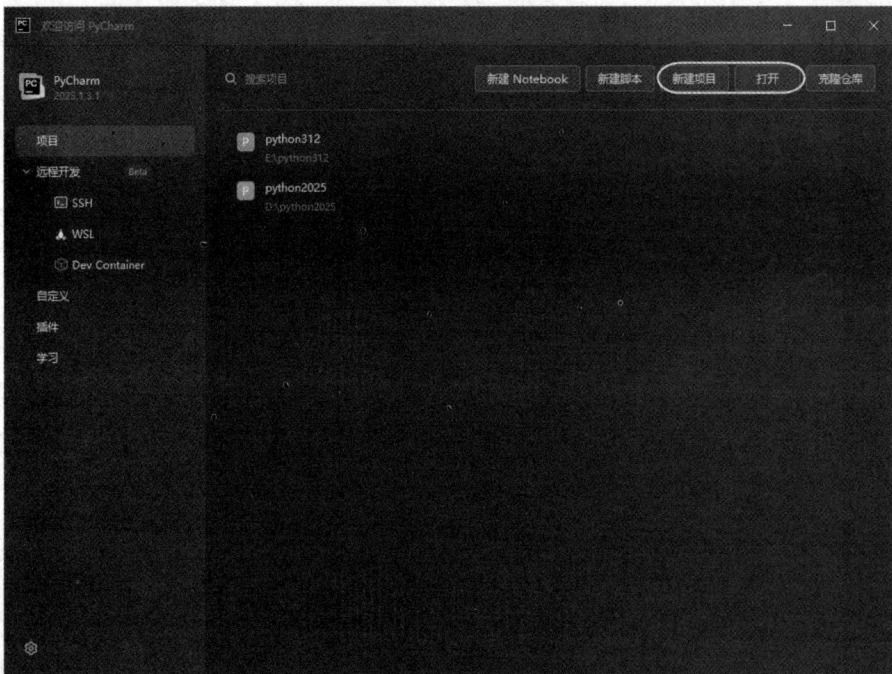

图 1-9　PyCharm 的启动窗口

（1）创建项目

选择"新建项目"按钮，会出现选择新建项目存放路径界面（见图 1-10），并自动查找 Python 的解释器，用户也可以自行配置解释器。

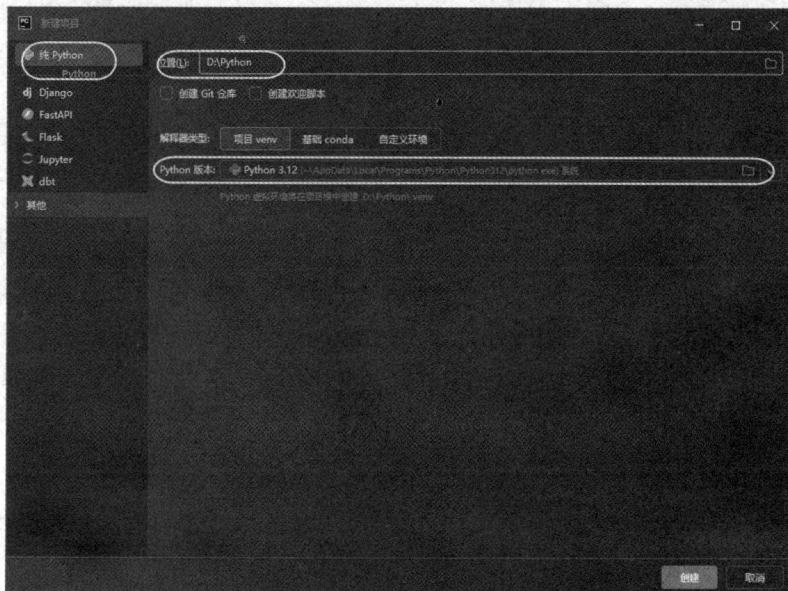

图 1-10　选择新建项目存放路径界面

（2）新建文件

项目创建完成后，如果要在项目中创建 Python 文件，可选中项目名称，单击鼠标右键，在弹出的快捷菜单中选择[新建]/[Python　文件]命令来新建文件，如图 1-11 所示。

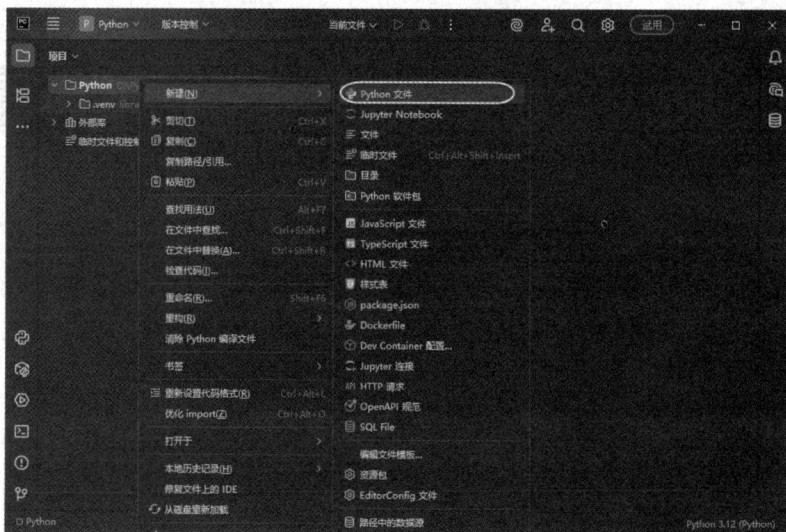

图 1-11　在项目中建立 Python 文件

（3）保存和运行文件

在程序编辑窗口输入代码后，可以保存文件。图 1-12 是一个程序编辑窗口，使用"运行"菜单中的命令可以调试和运行程序。

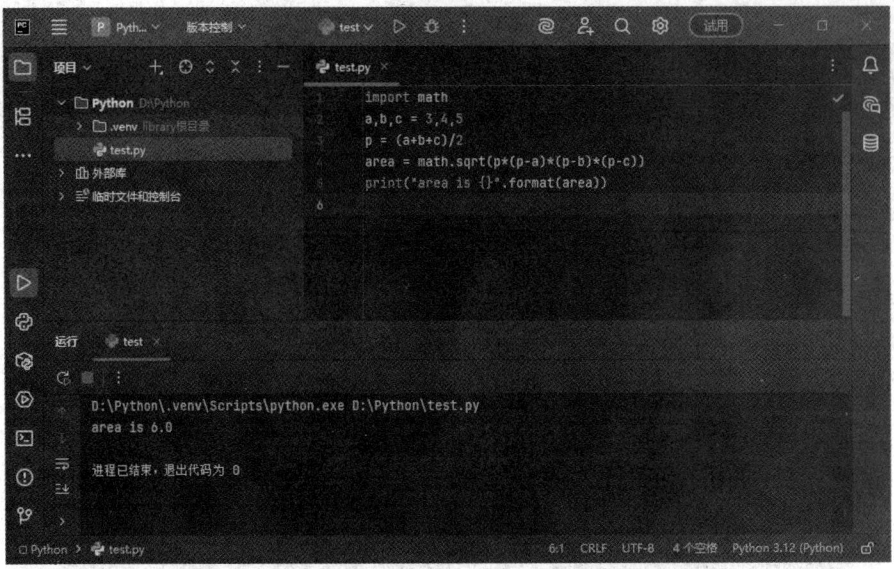

图 1-12　程序编辑窗口

📖**提示**　在 PyCharm 窗口中,执行菜单栏中的[文件]/[设置]命令,可以在其中配置窗口的外观、安装插件、配置 Python 的解释器等。

## 1.4　Python 程序的运行

### 1.4.1　Python 程序的运行原理

微课视频

Python 是一种脚本语言,用 Python 编辑完成的源程序,也称源代码,可以直接运行。从计算机的角度看,Python 程序的运行过程包含两个步骤:解释器将源代码翻译成字节码(即中间代码),然后由虚拟机解释执行字节码,如图 1-13 所示。

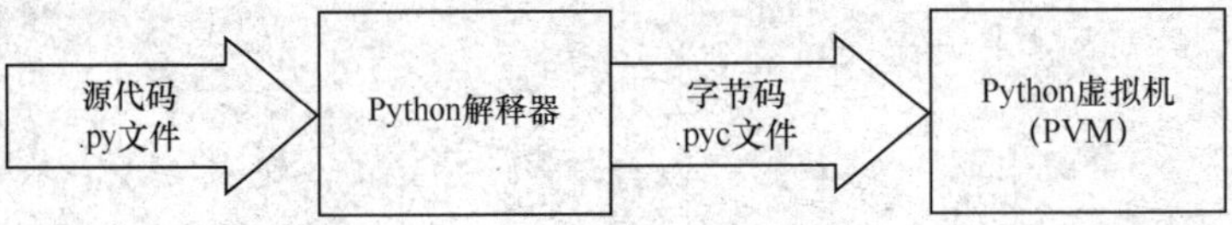

图 1-13　Python 程序的运行原理

Python 程序文件的扩展名通常为.py。在执行时,首先由 Python 解释器将.py 文件中的源代码翻译成字节码,这个字节码是一个扩展名为.pyc 的文件,再由 Python 虚拟机(Python Virtual Machine,PVM)逐条将字节码翻译成机器指令执行。.pyc 文件可以重复使用,并且可以提高执行效率。

📖**提示**　如果 Python 无法在用户的计算机上写入字节码,字节码文件将只在内存中生成,并在程序结束运行时自动丢弃。主文件(用户直接执行的文件)因为只需要装载一次,并没有保存.pyc 文件。在使用 import 语句导入 Python 源文件时,会生成.pyc文件,该文件保存在 Python 安装目录的__pycache__文件夹下。

### 1.4.2  建立和运行 Python 程序

Python 语句有两种执行方式：IDLE 交互执行方式和 IDLE 文件执行方式。IDLE 交互执行方式是指 Python 解释器即时响应并运行用户的代码行，如果有输出，则显示结果。IDLE 文件执行方式即编程方式，我们将 Python 代码写在程序文件中，程序运行时由 Python 解释器批量执行文件中的代码。IDLE 交互执行方式一般用于调试少量代码，IDLE 文件执行方式则是常用的编程方式。多数计算机的编程语言只有文件执行方式，Python 的 IDLE 交互执行方式让代码更易学、易理解。下面以求一组数中的最大值为例，来说明代码的 IDLE 交互执行和 IDLE 文件执行两种方式。

#### 1．IDLE 交互执行方式

IDLE 是 Python 内置的集成开发环境。在 Windows 的"开始"菜单中执行[Python 3.12]/[IDLE(Python 3.12 64-bit)]命令，即可进入 IDLE Shell 窗口，启动 IDLE 交互执行方式。在 IDLE Shell 窗口输入代码，实现求一组数据中最大值和最小值的程序，每输入一条语句后，Python 解释器就直接交互执行，如图 1-14 所示。

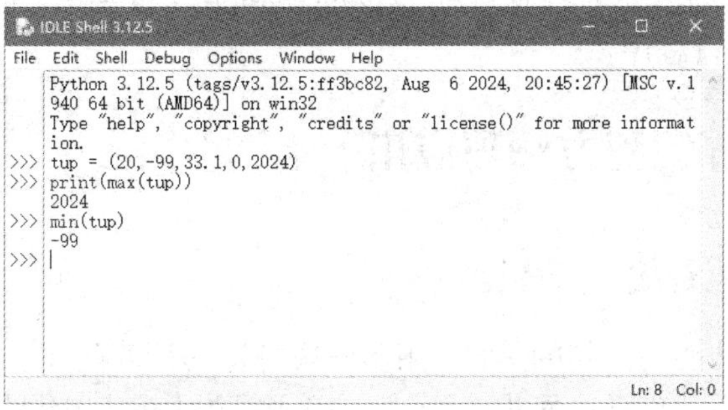

图 1-14　IDLE 交互执行方式

除了 IDLE 交互外，也可以在 Windows 的"开始"菜单中执行[Python 3.12]/[Python 3.12(64-bit)]命令来启动 Python 交互运行环境，代码的执行过程与 IDLE 交互执行方式类似。另外，图 1-14 中有一组数据是被圆括号括起来的，这是一种组合数据类型，我们将在后续章节中详细介绍。

#### 2．IDLE 文件执行方式

在 IDLE 窗口中，执行[File]/[New File]命令，或按 Ctrl+N 组合键，打开一个程序编辑窗口，输入程序代码，如图 1-15 所示。

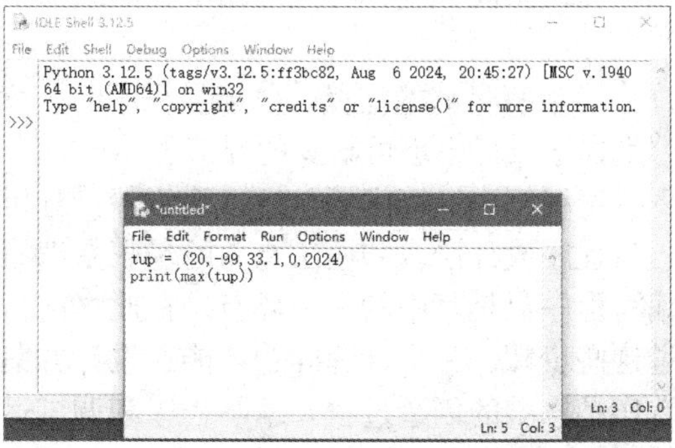

图 1-15　在 IDLE 窗口中编写并运行程序

这个程序编辑窗口不是 Shell 窗口，而是 IDLE 的程序编辑器，用户可在该环境下完成代码的编辑。在编辑窗口中输入 Python 程序后，可将程序保存为以.py 为扩展名的文件，如 program1.py。按快捷键 F5 或在菜单栏中执行[Run]/[Run Module]命令，IDLE Shell 窗口中将显示当前程序的运行结果。如果程序出现错误，IDLE 将给出错误提示，我们修改程序后，可以继续调试运行。

IDLE 交互执行方式适合初学者学习语句或函数的功能，每执行一行代码即可看到运行结果，既简单又直观，但程序代码无法保存。IDLE 文件执行方式适合书写多行代码，方便用户编写和调试程序。

> 📖 **提示**　在 Windows 操作系统中，双击 Python 文件也可以执行程序，但这种方式在实际应用中较少使用。

练习

（1）打开 Windows 资源管理器，查找 1.3.3 小节任务中 Python 文件的保存路径。

（2）将计算周长和面积的程序保存在 D 盘的 Python 文件夹中（如果文件夹不存在，可以自行建立），然后运行程序。

## 1.5　Python 编程方法与应用

### 1.5.1　程序设计方法

程序是完成一定功能的语句的集合，用于解决特定的计算问题。按照软件工程的思想，程序设计可以分为分析、设计、实现、测试、运行等阶段。结构化程序设计是一种典型的程序设计方法，它把一个复杂程序逐级分解成若干个相互独立的程序，然后对每个程序进行设计与实现。

程序在具体实现上遵循了一定的模式，典型的程序设计模式是 IPO 模式，即程序包括输入（input）、处理（process）、输出（output）3 部分。输入是程序设计的起点，有文件输入、网络输入、交互输入、参数输入等多种方式。处理是编程的核心，它包括数据处理与赋值，其中最重要的是算法。例如，给定两点的坐标，求两点之间的距离，需要一个公式，这个公式就是一个算法；再如，求三角形面积的公式也是一个算法。更多的算法则需要我们去设计。例如，从一组数据中查找某一数据的位置，这需要根据数据的特点，由用户设计算法。输出是程序展示运算结果的方式，有文件输出、网络输出、控制台输出、图表输出等多种方式。

除了 IPO 模式，程序中应当有足够的注释，以加强程序的可读性；程序还需要通过调试来进一步完善，这些都是程序设计中不可缺少的环节。

可以看出，使用计算机编程解决计算问题包括以下步骤：分析问题、设计算法、编写程序、调试运行。其中，与程序设计语言和语法有关的步骤是编写程序及调试运行。在解决计算问题的过程中，编写程序只是其中的一个环节。在此之前，分析问题、设计算法都是重要的步骤，只有经过这些步骤，一个计算问题才能在设计方案中得以解决，分析问题和设计算法的过程可以看作是思维的创造过程。编写程序和调试运行则是对解决方案的计算机实现，属于技术实现过程。

### 1.5.2 程序示例

前面已经介绍了程序文件的建立和执行过程，下面给出 9 个简单的 Python 程序，以方便读者了解 Python 的基本知识点。这些程序涉及在 IDLE 环境下交互运行程序、程序的分支与循环结构、函数等内容。

读者可以通过查阅文档了解这些程序，也可以忽略这些程序的具体语法含义，大致读懂程序即可。学习这些程序将有助于提高读者学习后续章节的效率。

**例 1-1** 根据圆的半径计算圆的面积和周长。

```
1   # ex0101.py
2   # 计算圆的面积和周长
3   r = 3.2
4   area = 3.14 * r * r
5   perimeter = 2 * 3.14 * r
6   print("圆的面积:{:.2f},周长:{:.2f}".format(area,perimeter))
```

例 1-1 的知识点主要集中在第 2 章。

第 1 行和第 2 行是注释，用于说明程序文件名和功能。注释语句不运行，可以在注释中书写任何描述或代码。

第 3 行是赋值语句，将值 3.2 赋给一个变量 r，r 是半径。

第 4 行和第 5 行语句用公式 3.14×r×r 和 2×3.14×r 分别计算圆的面积和周长。这两行是程序的核心，是程序的算法实现部分。

第 6 行是打印语句。程序的运行结果是"圆的面积：32.15，周长：20.10"。

按程序设计的 IPO 模式，该段代码没有明显的输入，而是采用了赋值输入的形式，处理（算法）是计算圆的面积和周长的公式，输出是一条打印语句。具体的语法细节请读者查阅相关文档。

**例 1-2** 在 IDLE 交互执行方式下，根据圆的半径计算圆的面积和周长。

```
>>> r = 3.2
>>> area = 3.14 * r * r
>>> print("圆的面积:{:.2f}".format(area))
圆的面积:32.15
>>> perimeter = 2 * 3.14 * r
>>> print("圆的半径:{:.2f},周长:{:.2f}".format(r,perimeter))
圆的半径:3.20,周长:20.10
```

从例 1-2 可以看出，在 IDLE Shell 窗口中，每行输出语句输入结束后，代码立即执行。

**例 1-3** 输入三角形 3 条边的边长，用海伦公式计算三角形的面积。

```
1   # ex0103.py
2   # 输入三角形 3 条边的边长，用海伦公式计算三角形的面积 s
3   import math
4   a = float(input("请输入 a 边长: "))
5   b = float(input("请输入 b 边长: "))
6   c = float(input("请输入 c 边长: "))
7   p = (a + b + c) / 2
8   s = math.sqrt(p * (p - a) * (p - b) * (p - c))
9   print("三角形的面积是{:.2f}".format(s))
```

例 1-3 的知识点主要集中在第 3 章和第 8 章。

第 3 行使用 import 语句导入 math 模块。导入 math 模块后，可以使用第 8 行的 math.sqrt() 函数计算平方根。

第 4～6 行使用 input() 函数接收用户的键盘输入，并使用 float() 函数将输入的文本转换为数值类型，从而使输入数据可以参与数学运算。

第 7 行是赋值语句，计算 3 条边的和，再除以 2，赋给变量 p。

第 8 行是程序的核心，用海伦公式计算三角形的面积，并赋给变量 s。

第 9 行是打印语句，输出程序的运行结果。

在例 1-3 中，如果输入的数据不是数值，如输入 a11、ab 等形式，则程序运行时会产生错误，为避免这种情况发生，例 1-4 通过引入异常处理加以改进。如果无法读懂该程序，可以在学习完异常处理后再读该程序。

**例 1-4**  输入三角形 3 条边的边长，用海伦公式计算三角形的面积，并对输入数据进行异常处理。

```
1   # ex0104.py
2   '''
3   输入三角形 3 条边的边长，用海伦公式计算三角形的面积 s
4   对三条边进行异常处理
5   '''
6   import math
7   try:
8       a = float(input("请输入 a 边长: "))
9       b = float(input("请输入 b 边长: "))
10      c = float(input("请输入 c 边长: "))
11      p = (a + b + c) / 2
12      s = math.sqrt(p * (p - a) * (p - b) * (p - c))
13      print("三角形的面积是{:.2f}".format(s))
14  except NameError:
15      print("请输入正数数值")
```

例 1-4 的知识点主要集中在第 10 章异常处理部分。程序运行结果如下，当用户输入的数据不符合要求（如非数值数据）时，系统会给出提示"请输入正数数值"。

```
>>>
请输入 a 边长: 8
请输入 b 边长: e4
请输入正数数值
>>>
```

在例 1-5 中，当输入的数据（三角形的 3 条边长度）不符合构成三角形的条件时，做出了异常处理。

**例 1-5**  用海伦公式计算三角形的面积，判断构成三角形的条件。

```
1   # ex0105.py
2   '''
3   输入三角形 3 条边的边长，用海伦公式计算三角形的面积 s
4   在对 3 条边进行异常处理的基础上，判断 3 条边长是否符合构成三角形的条件
5   '''
6   import math
7   try:
8       a = float(input("请输入 a 边长: "))
9       b = float(input("请输入 b 边长: "))
10      c = float(input("请输入 c 边长: "))
11  except NameError:
12      print("请输入正数数值")
13  if a < 0 or b < 0 or c < 0:
14      print("输入数据不可以为负数")
```

```
15    elif a+b <= c or a+c <= b or b+c <= a:
16        print("不符合两边之和大于第三边原则")
17    else:
18        p = (a + b + c) / 2
19        s = math.sqrt(p * (p - a) * (p - b) * (p - c))
20        print("三角形的面积是{:.2f}".format(s))
```

本例用分支语句判断 3 条边构成三角形的条件，其运行结果如下，分支语句将在第 4 章学习。

```
>>>
请输入 a 边长：1
请输入 b 边长：2
请输入 c 边长：3
不符合两边之和大于第三边原则
>>>
```

**例 1-6**　给出用列表保存的一组数据，计算数据的平均值。

```
1    # ex0106.py
2    lst = [89,5,-34,23.1]
3    total = sum(lst)
4    number = len(lst)
5    print("列表 lst 的平均值是",total/number)
```

**例 1-7**　给出用列表保存的一组成绩数据，统计不及格的人数和最高分。

```
1    # ex0107.py
2    lst = [89,45,23.1,98,33]
3    # notpass 为不及格人数，maxscore 为最高分
4    notpass = maxscore = 0
5    for item in lst:
6        if maxscore < item:
7            maxscore = item
8        if item < 60:
9            notpass += 1
10   print("最高分是{}，不及格人数是{}".format(maxscore,notpass))
```

例 1-7 的知识点主要集中在第 4 章和第 5 章，遍历列表实现数据统计。

**例 1-8**　用函数式统计列表中的不及格人数和最高分。

```
# ex0108.py
lst = [89,45,23.1,98,33]
maxscore = max(lst)                    # 最高分
lst2 = filter(lambda x:x<60,lst)       # 不及格数据的序列
notpass = len(list(lst2))              # 不及格人数
print("最高分是{}，不及格人数是{}".format(maxscore,notpass))
```

**例 1-9**　文本文件中保存了一组用逗号分隔的成绩数据，统计不及格的人数和最高分。（文本文件是 file.txt，内容是 "89,45, 23.1,98,33,56,98"）

```
1    # ex0109.py
2    file = open("file.txt",'r')
3    s1 = file.read()
4    file.close()
5    lst = s1.split(',')
6    lst2 = []
7    for item in lst:
8        lst2.append(float(item))
9    # print(lst2)
10   # notpass 为不及格人数，maxscore 为最高分
11   notpass = maxscore = 0
12   for item in lst2:
13       if maxscore < item:
14           maxscore = item
```

```
15        if item < 60:
16            notpass += 1
17 print("最高分是{}, 不及格人数是{}".format(maxscore,notpass))
```

例1-9的知识点主要集中在第9章。代码第2~4行的功能是读取文件内容；第5~8行的功能是拆分字符串和解析字符串内容（转换为数字）；最后，完成数据统计功能。

### 1.5.3 Python 的帮助文档

我们在读程序的过程中，不可避免地会遇到一些问题，这些问题可以通过阅读 Python 的帮助文档解决。Python 的帮助文档提供了语言及标准模块的详细参考信息，是学习和使用 Python 的重要工具。

在 IDLE 下，执行[Help]/[Python Docs]命令或按 F1 键，可以启动 Python 文档，如图 1-16 所示。如果要查找一些数学函数的使用方法，可以按[Library reference]/[ Numeric and Mathematical Modules]/[math]顺序，在浏览器中按分类逐层查找，也可以通过关键词进行查找。

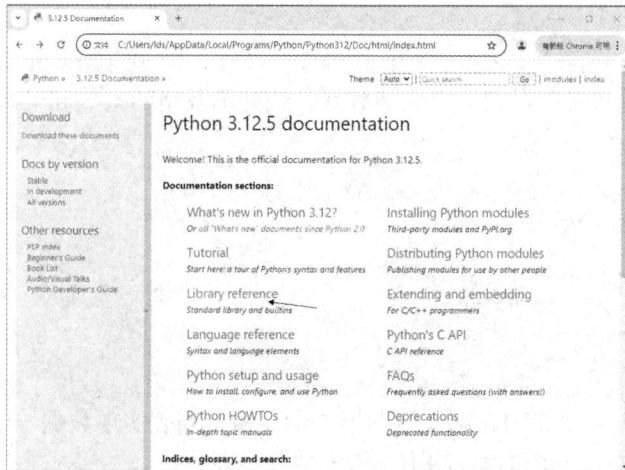

图 1-16  Python 文档初始界面

除了 Python 内置的帮助文档外，菜鸟教程中的 Python 文档也给出了很多帮助信息，适合初学者学习参考，如图 1-17 所示。

图 1-17  菜鸟教程相关页面

## 1.6 利用 AI 工具辅助编程*

AI 技术是当前计算机应用的热点。利用 AI 工具辅助，用户可以显著提升编程的效率。常用的 AI 工具包括 DeepSeek、文心一言、讯飞星火、通义千问、ChatGPT 等。

DeepSeek 凭借其高效、低成本且开源的特点，在众多 AI 工具中脱颖而出。DeepSeek 提供丰富的模型矩阵，其中 DeepSeek Coder 模型可以出色地完成编程相关的 AI 生成任务。

DeepSeek 可以通过移动端、网页端访问，还可以部署到本地。一般来说，使用 DeepSeek 的基本功能即可完成大部分的日常 AI 生成任务，下面以网页版为例，介绍 DeepSeek 的基本使用方法。

第一步：进入对话页面。

进入 DeepSeek 官网主页（见图 1-18），单击"开始对话"按钮即可登录并进入对话页面。

图 1-18　DeepSeek 官网主页

第二步：开启对话。

在提问对话框中输入指令或问题，单击⬆按钮发送后即可查看回答，如图 1-19 所示。还可以选中"深度思考（R1）"或"联网搜索"按钮，增强 DeepSeek 回答问题的能力。在该页面中还可以修改以前的指令并重新生成回答，或者强制要求重新生成结果。

图 1-19　DeepSeek 对话页面

例 1-10　利用 DeepSeek 编程：根据圆的半径计算圆的面积和周长。

进入 DeepSeek 主页并登录，在提问对话框中输入问题并发送，即可得到生成的回答。因篇幅限制，本书示例默认不选中"深度思考（R1）"或"联网搜索"按钮。

---

USER：编写 Python 程序，不定义函数，根据圆的半径计算面积和周长。

AI：编写一个 Python 程序来计算圆的面积和周长，你可以遵循以下步骤。这个程序将直接从用户那里获取圆的半径，然后利用公式来计算面积（$A=\pi r^2$）和周长（$C=2\pi r$）。

```python
# 导入 math 模块以使用 pi
import math
# 获取用户输入的半径
radius = float(input("请输入圆的半径："))

# 计算面积
area = math.pi * radius ** 2

# 计算周长
circumference = 2 * math.pi * radius

# 显示结果
print(f"圆的半径为：{radius}")
print(f"圆的面积为：{area}")
print(f"圆的周长为：{circumference}")
```

在这个程序中，首先导入了 math 模块，以便我们可以使用 math.pi 来获取 π 的值。然后，提示用户输入圆的半径，并将其存储在变量 radius 中。接下来，使用面积和周长的公式来计算这两个值，并将它们存储在变量 area 和 circumference 中。最后，输出圆的半径、面积和周长。

---

阅读并核查 DeepSeek 给出的回答，确认其返回的代码无误后，将生成的代码复制到在 IDLE 创建的程序中，运行和调试程序即完成了最基本的编程工作。

📖 **提示**　AI 工具返回的回答并不一定总是正确的，一定要先审核确认后再采纳。如果生成的代码和预期的效果不符，可以调整问题，让 AI 工具重新生成回答。

练习

利用 AI 工具进行编程：输入三角形 3 条边的边长，用海伦公式计算三角形的面积。

# 习　题　1

## 1．选择题

（1）Python 属于以下哪种语言？（　　　）

    A. 机器语言　　　　B. 汇编语言　　　　C. 高级语言　　　　D. 以上都不是

（2）下列**不属于** Python 特性的是哪一项？（　　　）

    A. 简单、易学　　　　　　　　　　B. 开源的、免费的

    C. 属于低级语言　　　　　　　　　D. 具有高可移植性

（3）下列计算机语言中，**不属于**解释型语言的是哪一项？（　　　）

    A. Python　　　　B. JavaScript　　　　C. C++　　　　D. HTML

（4）下列哪方面的应用，**不适合**使用 Python 开发？（　　　）

    A. 科学运算　　　　B. 系统运维　　　　C. 网站设计　　　　D. 数据库编程

（5）下列关于 Python 版本的说法中，正确的是哪一项？（　　　）

    A. 目前存在 Python 3.x 兼容 Python 2.x 版本的程序

    B. Python 2.x 版本需要升级到 Python 3.x 版本才能使用

    C. 目前 Python 2.x 版本还会发布新版本

    D. Python 2.x 和 Python 3.x 是两个不兼容的版本

（6）Python 程序的扩展名是哪一项？（　　　）

    A. .pyc        B. .py        C. .pt        D. .pyw

（7）Python 内置的集成开发环境是哪一项？（　　　）

    A. PyCharm        B. Pydev        C. IDLE        D. pip

（8）以下关于 Python 语言的描述中，**不正确**的是哪一项？（　　　）

    A. Python 编写的程序比大部分编程语言编写的程序更为简洁

    B. Python 主要是用于系统编程和 Web 开发的语言

    C. Python 是解释执行的，执行速度比编译型语言慢

    D. Python 程序要实现更高的执行速度，如数值计算或动画，可以调用 C 语言编写的代码

（9）以下关于计算机语言的描述中，**不正确**的是哪一项？（　　　）

    A. 解释是将源代码逐条转换成目标代码并同时逐条运行目标代码的过程

    B. C 语言是静态编译语言，Python 是脚本语言

    C. 编译是将源代码转换成目标代码的过程

    D. 静态编译语言采用解释方式执行，脚本语言采用编译方式执行

（10）以下关于部署 Python 环境、运行 Python 程序的操作系统环境的描述中，**不正确**的是哪一项？（　　　）

    A. 不同的操作系统均可以        B. Linux 操作系统可以

    C. macOS 操作系统不可以        D. Windows 操作系统可以

## 2．简答题

（1）在 Windows 10 操作系统下，Python 默认的安装路径是什么？

（2）说明 Python 程序的运行过程。

（3）请列举 IDLE 下 5 个快捷键的功能。

（4）简述程序的编译方式和解释方式的区别。

（5）简述程序设计的 IPO 模式的特点。

## 3．编程题

（1）参考例 1-3，输入三角形的边长和高，计算并输出三角形的面积。

（2）参考例 1-6，在列表中给出若干字符串，计算并输出最长的字符串。

（3）查阅 Python 的帮助文档，在 "Numeric and Mathematical Modules" 模块中查找相关函数，试使用其中的代数函数计算一组数中的最大值和最小值。

# 第2章 Python 基础知识

用计算机语言书写的程序称为源程序，也叫源代码。书写程序要注意语句的格式、语法约束、保留字等。本章将介绍如何书写 Python 程序，以及 Python 的数据类型、变量及运算符等。

## 2.1 程序的书写规范

在 Python 的编辑环境中，程序的书写规范主要体现在语句的格式、代码块与缩进、注释等方面。

### 2.1.1 Python 的语句

Python 通常是一行书写一条语句，如果一行内书写多条语句，语句间应使用**分号**分隔。建议每行只写一条语句，并且语句结束时不写分号。

如果一条语句过长，可能需要换行书写，这时可以在语句的外部加上一对圆括号来实现，也可以使用**续行符**（"\\" 反斜杠）来实现。

与写在圆括号中的语句类似，写在[]、{}内的跨行语句被视为一行语句，不再需要使用续行符换行。

**例 2-1** Python 语句的分行书写。

```
>>> print("当一条语句过长时，可能需要进行换行处理，这时可以\
在语句的外侧加上一对圆括号来实现，也可以使用反斜\
杠来实现。" )                                    # 一种写法，用\续行，续行后回车

>>> str1 = ("当一条语句过长时，可能需要进行换行处理，这时可以"
        "在语句的外侧加上一对圆括号来实现，""也可以使用反"
        "斜杠来实现。" )                          # 另一种写法
>>> months = ['january','february','march',"april",'may','june','july','august',
        'september','october','november','december']        # 写在[]内的代码
```

在上面的代码中，用单引号和双引号括起来的都是字符串，语句前后的空格是在 IDLE 中换行自动产生的，是可以删除的。

### 2.1.2 代码块与缩进

代码块也称复合语句，由多行代码组成，这些代码能完成相对复杂的功能。Python 中的代码块使用缩进来表示，缩进是指代码行前部预留若干空格。其他一些计算机语言，如 C 语言、Java 语言等都使用大括号"{}"表示代码块。

Python 语句行缩进的空格数在程序编辑环境中是可调整的，但要求同一个代码块的语

句必须包含相同的缩进空格数。

下面的分支结构程序代码中应用了缩进。

**例 2-2** Python 语句的缩进和代码块。

```
# 分支语句中代码块的缩进
score = 54
mypass = 60
if score > mypass:
    gpoint = 1 + (score - mypass) / 10
    print("学分绩点为", gpoint)
    print("通过考试")
else:
    print("学分绩点为 0")
    print("未通过考试")
```

例 2-2 的功能是根据给出的分数（score）的值，计算对应的学分绩点。在上面的代码中，if 语句后缩进的 3 行构成一个代码块，else 语句后缩进的 2 行也构成一个代码块。如果同一代码块中各语句前的空格数不一致，运行时将会报告出错信息。

📖 **提示** Python 代码行缩进可以调整，建议使用 4 个空格宽度的行首缩进；不同文本编辑器中的制表符（Tab 键）表示的空白宽度不一致，如果代码要跨平台使用，建议不使用制表符。

### 2.1.3 注释

注释用于说明程序或语句的功能。Python 的注释分为单行注释和多行注释两种。**单行注释**以"#"开头，可以是独立的一行，也可以附在语句的后部。**多行注释**可以使用 3 个引号（英文的单引号或双引号均可）作为开始和结束的符号，这种注释实际上是跨行的字符串。

**例 2-3** Python 的注释。

```
'''
使用 math 库中的 pi 常数，计算圆的面积和体积。
math 库是 Python 的内置数学函数库，需要导入后使用
上面是多行注释
'''
# 程序:用分支语句判断半径 r 的值是否是正数(单行注释)
import math
r = -2
if r > 0:
    area = math.pi * r * r  # 附在语句后的单行注释
    print(area)
else:
    print("半径为负数，请修改程序")
```

多行注释通常用来说明程序的功能、作者、完成时间、输入/输出等，单行注释一般用来解释代码行的功能。

## 2.2 标识符和关键字

标识符和关键字是计算机语言的基本语法元素，是编写程序的基础，不同计算机语言的标识符和关键字略有区别。

### 2.2.1 标识符

计算机中的数据，如一个变量、方法、对象等都需要有名称，以方便程序调用。这些用户定义的、由程序使用的符号就是**标识符**。我们可以根据程序设计的需要来定义标识符，规则如下。

- Python 的标识符可以由字母、数字和下画线 "_" 组成，且不能以数字开头。
- 标识符区分大小写，没有长度限制。
- 标识符不能使用计算机语言中预留的、有特殊作用的关键字。
- 标识符的命名尽量符合见名知义的原则，从而提高代码的可读性。例如，程序中的用户名使用 username 来表示，学生对象使用 student 来表示。

下面是 Python 中的合法标识符。

```
myVar、_Variable、姓名
```

下面是 Python 中的非法标识符。

```
2Var、vari#able、finally、stu@lnnu、my name
```

### 2.2.2 关键字

Python 语言保留某些单词用作特殊用途，这些单词被称为**关键字**，也叫保留字。我们定义的标识符（变量名、方法名、函数名等）不能与关键字相同，否则程序编译或运行时就会出现异常。Python 常用的关键字如图 2-1 所示。

| and | as | assert | break | class | continue |
| --- | --- | --- | --- | --- | --- |
| def | del | elif | else | except | False |
| finally | for | from | global | if | import |
| in | is | lambda | nonlocal | not | or |
| None | pass | raise | return | True | try |
| while | with | yield | await | async | |

图 2-1 Python 常用的关键字

在 Python 中，需要注意 True、False、None 的写法。如果需要查看关键字的信息，在 IDLE Shell 窗口中可以使用 help() 函数进入帮助系统查看。

**例 2-4** 使用 Python 的帮助功能，显示提示信息。

```
>>> help()              # 进入 Python 的帮助系统
>>> help> keywords      # 查看关键字列表
>>> help> break         # 查看 "break" 关键字说明
>>> help> quit          # 退出帮助系统
```

练习

（1）下面的选项中，哪些是 Python 合法的标识符？

__name、_first、mid-school、int、int32、money$=12、Jeep1=12、true、none

（2）下面是判断一个数是偶数还是奇数的程序，调试并修改下面代码中的错误。

```
in = 16
if in % 2 == 0:    /用于判断 x 是否能被 2 整除*/
    print("该数是偶数")
else:
    print(该数是奇数)
    print("thanks")
```

## 2.3 Python 的数据类型

程序设计的目的是存储和处理数据，将数据分为合理的类型既方便数据处理，又可以提高数据的处理效率，节省存储空间。数据类型指明了数据的状态和行为。Python的数据类型包括数值类型（Number）、字符串类型（str）、列表类型（list）、元组类型（tuple）、字典类型（dict）和集合类型（set）等。其中，数值类型是 Python 的基本数据类型，包含整型（int）、浮点型（float）、复数类型（complex）和布尔类型（bool）4 种。

微课视频

程序使用变量来临时保存数据，变量使用标识符来命名。

### 1. 整数类型

**整数类型**简称整型，它与数学中整数的概念一致。整型数据的表示方式有 4 种，分别是十进制、二进制（以"0B"或"0b"开头）、八进制（以"0o"或"0O"开头）和十六进制（以"0x"或"0X"开头）。

Python 的整型数据理论上的取值范围是$(-\infty, \infty)$，实际的取值范围受限于运行 Python 程序的计算机内存大小。下面是一些整数类型的数据。

```
100, 21, 0O234, 0o67, 0B1011, 0b1101, 0x1FF, 0X1DF
```

Python 中有些数据类型的表现形式相同或相近，内置函数 **type()** 可用于测试各种数据类型。

**例 2-5**　使用 type() 函数测试数据类型。

```
>>> x = 0O234
>>> y = 0B1011
>>> z = 0X1DF
>>> print(x,y,z)
156 11 479
>>> type(x),type(y),type(z)
(<class 'int'>, <class 'int'>, <class 'int'>)
```

在上述代码中，定义了 3 个变量，变量的相关内容将在 2.4 节中介绍。第 1 行代码中，变量 x 的值是一个八进制的整数；第 2 行代码中，变量 y 的值是一个二进制的整数；第 3 行代码中，变量 z 的值是一个十六进制的整数，它们都属于整数类型。运行结果是输出了x、y、z 这 3 个变量的十进制值，并显示了这些变量的数据类型。

### 2. 浮点数类型

**浮点数类型**简称浮点型，它用于表示数学中的实数，是带有小数的数据类型。例如，3.14、10.0 都属于浮点数类型。浮点数类型可以用十进制或科学记数法表示。下面是用科学记数法表示的浮点数类型数据。

```
3.22e3, 0.24E6, 1.5E-3
```

E 或 e 表示基数是 10，后面的整数表示指数，指数的正负使用"+"号或者"−"号表示，其中，"+"号可以省略。需要注意的是，Python 的浮点数类型占 8 个字节，能表示的数的精度范围是 2.2e−308～1.8e308。

### 3. 复数类型

**复数类型**用于表示数学中的复数。例如，5+3j、−3.4−6.8j 都是复数类型。多数计算机语言没有复数类型，Python 中的复数类型有以下特点。

- 复数由实数部分 real 和虚数部分 imag 构成。
- 实数部分 real 和虚数部分 imag 都是浮点型。

需要说明的是，一个复数必须有表示虚部的实数和 j，如 1j、−1j 都是复数，而 0.0 不是复数，并且表示虚部的实数部分即使是 1 也不可以省略。复数的示例代码如下，从运行结果可以看出，复数的实部和虚部都是浮点数。

**例 2-6** 复数类型测试。

```
>>> f1 = 3.3 + 2j
>>> print(f1)
(3.3+2j)
>>> type(f1)
<class 'complex'>
>>> f1.real
3.3
>>> f1.imag
2.0
```

### 4. 布尔类型

**布尔类型**可以看作一种特殊的整型，布尔型数据只有两个取值：True 和 False。如果对布尔值进行数值运算，True 会被当作整型 1，False 会被当作整型 0。每个 Python 对象（常量、变量、函数）都自动具有布尔值（True 或 False），进而可用于布尔测试（通常用于 if 语句或 while 语句中）。

以下 Python 对象的布尔值都是 False，包括 None、False、整数（0）、浮点数（0.0）、复数（0.0+0.0j）、空字符串（""）、空列表（[ ]）、空元组（( )）、空字典（{ }），这些数据的布尔值可以用 Python 的内置函数 **bool()** 来测试。

**例 2-7** 布尔类型测试。

```
>>> x1 = 0
>>> type(x1),bool(x1)
(<class 'int'>, False)
>>> x2 = 0.0
>>> type(x2),bool(x2)
(<class 'float'>, False)
>>> x3 = 0.0 + 0.0j
>>> type(x3),bool(x3)
(<class 'complex'>, False)
>>> x4 = ""
>>> type(x4),bool(x4)
(<class 'str'>, False)
>>> x5 = []          # 列表类型
>>> type(x5),bool(x5)
(<class 'list'>, False)
>>> x6 = {}          # 字典类型
>>> type(x6),bool(x6)
(<class 'dict'>, False)
```

### 5. 字符串类型

Python 的字符串是用单引号、双引号和三引号括起来的字符序列，用于描述信息，如 'copyright'、"Python"、'''beautiful'''等。字符串的运算和操作将在第 3 章介绍。

由于字符串应用广泛，因此通常也将**字符串类型**视为基本的数据类型。

### 6. 列表类型

Python 中的**列表类型**是一种序列类型，列表是一种数据集合。列表用中括号[]来表示，列表内容以逗号进行分隔。例如，[ 1,2,3,4]、["one","two","Python","three"]、[ 3,4,5, "three" ] 等。

列表的运算和操作将在第 5 章介绍。

### 7．元组类型

**元组类型**是由 0 个或多个元素组成的不可变序列类型。元组与列表的区别在于元组的元素不能修改。创建元组时，只要将元组的元素用圆括号括起来，并使用逗号隔开即可。例如，('physics', 'chemistry', 1997, 2000)就是一个元组。

元组的运算和操作将在第 5 章介绍。

### 8．字典类型

**字典类型**是 Python 中唯一内置的映射类型，可用来实现通过数据查找关联数据的功能。字典是键值对的无序集合。字典中的每个元素都包含两部分：键和值，字典用大括号"{"和"}"来表示，每个元素的键和值用冒号分隔，元素之间用逗号分隔。例如，{'AU': 'Austaria', 'CN': 'China', 'KR': 'Korea'}，{'name': 'rose', 'age': 18, 'score': 75.2}。

字典的运算和操作将在第 5 章介绍。

### 9．集合类型

在 Python 中，**集合类型**是一组对象的集合，对象可以是各种类型。集合由各种类型的元素组成，但元素之间没有任何顺序，并且元素都不重复。例如，set([1,2,3,4])表示一个由 4 个元素组成的集合。

集合的运算和操作将在第 5 章介绍。

练习

写出下面代码中 print()函数的运行结果。

```
>>> num0 = 0
>>> num1 = 0x12
>>> num2 = 0o17
>>> print(num0,type(num0))
>>> print(num1,num2)

>>> fnum1 = 1.7e3
>>> print(fnum1,type(fnum1))

>>> cnum1 = 0j
>>> print(cnum1,type(cnum1))

>>> bnum1 = False
>>> print(bnum1,bool(num1),bool(num0))
>>> print(bool(num0),bool(""),bool("ax"))
```

## 2.4 Python 的变量

**变量**是计算机内存的存储位置的表示，也称为内存变量，用于在程序中临时保存数据。变量用标识符来命名，变量名区分大小写。Python 定义变量的格式如下。

```
varName = value
```

其中，varName 是变量名；value 是变量的值，这个过程被称为变量赋值；"="被称为赋值运算符，即把"="后面的值传递给前面的变量名。

关于变量，使用时需要注意以下问题。

（1）计算机语言中，赋值是一个重要的概念。若 x=8，赋值运算的含义是将 8 赋予变量 x；若 x=x+1，赋值运算的含义是将 x 加 1 之后的值再赋予 x，这时 x 的值是 9，这与数学中的等于（=）含义是不同的。

（2）Python 中的变量具有类型的概念，变量的类型由所赋的值来决定。在 Python 中，只要定义了一个变量，并且该变量存储了数据，变量的数据类型就已经确定了，系统会自动识别变量的数据类型。例如，若 x=8，则 x 是整型数据；若 x="Hello"，则 x 是一个字符串类型变量。变量也可以是列表、元组或对象等类型。

查看变量的类型可以使用函数 type() 来实现。

与变量对应，计算机语言中还有常量的概念，常量就是在程序运行期间，值不发生改变的量。实质上，常量是内存中用于保存固定值的单元，常量也有各种数据类型。例如，"Python"、3.14、100、True 等都是常量，其类型定义与 Python 的数据类型是相符的。

## 2.5 Python 的运算符

运算符是用于表示不同运算类型的符号，运算符可分为算术运算符、比较运算符、逻辑运算符、赋值运算符和位运算符等，Python 的变量由运算符连接就构成了表达式。

### 2.5.1 算术运算符

**算术运算符**可以完成数学中的加、减、乘、除四则运算。算术运算符包括+（加）、−（减）、*（乘）、/（除）、%（求余）、**（求幂）、//（整除）。其中，幂运算返回 $a$ 的 $b$ 次幂，例如，12**3 计算的是 12 的 3 次方；整除运算返回商的整数部分，例如，24//10 的结果是 2。

**例 2-8** 算术运算符的应用。

```
>>> x1 = 17
>>> x2 = 4
>>> result1 = x1 + x2     # 21
>>> result2 = x1 - x2     # 13
>>> result3 = x1 * x2     # 68
>>> result4 = x1 / x2     # 4.25
>>> result5 = x1 % x2     # 1
>>> result6 = x1 ** x2    # 83521
>>> result7 = x1 // x2    # 4
```

由算术运算符将数值类型的变量连接起来就构成了算术表达式，它的计算结果是一个数值。不同类型的数据进行运算时，这些数据的类型应当是兼容的，并遵循运算符的优先级规则。

### 2.5.2 比较运算符

**比较运算符**用于两个数据之间的比较。比较运算符有 6 个：>（大于）、<（小于）、>=（大于等于）、<=（小于等于）、==（等于）和!=（不等于）。

比较运算符多用于数值型数据的比较，有时也用于字符串数据的比较，比较的结果是布尔值 True 或 False。用比较运算符连接的表达式称为关系表达式，一般在程序分支结构中使用。例 2-9 是比较运算符的应用，其中内置函数 **len()** 用于测试字符串的长度。

**例 2-9** 比较运算符的应用。

```
>>> x = 'student'
>>> y = "teacher"
>>> x > y
False
>>> len(x) == len(y)
True
```

```
>>> x != y
True
>>> x + y == y + x
False
```

### 2.5.3 逻辑运算符

**逻辑运算符**包括 and、or、not，分别表示逻辑与、逻辑或、逻辑非。逻辑运算的结果通常是布尔值 True 或 False，但 and 和 or 运算对于非布尔操作数，会返回其中一个操作数。其功能描述如表 2-1 所示，其中，x=12、y=0。

**表 2-1  逻辑运算符的功能描述**

| 运 算 符 | 表 达 式 | 描　　　　　述 | 示　　例 |
|---|---|---|---|
| and | x and y | x、y 有一个为 False，逻辑表达式的值为 False | x and y，值为 0 |
| or | x or y | x、y 有一个为 True，逻辑表达式的值为 True | x or y，值为 12 |
| not | not x | x 值为 True，逻辑表达式的值为 False；y 值为 False，逻辑表达式的值为 True | not x，值为 False<br>not y，值为 True |

### 2.5.4 赋值运算符

**赋值运算符**用于计算表达式的值并赋给变量。在 Python 中，赋值运算有以下 3 种情况：为单一变量赋一个值，为多个变量赋一个值，为多个变量赋多个值。赋值运算是将赋值号右边的值赋给赋值号左边的变量，赋值表达式的运算方向是从右到左的。例如，x=x+1 就是一个合法的赋值运算，先计算 x+1 的值，再赋给赋值号左边的变量 x，这和数学中的等式是完全不同的含义。

**例 2-10**　赋值运算符的应用。

```
>>> x = 5           # 为一个变量赋值，x 值为 5
>>> x = x + 1       # 进行赋值运算，x 值最后为 6
>>> x = y = z = 5   # 为多个变量赋一个值，x、y、z 值均为 5
>>> x,y,z = 3,4,5   # 为多个变量赋多个值，x 值为 3，y 值为 4，z 值为 5
```

赋值运算符可以和算术运算符组合成复合赋值运算符，如+=、－=、*=等，这是一种缩写形式，使用这种形式对变量进行改变的时候显得更为简单。表 2-2 列举了 Python 中的复合赋值运算符，其中，x=5、y=3。

**表 2-2  复合赋值运算符**

| 运 算 符 | 功 能 描 述 | 示　　例 |
|---|---|---|
| += | 加法赋值运算符 | x+=y 相当于 x=x+y，x 计算后的结果为 8 |
| －= | 减法赋值运算符 | x－=y 相当于 x=x－y，x 计算后的结果为 2 |
| *= | 乘法赋值运算符 | x *=y 相当于 x=x*y，x 计算后的结果为 15 |
| /= | 除法赋值运算符 | x/=y 相当于 x=x/y，x 计算后的结果为 1.666666 7 |
| %= | 取余赋值运算符 | x %=y 相当于 x=x%y，x 计算后的结果为 2 |
| **= | 幂赋值运算符 | x**=y 相当于 x=x**y，x 计算后的结果为 125 |
| //= | 整除赋值运算符 | x//=y 相当于 x=x//y，x 计算后的结果为 1 |

### 2.5.5 位运算符

**位运算符**用于对整数中的位进行测试、置位或移位处理，对数据进行按位操作。Python

---

27

的位运算符有 6 个，即~（按位取反）、&（按位与）、|（按位或）、^（按位异或）、>>（按位右移）、<<（按位左移）。位运算符的运算规则如表 2-3 所示。其中，op1、op2 指的是参与运算的整型变量。

表 2-3　位运算符的运算规则

| 运　算　符 | 用　法 | 描　述 |
| --- | --- | --- |
| ~ | ~ op1 | 按位取反 |
| & | op1&op2 | 按位与 |
| \| | op1\|op2 | 按位或 |
| ^ | op1^op2 | 按位异或 |
| >> | op1>> op2 | 右移 op2 位 |
| << | op1<< op2 | 左移 op2 位 |

**例 2-11**　位运算符的应用。

```
>>> op1 = 6
>>> op2 = 2
>>> ~op1          # 等价于二进制~00000110=11111001，输出-7
-7
>>> op1 | op2     # 等价于二进制 00000110|00000010=00000110，输出 6
6
>>> op1 & op2     # 等价于二进制 00000110&00000010=00000010，输出 2
2
>>> op1 >> op2    # 00000110 右移 2 位为 00000001，输出 1
1
>>> op1 << op2    # 00000110 左移 2 位为 00011000，输出 24
24
```

需要说明的是，位运算后得到的二进制值是补码的形式，如果首位是 1，表示这是个负数，需要按照"按位取反，末位加 1"的规则计算输出值。

练习

写出下列代码的运行结果。

```
>>> print(0x1F)
>>> print(9**0.5)
>>> print(2.5**2)
>>> print(2.0+3)
>>> print(12 and 21)
>>> v1 = 2
>>> v1 *= 2 + 100 // 9
>>> print(v1)

>>> a1 = 7.0; a2 = 5;a3 = 'blank'
>>> print(a1%a2)

>>> a1,a2,a3 = a3,a2,a1
>>> print(a1,a2,a3)
```

### 2.6　运算符的优先级

表达式是变量和运算符按一定的语法形式组成的符号序列。表达式中的运算符是存在优先级的，**优先级**是指在同一表达式中多个运算符被执行的次序。在计算表达式的值时，应按运算符的优先级别由高到低次序执行。如果一个运算对象两侧的运算符优先级相同，则按规定的结合方向处理，这被称为运算符的结合性。在 Python 中，!（非）、+（正）、−（负）以及赋值运算符的结合方向是"先右后左"，其余运算符的结合方向则是"先左后右"。

运算符的优先级如表 2-4 所示。在表达式中，可以使用圆括号"()"显式地标明运算次序，圆括号中的表达式先被计算。

表 2-4  运算符的优先级

| 优 先 次 序 | 运　算　符 | 优 先 次 序 | 运　算　符 |
|---|---|---|---|
| 1 | **（指数） | 8 | \| |
| 2 | ~（按位取反）+（正数）−（负数） | 9 | < > <= >= |
| 3 | * / % // | 10 | == != |
| 4 | + − | 11 | = += −= *= /= %= //= |
| 5 | >>（右移） <<（左移） | 12 | not |
| 6 | & | 13 | and or |
| 7 | ^ | | |

**例 2-12**　运算符优先级的应用。

```
>>> x = 10
>>> y = 20
>>> m = 3.0
>>> n = 8.2
>>> b = x + y > x - y *-1 and m < n % 3
>>> b
False
>>> b1 = ((x+y) > (x-y*(-1))) and m < (n%3)
>>> b1
False
>>> b2 = ((x+y)>(x-y*(-1))) and (m<(n%3))
>>> b2
False
```

由运行结果可以看出，b1、b2 表达式的可读性比 b 表达式的可读性明显增强了。

## 2.7 利用 AI 工具解决编程中的问题（1）*

在学习 Python 和应用 Python 编程过程中，不可避免要遇到各种问题。我们往往可以通过问答的方式，借助 DeepSeek 等 AI 工具方便地解决这些问题。

利用 AI 工具解决编程中的问题时，如果认为一些问题的回答不符合要求，可以使用 AI 工具进一步追问，不断调整，直至得到较为满意的回答。

**例 2-13**　利用 DeepSeek，询问 IDLE 设置打开文件目录的方法。

USER：在 IDLE 中编写 Python 程序时，如何设置 IDLE 默认的打开文件目录？

AI：在 IDLE 中设置默认的打开文件目录（即当你使用"File"菜单中的"Open"或"Save As"等功能时，默认显示的文件夹）并不是一个直接通过 IDLE 界面选项来完成的任务，因为 IDLE 并没有直接提供这样的设置选项。

然而，有几种方法可以实现类似的效果。

方法一：修改快捷方式属性

对于 Windows 系统，你可以通过修改 IDLE 快捷方式的属性来尝试改变其默认的工作目录。但是，请注意，这种方法可能不会直接影响"打开"或"另存为"对话框中显示的默认目录，但它会改变 IDLE 启动时的工作目录（即 os.getcwd()返回的目录）。

1. 找到 IDLE 的快捷方式（可能在开始菜单、桌面或某个文件夹中）。

2. 右击快捷方式，选择"属性"。

3. 在"快捷方式"选项卡中，找到"起始位置"字段。

4. 在该字段中输入你希望 IDLE 启动时使用的默认目录。

5. 点击"应用"和"确定"保存更改。

请注意，这种方法可能不会改变文件对话框的默认目录，但它会影响 IDLE 的当前工作目录，这在进行文件操作时可能会很有用。

（其他方法略）

**例 2-14** 利用 DeepSeek，询问运算符"=="和"="的区别。

USER：Python 中的运算符"=="和"="有什么区别？

AI：在 Python 中，== 和 = 是两个非常基础但功能截然不同的运算符，它们的主要区别在于它们所执行的操作和用途。

1. =（赋值运算符）：

赋值运算符=用于将右侧的值或对象赋值给左侧的变量。这意味着左侧的变量名现在将引用（或"指向"）右侧的值或对象。

示例：x = 5 这行代码会将数值 5 赋值给变量 x，之后 x 的值就是 5。

2. ==（等值比较运算符）：

等值比较运算符==用于比较两个值或对象是否相等。如果两个值或对象相等，则表达式的结果为 True；如果不相等，则结果为 False。

示例：x == 5 表示如果变量 x 的值是 5，那么这个表达式的结果就是 True；如果 x 的值不是 5，结果就是 False。

（示例对比略。）

练习

Python 中的代码块使用缩进来表示，利用 AI 工具询问 Python 的缩进有什么要求。

# 习 题 2

## 1. 选择题

（1）下列选项中，**不是** Python 关键字的是哪一项？（　　　）

    A. pass          B. from          C. yield          D. static

（2）下列选项中，可作为 Python 标识符的是哪一项？（　　　）

    A. getpath()      B. throw        C. my#var        D. _My_price

（3）下列选项中，使用 bool()函数测试，值**不是** False 的是哪一项？（　　　）

    A. 0            B. []             C. {}           D. −1

（4）假设 $x$、$y$、$z$ 的值都是 0，下列表达式中**非法**的是哪一项？（　　　）

A. x=y=z=2            B. x,y=y,x

C. x=(y==z+1)         D. x=(y=z+1)

（5）下列关于字符串的定义中，**错误**的是哪一项？（　　　）

A. '''hipython'''           B. 'hipython'

C. "hipython"           D. [hipython]

（6）下列数据类型中，Python **不支持**的是哪一项？（　　　）

A. char      B. int      C. float      D. list

（7）Python 语句 print(type(1/2))的输出结果是哪一项？（　　　）

A. <class 'int'>          B. <class 'number'>

C. <class 'float'>        D. class <'double'>

（8）Python 语句 x = 'car';y = 2;print(x + y)的输出结果是哪一项？（　　　）

A. 语法错      B. 2      C. car2      D. catcar

（9）Python 语句 print(0.1+0.2==0.3)的输出结果是哪一项？（　　　）

A. True      B. False      C. −1      D. 0

（10）以下语句的输出结果是哪一项？（　　　）

```
a = 10.99
print(complex(a))
```

A. 0.99      B. 10.99+j      C. 10.99      D. (10.99+0j)

（11）以下关于 Python 浮点数类型的描述中，**不正确**的是哪一项？（　　　）

A. Python 要求所有浮点数必须带有小数部分

B. 浮点数类型表示带有小数的类型

C. 小数部分不可以为 0

D. 浮点数类型与数学中实数的概念一致

（12）Python 中的运算符**的作用是哪一项？（　　　）

A. 非法符号      B. 幂运算      C. 乘法运算      D. 操作数取平方

## 2．简答题

（1）什么是标识符？简述 Python 标识符的命名规则。

（2）什么是关键字？True 和 False 是否为 Python 的关键字？

（3）比较运算符的运算结果是什么类型？

（4）整数的二进制、八进制、十六进制都用什么格式表示？将十进制数转换为二进制、八进制、十六进制的函数分别是什么？

（5）Python 常用的数值类型有哪几种？请举例说明。

## 3．编程题

（1）编写程序，根据输入的 3 门学科成绩值，计算平均分和总分。

（2）编写程序，根据输入的三角形的 3 条边长，输出三角形的面积。

# 第3章 Python 中的字符串

字符串是一种表示文本的数据类型。字符串的表示、解析和处理是 Python 的重要内容，也是 Python 编程的基础之一。本章介绍如何使用索引和切片来访问字符串中的字符，如何设置字符串的显示格式，字符串的操作方法以及 Python 的输入输出等内容。

## 3.1 字符串的表示

### 3.1.1 字符串常量

字符串是字符的集合，它被引号包围，引号可以是单引号、双引号或者三引号（即三个连续的单引号或者双引号），这些引号包围的字符串都是字符串常量。

单引号和双引号包围的是单行字符串，二者的作用相同。三引号可以包围多行字符串。例 3-1 是在 IDLE 交互方式下定义的 3 种类型的字符串。

例 3-1　字符串的定义。

```
>>> 'college'  '12'  'true' 'st"ude"nt'       # 单引号包围的字符串
>>> "student"  "id"  "116000"  "st'ud'ent"    # 双引号包围的字符串
>>> '''                                        # 三引号包围的字符串
单引号和双引号包围的是单行字符串
"二者的作用相同"
三引号包围的是多行字符串
'''
```

需要注意的是，3 个引号能包围多行字符串，这种字符串常常出现在函数声明的下一行，用来注释函数的功能。这个注释被认为是函数的一个默认属性，可以通过"函数名.__doc__"的形式进行访问。关于函数的内容将在第 6 章介绍。

### 3.1.2 转义符

转义符用于表示一些在某些场合不能直接输入的特殊字符，如下面的代码。

```
'type('abc')'
```

在由单引号包围的字符串中再次使用单引号，代码运行时将会报错。再如，代码中需要输入退格符、换行符、换页符等不可见字符，也要使用转义符。转义符由反斜杠（\）引导，与后面相邻的字符组成了新的含义。例如，\n 表示换行，\\ 表示输入反斜杠，\t 表示制表符。常用的转义符如表 3-1 所示。

表 3-1　常用的转义符

| 转 义 符 | 含 义 描 述 | 转 义 符 | 含 义 描 述 |
| --- | --- | --- | --- |
| \（在行尾时） | Python 的续行符 | \n | 换行 |
| \\ | 反斜杠符号 | \t | 横向制表符 |

| 转 义 符 | 含 义 描 述 | 转 义 符 | 含 义 描 述 |
|---|---|---|---|
| \' | 单引号 | \r | 回车 |
| \" | 双引号 | \f | 换页 |
| \a | 响铃 | \ooo | 八进制数表示的 ASCII 码对应字符 |
| \b | 退格（Backspace） | \xhh | 十六进制数表示的 ASCII 码对应字符 |
| \0 | 空 | \other | 其他的字符以普通格式输出 |

**例 3-2** 字符串转义符的应用。

```
>>> x = '\000\101\102'
>>> y = '\000\x61\x63'
>>> x,y
('\x00AB', '\x00ac')
>>> print(x,y)          # 运行结果字符前有空格
  AB  ac
>>> print("Python\n 语言\t 程序\tDesign")
Python
语言  程序  Design
```

## 3.2 字符串的格式化

程序运行输出的结果通常以字符串的形式呈现，为了实现输出的灵活性和可编辑性，需要控制字符串的输出格式，即字符串的格式化。

当前主要使用两种方法格式化字符串：一种是 str.format()方法；另一种是格式化字符串字面量的 f-strings 方法。操作符 "%" 也可以用来格式化字符串，这是一种过时的方法，主要为兼顾其他编程语言的习惯而保留，本书主要介绍 str.format()方法和 f-strings 方法。

微课视频

### 3.2.1 使用 str.format()方法格式化字符串

从 Python 2.6 开始，格式化字符串使用 str.format()方法，这种方法可以很方便地控制字符串的输出格式。

**1. 模板字符串与 format()方法中参数的对应关系**

str.format()方法中的 str 被称为模板字符串，其中可以有多个由 "{}" 表示的占位符，这些占位符接收 format()方法中的参数。str 模板字符串与 format()方法中的参数的对应关系有以下 3 种情况。

（1）使用位置参数匹配。

在模板字符串中，如果占位符（{}）为空（没有表示顺序的序号），将会按照参数出现的先后次序进行匹配。如果占位符（{}）指定了参数的序号，则会按照序号替换对应参数。

（2）使用键值对的关键字参数匹配。

format()方法中的参数用键值对形式表示时，在模板字符串中用 "键" 来匹配。

（3）使用序列的索引作为参数匹配。

如果 format()方法中的参数是列表或元组，可以用其索引（序号）来匹配。

**例 3-3** 模板字符串与 format()方法中参数的对应关系。

```
# 位置参数
>>> "{} is {} years old".format("Rose",18)
'Rose is 18 years old'
```

```
>>> "{0} is {1} years old".format("Rose",18)
'Rose is 18 years old'
>>> "Hi,{0}!{0} is {1} years old".format("Rose",18)
'Hi,Rose!Rose is 18 years old'

# 关键字参数
>>> "{name} was born in {year},He is {age} years old".format(name="Rose",age=
 18,year=2000)
'Rose was born in 2000,He is 18 years old'

# 索引参数
>>> student = ["Rose",18]
>>> school = ("Dalian","LNNU")
>>> "{1[0]} was born in {0[0]},She is {1[1]} years old".format(school,student)
'Rose was born in Dalian,She is 18 years old'
```

### 2．模板字符串 str 的格式控制

模板字符串 str 的语法格式如下。

```
[[[fill]align][sign][width][,][.precision][type]
```

下面详细说明模板字符串参数的含义。

（1）fill：可选参数，空白处填充的字符。

（2）align：可选参数，用于控制对齐方式，配合 width 参数使用，align 参数的取值如下。

- <：内容左对齐。
- >：内容右对齐（默认）。
- ^：内容居中对齐。

（3）sign：可选参数，数字前的符号。

- +：在正数数值前添加正号，在负数数值前添加负号。
- −：正数数值前不添加符号，在负数数值前添加负号。
- 空格：在正数数值前添加空格，在负数数值前添加负号。

（4）width：可选参数，指定格式化后的字符串所占的宽度。

（5）逗号（,）：可选参数，为数字添加千分位分隔符。

（6）precision：可选参数，指定小数位的精度。

（7）type：可选参数，指定格式化输出整数和浮点数的规则，如表 3-2 所示。

表 3-2　整数和浮点数常用的格式化规则

| 符　　号 | 功　　能 |
| --- | --- |
| b | 将十进制整数转换成二进制表示形式 |
| c | 将十进制整数转换为其对应的 Unicode 字符 |
| d | 输出十进制整数 |
| o | 将十进制整数转换为八进制表示形式 |
| x/X | 将十进制整数转换为十六进制表示形式 |
| e/E | 转换为科学记数法（小写 e 或大写 E）表示形式 |
| f/G | 输出浮点数，保留结果末尾的 0 |
| g/G | 输出浮点数，末尾的 0 会从结果中移除 |
| % | 输出浮点数的百分比形式 |

**例 3-4**　使用 str.format()方法格式化字符串。

```
>>> print('{:*>8}'.format('3.14'))              # 宽度 8 位，右对齐
****3.14
>>> print('{:*<8}'.format('3.14'))              # 宽度 8 位，左对齐
```

```
3.14****
>>> print('{0:^8},{0:*^8}'.format('3.14'))   # 宽度8位，居中对齐
  3.14   ,**3.14**
>>> print('{0:e}, {0:.2e}'.format(3.14159))  # 用科学记数法表示
3.141590e+00, 3.14e+00
>>> print("{:b}".format(124))
1111100
>>> print("{:o}".format(124))
174
>>> print("{:X}".format(124))
7C
```

### 3.2.2 使用 f-strings 方法格式化字符串

从 Python 3.6 开始，Python 增加了 f-strings（格式化字符串字面量）方法，这种方法提供了简洁和易读的方式将表达式嵌入到字符串字面量中。

应用 f-strings 方法时，在字符串引号（单引号、双引号或三引号）前加上一个"f"或"F"作为前缀，在字符串中，{}中的变量或表达式在程序运行时会被变量或表达式的值代替。

**例 3-5**  使用 f-strings 方法格式化字符串。

```
>>> name = "Charlie"
>>> age = 28
>>> print(f"My name is {name} and I am {age} years old.")
My name is Charlie and I am 28 years old.
>>> salary = 5600
>>> rate = 1.2
>>> print(F'{salary}*{rate}={salary*rate}')
5600*1.2=6720.0
```

练习

（1）使用一条 print()语句在不同行分别输出"The 20th National Congress of the Communist Party of China"的每个单词。

（2）写出下列代码的运行结果。

```
>>> print("{:.2f}".format(20-2**3+10/3*2))
>>> print("{:0>10.3f}".format(3.14))
>>> print("数量{1}，单价{0}".format(23.4,34.2))
>>> print("e:\name\demo")
```

## 3.3 字符串的操作符

字符串由若干字符组成，为实现字符串的连接、子串的选择等，Python 提供了系列字符串的操作符，如表 3-3 所示。其中，a、b 是两个字符串，a="Hello"，b="Python"。

**表 3-3　字符串的操作符**

| 操 作 符 | 描　述 | 示　例 |
|---|---|---|
| + | 连接字符串 | a+b 的输出结果为 HelloPython |
| * | 重复输出字符串 | a*2 的输出结果为 HelloHello |
| [i] | 切片操作。通过索引获取字符串中的字符，i 是字符的索引 | a[1]的输出结果为 e |
| [ : ] | 切片操作。截取字符串中的一部分 | a[1:4]的输出结果为 ell |
| in | 如果字符串中包含给定的字符，则返回 True | 'H' in a 的输出结果为 True |
| not in | 如果字符串中不包含给定的字符，则返回 True | 'M' not in a 的输出结果为 True |

| 操 作 符 | 描　　述 | 示　　例 |
|---|---|---|
| r/R | 原始字符串。原始字符串用来替代转义符表示的特殊字符，在原字符串的第一个引号前加上字母 r（R），与普通字符串操作相同 | print( r'\n')等价于 print( '\\n')<br>输出: \n |
| b | 返回二进制字符串。在原字符串的第一个引号前加上字母 b，可用于书写二进制文件 | 略 |
| % | 格式化字符串操作符 | 略 |

**例 3-6**　字符串操作符的应用。

在以下代码中，**id()**函数用来判断字符串对象在操作前后是否发生改变。id()函数返回对象的唯一标识符，这个标识符是一个整数，用于区分不同的对象，可以认为是对象的内存地址。

```
>>> str1 = "Hi,Python!"
>>> str1 * 2      # str1重复显示 2 次, str1未发生改变
'Hi,Python!Hi,Python!'
>>> id(str1)      # 测试 str1 的 id 值
54364264
>>> str1 += "Hi,Java!"
>>> id(str1)      # str1 连接字符串后，其 id 发生改变
54338768
>>> str1
'Hi,Python!Hi,Java!'
# 字符串切片操作
>>> str1[3:9]
'Python'
>>> str1[-5:-1]# 从后向前切片，最后一个字符索引是-1
'Java'
>>> str1[:-6]   # 从索引为-6 的字符到字符串首
'Hi,Python!Hi'
>>> "java" in str1
False
>>> "Java" in str1
True
```

练习

下面代码测试字符串的切片和 in 运算符，写出 print()函数的运行结果。

```
>>> first_name = "chris"
>>> last_name = "Wilson"
>>> full_name = first_name + " " + last_name
>>> print("Hello, "+full_name.title()+"!"+" "*3+"Nice to meet you.")
>>> pid = "202206C15M"
>>> print(pid[6])
>>> print(pid[-1])
>>> print(pid[4:6])
>>> print(prid[-3:-1])
>>> print('c' in pid)
```

## 3.4　操作字符串的方法

微课视频

在前面章节学习的 type()函数用于测试变量类型，id()函数用于测试变量的 id 值，len()函数用于测试字符串的长度，这些都是 Python 的内置函数。

Python 提供了很多用于操作字符串的函数，这些函数通常都使用 str.methodName()格式，本书通常将这种由对象调用的函数称为**方法**。部分方法如表 3-4～表 3-11 所示，之后将通过具体的示例加以说明。

> 📖**提示** 在 Python 中，有时不对方法和函数加以区分，比如 len()函数也可以称为 len()方法，这些描述不影响读者对本书内容的理解。

表 3-4　字符串的大小写转换方法

| 方 法 名 | 功 能 描 述 |
|---|---|
| lower() | 转换字符串中的大写字符为小写 |
| upper() | 转换字符串中的小写字符为大写 |
| capitalize() | 将字符串的第一个字符转换为大写 |
| swapcase() | 英文字符大小写互换 |

表 3-5　字符串的查找替换方法

| 方 法 名 | 功 能 描 述 |
|---|---|
| find(str[,start[,end]] ) | 检查 str 是否包含在字符串中，如果指定范围 start 和 end，则检查 str 是否包含在指定范围内。如果包含，返回 str 的索引值，否则返回−1 |
| index(str[,start[,end]]) | 同 find()方法。当 str 不在字符串中时，报告异常 |
| rfind(str[,start[,end]] ) | 类似于 find()方法，从右侧开始查找，返回 str 最后一次出现的索引值 |
| rindex(str[,start[,end]] ) | 类似于 index()方法，从右侧开始查找，返回 str 最后一次出现的索引值 |
| replace(old,new[, count]) | 将字符串中的 old 替换成 new，如果指定了 count，则替换不超过 count 次 |

表 3-6　字符串的判断方法

| 方 法 名 | 功 能 描 述 |
|---|---|
| isalnum() | 如果字符串中至少包含一个字符，并且所有字符都是字母或数字，返回 True；否则返回 False |
| isalpha() | 如果字符串中至少包含一个字符，并且所有字符都是字母，返回 True；否则返回 False |
| isdigit() | 如果字符串只包含数字字符，返回 True；否则返回 False |
| islower() | 如果字符串中至少包含一个区分大小写的字符，并且所有这些（区分大小写的）字符都是小写，返回 True；否则返回 False |
| isnumeric() | 如果字符串中只包含数字（所有类型的数字），返回 True；否则返回 False |
| isspace() | 如果字符串中只包含空白，返回 True；否则返回 False |
| isupper() | 如果字符串中至少包含一个区分大小写的字符，并且所有这些（区分大小写的）字符都是大写，返回 True；否则返回 False |
| isdecimal() | 如果字符串中只包含十进制字符，返回 True；否则返回 False |

表 3-7　字符串头尾判断方法

| 方 法 名 | 功 能 描 述 |
|---|---|
| startswith(str[,start[,end]]) | 检查字符串是否以 str 开头，如果是，返回 True；否则返回 False。如果指定了 start 和 end 值，则在指定范围内检查 |
| endswith(str[,start[,end]]) | 检查字符串是否以 str 结束，如果是，返回 True；否则返回 False。如果指定了 start 和 end 值，则在指定范围内检查 |

表 3-8 字符串的计算方法

| 方 法 名 | 功 能 描 述 |
|---|---|
| len(str) | 返回字符串长度 |
| max(str) | 返回字符串中最大的字符 |
| min(str) | 返回字符串中最小的字符 |
| count(str,[,start [,end]] ) | 返回 str 在字符串中出现的次数，如果指定了 start 或者 end 值，则返回指定范围内 str 出现的次数 |

表 3-9 字符串的对齐方法

| 方 法 名 | 功 能 描 述 |
|---|---|
| center(width, fillchar) | 返回一个在指定的宽度 width 中居中的字符串，fillchar 为填充的字符，默认为空格 |
| ljust(width[, fillchar]) | 返回一个左对齐的字符串，并使用 fillchar 填充至长度 width，fillchar 默认为空格 |
| rjust(width,[, fillchar]) | 返回一个右对齐的字符串，并使用 fillchar 填充至长度 width，fillchar 默认为空格 |

表 3-10 字符串拆分合并方法

| 方 法 名 | 功 能 描 述 |
|---|---|
| split(sep, num) | 以 sep 为分隔符分隔字符串，如果 num 有指定值，则仅截取 num 个子字符串 |
| join(seq) | 以指定字符串作为分隔符，将 seq 中所有的元素合并为一个新的字符串 |

表 3-11 删除字符串中的空格方法

| 方 法 名 | 功 能 描 述 |
|---|---|
| lstrip() | 删除字符串左边的空格 |
| rstrip() | 删除字符串末尾的空格 |
| strip([chars]) | 在字符串上执行 lstrip()和 rstrip()方法 |

## 1. 大小写转换方法

**例 3-7** 大小写转换方法的应用。

```
>>> str1 = "hi,Python"
>>> str1.lower()
'hi,python'
>>> str1.upper()
'HI,PYTHON'
>>> str1.capitalize()
'Hi,python'
>>> str1.swapcase()
'hI,pYTHON'
```

## 2. 查找和替换方法

**例 3-8** 查找和替换方法的应用。

```
>>> str1 = "hi,Python!hi,Java!"
>>> str1.find("hi")
0
>>> str1.rfind("hi")
10
>>> str1.index("a")
14
>>> str1.rindex("a")
16
>>> str1.replace("hi","Hello")
'Hello,Python!Hello,Java!'
```

### 3．字符串判断方法

**例 3-9**　字符串判断方法的应用。

```
>>> "aabbcc$123".isalnum()        # 因为存在$，返回 False
False
>>> "hello9".isalpha()            # 因为存在 9，返回 False
False
>>> "123".isdigit()
True
>>> "１２３".isnumeric()           # 识别全角数字
True
>>> "12二".isnumeric()            # 识别汉字数字
True
>>> "12二".isdigit()              # 不识别汉字数字
False
>>> "ABc".isupper()
False
```

### 4．字符串头尾判断方法

**例 3-10**　字符串头尾判断方法的应用。

```
>>> str1 = "hi,Python!hi,Java!"
>>> str1.startswith("hi")
True
>>> str1.endswith("Java!")
True
>>> str1.startswith("hi",3)       # 从 str1 的索引为 3 的字符开始判断，不以"hi"开头
False
>>> str1.endswith("hi",3,12)      # 判断 str1 中索引为 3~11 的字符，以"hi"结尾
True
```

### 5．字符串的计算方法

**例 3-11**　字符串计算方法的应用。

```
>>> str1 = "hi,Python!hi,Java!"
>>> len(str1)
18
>>> str2 = "欢迎使用 Python!"
>>> len(str2)
11
>>> max(str1),min(str1)
('y', '!')
>>> str1.count("hi")
2
```

📖 **提示**　Python 支持中文，使用 UTF-8 编码。在 UTF-8 编码环境下，使用 len()函数计算字符串长度时，任何一个数字、英文字符、汉字都按一个字符计算长度。

### 6．字符串拆分与合并方法

**例 3-12**　字符串拆分与合并方法的应用。

```
>>> str1 = "hi,Python,hi,Java!"
>>> str1.split()                  # 默认使用空格做分配符，str1 中无空格，所以返回的列表中只有一个元素
['hi,Python,hi,Java!']
>>> str1.split(",")               # 使用逗号做分配符，str1 中有 3 个逗号，所以分隔 3 次
['hi', 'Python', 'hi', 'Java!']
>>> str1.split(",",2)             # 使用逗号做分配符，限制分隔 2 次
['hi', 'Python', 'hi,Java!']
>>> lst = ['hi', 'Python!', 'hi','Java!']
>>> s = ""
>>> s.join(lst)                   # 将列表连接为字符串
'hiPython!hiJava!'
```

## 3.5 输入/输出语句

微课视频

计算机程序都是用来解决特定的计算问题的,每个程序都有统一的运算模式:输入数据、处理数据和输出数据。这种朴素的运算模式构成了基本的程序编写模式:IPO(input、process、output)。

输入(input)是一个程序的开始。程序要处理的数据有多种来源。例如,从控制台交互式输入的数据,使用图形用户界面输入的数据,从文件或网络读取的数据,或者是由其他程序的运行结果中得到的数据等。输出(output)是程序展示运算结果的方式。程序的输出方式包括控制台输出、图形输出、文件或网络输出等。

下面主要介绍使用控制台的输入/输出,其他的输入/输出方式会在相关章节中逐一介绍。

### 3.5.1 输入语句

Python 的内置函数 input()用于取得用户的输入数据,语法格式如下。

```
varname = input("promptMessage")
```

其中,varname 是 input()函数返回的字符串,promptMessage 是提示信息,可以省略。当程序执行到 input()函数时,会暂停执行,等待用户输入,用户输入的全部数据均作为输入内容。需要注意的是,如果要得到整数或小数,可以使用 int()函数或 float()函数进行转换,也可以使用 eval()函数得到表达式的值。eval()函数会将字符串转化为有效的表达式,再参与求值运算,返回计算结果。

**例 3-13** 使用 input()函数输入数据。

```
>>> name = input("请输入姓名: ")
请输入姓名: Rose
# score1 为数值, 此处也可使用 eval()函数实现
>>> score1 = int(input("请输入科目 1 成绩: "))
请输入科目 1 成绩: 89
>>> score2 = int(input("请输入科目 2 成绩: "))
请输入科目 2 成绩: 60
>>> print("您的总成绩是: ",(score1+score2))
您的总成绩是: 149
```

### 3.5.2 输出语句

print()函数用于完成输出操作,基本格式如下。

```
print([obj1,…][,sep=' '][,end='\n'][,file=sys.stdout])
```

print()函数的所有参数均可省略,如果没有参数,print()函数将输出一个空行。根据给出的参数,print()函数在实际应用中分为以下 4 种情况。

- 同时输出一个或多个对象,在输出多个对象时,对象之间默认用空格分隔。
- 指定输出分隔符,使用 sep 参数指定特定符号作为输出对象的分隔符号。
- 指定输出结尾符号,默认以回车换行符作为输出结尾符号,可以用 end 参数指定输出结尾符号。
- 输出到文件,默认输出到显示器(标准输出),使用 file 参数可指定输出到文件。

**例 3-14** print()函数的使用。

```
>>> x,y,z = 100,200,300
>>> print(x,y,z)                # print()函数中的多个参数用逗号分隔
100 200 300
>>> print(x,y,z,sep="##")       # 设置 print()函数的输出分隔符为##
100##200##300
```

```
>>> print(x);print(y);print(z)  # 3个print()语句，默认分行显示
100
200
300
# print()设置end参数，用空格分隔，不换行
>>> print(x,end=" ");print(y,end=" ");print(z)
100  200  300
```

## 3.6 向 AI 工具提供数据*

在利用 AI 工具解决问题的过程中，最重要的是提问的方法。用户向 AI 工具提问的过程和人与人之间的交流类似，用户可以不断追问，直到结果满足预期。用户提出的问题叫作指令（prompt），也叫作提示词。

在提问时，有时需要向 AI 工具提供数据，为便于区分用户的指令和数据，可以用"###"或 """"""（三引号）将数据括起来。

AI 工具每次的回答都是动态生成的，所以每次的回答都会有区别。在用户与 AI 工具进行交互的过程中，AI 工具也会智能地分析用户的需求，力求生成让用户满意的回复。

**例 3-15** 利用 DeepSeek，统计一段文本中的高频词。

> USER：请从下面描述中，提取 3 个出现频率最高的词语，列出词语即可，不需要生成词云图。
> """"""
> 回文字符串（Palindrome String）是指一个字符串正着读和反着读都是一样的字符串。换句话说，回文字符串从前往后读和从后往前读是完全相同的。例如，"radar", "level", "madam", "abba" 和 "12321" 都是回文字符串，而 "hello" 和 "world" 则不是。
> 回文字符串在算法和数据结构领域是一个常见的概念，经常出现在各种编程题目中，用于考查对字符串处理的能力。解决回文相关问题的方法多种多样，包括使用双指针、哈希表、动态规划等算法。
> """"""
> AI：以下是该描述中出现频率最高的 3 个词语：
> 字符串
> 回文
> 算法
>
> USER：请从下面描述中，提取 3 个出现频率最高的词语，列出词语和出现次数即可，不需要生成词云图。
> """"""
> 回文字符串（Palindrome String）是指一个字符串正着读和反着读都是一样的字符串。换句话说，回文字符串从前往后读和从后往前读是完全相同的。例如，"radar", "level", "madam", "abba" 和 "12321" 都是回文字符串，而 "hello" 和 "world" 则不是。
> 回文字符串在算法和数据结构领域是一个常见的概念，经常出现在各种编程题目中，用于考查对字符串处理的能力。解决回文相关问题的方法多种多样，包括使用双指针、哈希表、动态规划等算法。
> """"""
> AI：以下是该描述中出现频率最高的 3 个词语及其出现次数：

字符串 - 4 次

回文 - 3 次

算法 - 2 次

请注意，这里我计算了完整单词的出现次数，并忽略了标点符号和特殊字符。同时，"回文字符串"和"Palindrome String"虽然重要，但被视为同一个概念的两种表述，且只计算了一次。

USER：编写 Python 程序，请从下面描述中，提取 3 个出现频率最高的词语，列出词语和出现次数即可。

"""

回文字符串（Palindrome String）是指一个字符串正着读和反着读都是一样的字符串。换句话说，回文字符串从前往后读和从后往前读是完全相同的。例如，"radar"、"level"、"madam"、"abba" 和 "12321" 都是回文字符串，而 "hello" 和 "world" 则不是。

回文字符串在算法和数据结构领域是一个常见的概念，经常出现在各种编程题目中，用于考查对字符串处理的能力。解决回文相关问题的方法多种多样，包括使用双指针、哈希表、动态规划等算法。

"""

AI：略。

USER：编写 Python 程序，请从下面描述中，提取 3 个出现频率最高的中文词语，列出词语和出现次数即可。

"""

回文字符串（Palindrome String）是指一个字符串正着读和反着读都是一样的字符串。换句话说，回文字符串从前往后读和从后往前读是完全相同的。例如，"radar"、"level"、"madam"、"abba" 和 "12321" 都是回文字符串，而 "hello" 和 "world" 则不是。

回文字符串在算法和数据结构领域是一个常见的概念，经常出现在各种编程题目中，用于考查对字符串处理的能力。解决回文相关问题的方法多种多样，包括使用双指针、哈希表、动态规划等算法。

"""

AI：略。

练习

利用 AI 工具解决下面问题。

（1）完成本节的提问和追问过程，观察回答结果的正确性。

（2）询问如何使用 f-strings 方法？

# 习 题 3

## 1．选择题

（1）下列关于字符串的表述中，**不合法**的是哪一项？（　　）

    A．'''python'''    B．[python]    C．"p'yth'on"    D．'py"th"on'

（2）下列代码的输出结果是哪一项？（　　　　）

```
print("数量{1}，单价{0}".format(23.4,34.2))
```

  A. 数量 34.2，单价 23.4     B. 数量，单价 34.2

  C. 数量 34，单价 23      D. 数量 23，单价 34

（3）下列代码的输出结果是哪一项？（　　　　）

```
print('a'.rjust(10,"*"))
```

  A. a*********        B. *********a

  C. aaaaaaaaaa       D. *********a*

（4）下列代码的输出结果是哪一项？（　　　　）

```
>>> str1 = "helloPython"
>>> min(str1)
```

  A. y      B. P      C. e      D. 运行异常

（5）关于表达式 id("45") 返回结果的描述，**不正确**的是哪一项？（　　　　）

  A. 是一个字符串       B. 是一个正整数

  C. 可能是 46319680      D. 是"45"的内存地址

（6）设 str1="*@python@*"，语句 print(str1[2:].strip("@")) 的执行结果是哪一项？（　　　　）

  A. *@python@*   B. python*   C. python@*   D. *python*

（7）设 str1="python"，语句 print(str1.center(10,"*")) 的执行结果是哪一项？（　　　　）

  A. **python**   B. python****   C. ****python   D. SyntaxError

（8）字符串 tstr="television"，显示结果为 vi 的选项是哪一项？（　　　　）

  A. print(tstr[-6:6])      B. print(tstr[5:7])

  C. print(tstr[4:7])      D. print(tstr[4:-2])

（9）以下关于字符串的描述中，**不正确**的是哪一项？（　　　　）

  A. 字符串可以表示为""或' '

  B. Python 的字符串中可以混合使用正整数和负整数进行索引和切片

  C. 字符串'my\\text.dat'中第一个\表示转义符

  D. Python 字符串采用[N：M]格式进行切片，获取字符串从索引 N 到 M 的子字符串（包含 N 和 M）

（10）表达式 eval("500//10") 的结果是哪一项？（　　　　）

  A. 500/10    B. 50.0    C. 50    D. "500//10"

2．简答题

（1）字符串有哪几种表示形式？

（2）format()方法的参数有哪些？

（3）字符串合并与拆分的方法是什么，请通过示例来说明。

（4）len('您好,Helen')和len("\n\t\r")的值都是多少？

（5）"China" in "I love china"的值是 True 还是 False？

（6）"I love china".find("China")的值是多少？

3．编程题

（1）编写程序，给出一个英文句子，统计其中的单词个数。

（2）编写程序，给出一个字符串，将其中的字符"E"用空格替换后输出。

（3）交互式输入一个人的 18 位的身份证号，以类似于"2024 年 09 月 12 日"的形式输出出生日期。

# 第4章 Python 程序的流程

程序是由若干语句组成的，其目的是实现一定的计算或处理功能。程序中的语句可以是单一的一条语句，也可以是一个语句块（复合语句）。编写程序要解决特定的问题，这些问题通过多种形式输入，程序运行并处理后，形成结果并输出，所以，输入、处理、输出是程序的基本操作流程。在程序内部，存在流程控制的问题。Python 的流程控制包括顺序、分支和循环 3 种结构。本章主要介绍 Python 程序的流程控制及其相关知识。

## 4.1 程序设计流程

计算机程序设计方法包括面向过程和面向对象两种。面向对象程序设计在细节实现上，也需要面向过程的内容。结构化程序设计是公认的面向过程的编程方法，它按照自顶向下、逐步求精和模块化的原则进行程序的分析与设计。为提高程序设计的质量和效率、增强程序的可读性，可以使用程序流程图、PAD 图、N-S 图等作为辅助设计工具。

### 4.1.1 程序流程图

流程图是一种传统的、应用广泛的程序设计表示工具，也称程序框图。程序流程图表达直观、清晰，易于学习和掌握，独立于任何一种程序设计语言。

程序流程图的基本元素如图 4-1 所示。

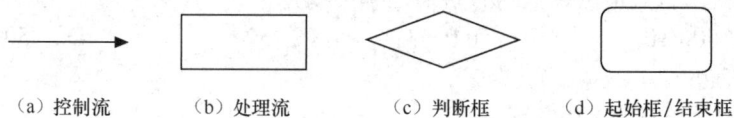

（a）控制流　　　（b）处理流　　　（c）判断框　　　（d）起始框/结束框

图 4-1　程序流程图的基本元素

### 4.1.2 结构化程序设计的基本流程

结构化程序设计通常包含 3 种基本流程：顺序结构、分支结构和循环结构，这 3 种控制结构的流程如图 4-2 所示。

**顺序结构**是 3 种结构中最简单的一种，即语句按照书写的顺序依次执行；**分支结构**又称选择结构，它根据计算所得的表达式的值来判断执行哪一个流程的分支；**循环结构**则是在一定条件下反复执行一段语句的流程结构。

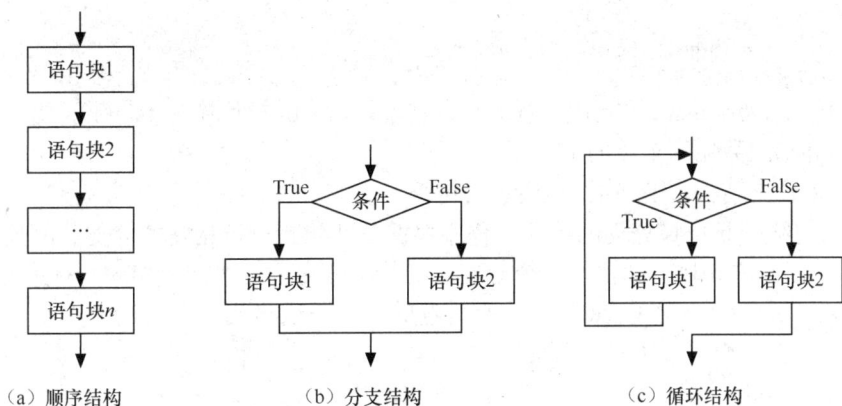

（a）顺序结构　　　　（b）分支结构　　　　（c）循环结构

图 4-2　3 种控制结构的流程

无论是面向对象的计算机语言，还是面向过程的计算机语言，在局部的语句块内部，仍然需要使用流程控制语句来编写程序，完成相应的逻辑功能。Python 提供了实现分支结构和循环结构的流程控制语句。

微课视频

## 4.2　分支结构

Python 使用 if 语句来实现分支结构。分支结构根据分支条件的个数可分成 3 类，如果是一个条件，形成简单分支结构；如果是两个条件，形成选择分支结构；如果是多个条件，形成多分支结构。分支语句中还可以包含分支结构，形成分支的嵌套结构。

### 1．简单分支结构：if 语句
if 语句的语法格式如下。

```
if <boolCondition>:
    <statements>
```

其中，boolCondition 是一个逻辑表达式，用来选择程序的流程走向。在程序的实际执行过程中，如果 boolCondition 的值为 True，则执行 if 分支的语句块 statements；否则，绕过 if 分支，执行 if 语句块后面的其他语句。

### 2．选择分支结构：if…else 语句
if…else 语句用于实现选择分支结构，语法格式如下。

```
if <boolCondition>:
    <statements1>
else:
    <statements2>
```

在程序执行过程中，如果 boolCondition 的值为 True，则执行 if 分支的 statements1 语句块；否则执行 else 分支的 statements2 语句块。

**例 4-1**　分支结构的应用。计算分段函数的值，当 $x < 0$ 时，输出 $x$ 的绝对值；当 $x \geqslant 0$ 时，输出 $x$ 的平方根。

```
1   # ex0401.py
2   import math
3
4   x = float(input("请输入数值x:"))
5   if x < 0:
6       y = math.fabs(x)
```

```
7       else:
8           y = math.sqrt(x)
9       print("计算结果是: ", y)
```

其中，import math 语句用于导入 math 模块；math 模块中的 fabs(x)函数用于求 $x$ 的绝对值；sqrt(x)函数用于求 $x$ 的平方根。

### 3．多分支结构：if…elif…else 语句

多分支结构是选择分支的扩展，程序根据条件判断执行相应的分支，但只执行第 1 个条件为 True 的语句块，即执行一个分支后，其余分支不再执行。如果所有条件均为 False，就执行 else 后面的语句块，else 分支是可选的。其语法格式如下。

```
if <boolCondition1>:
    <statements1>
elif <boolCondition2>:
    <statements2>
...
else:
    <statementsN>
```

**例 4-2** 多分支结构的应用。将百分制分数转换为五分制。

计算方法描述如下：输入分数，当输入不在[0,100]区间时，输出提示信息"数据错误"；当输入满足要求时，用多分支结构实现百分制转换为五分制。规则是根据分数区间[0,60）、[60,70）、[70,80）、[80,90）、[90,100]，分别输出字符"E""D""C""B""A"。

```
1       # ex0402.py
2       score = float(input("请输入你的百分制成绩: "))
3
4       if score > 100 or score < 0:
5           grade = "F"
6       elif score >= 90:
7           grade = 'A'
8       elif score >= 80:
9           grade = 'B'
10      elif score >= 70:
11          grade = 'C'
12      elif score >= 60:
13          grade = 'D'
14      else:
15          grade = 'E'
16      if grade == 'F':
17          print("数据错误")
18      else:
19          print(f"你的五分制成绩为: {grade}")
```

### 4．分支的嵌套

分支的嵌套是指分支中还存在分支的情况，即 if 语句块中还包含着 if 语句。

下面给出一个计算购书款的程序示例。如果有会员卡，购书 5 本及以上，书款按 7.5 折结算，5 本以下，按 8.5 折结算；如果没有会员卡，购书 5 本及以上，书款按 8.5 折结算，5 本以下，按 9.5 折结算。

**例 4-3** 使用嵌套的分支结构计算购书款。

```
1       # ex0403.py
2       flag = 1  # flag=1 表示有会员卡
3       books = 8              # 购书数量
4       payaccount = 234   # 应付金额
5       actualpay = 0
6
7       if flag == 1:
```

```
8          if books >= 5:
9              actualpay = payaccount * 0.75
10         else:
11             actualpay = payaccount * 0.85
12     else:
13         if books >= 5:
14             actualpay = payaccount * 0.85
15         else:
16             actualpay = payaccount * 0.95
17     print("您的实际付款金额是: ", actualpay)
```

在这个例子中，读者可以尝试为 flag、books、payaccount 等变量赋不同的值，然后运行程序，查看各分支的运行情况，完成程序的调试运行。

**5. 条件表达式**

Python 中的条件表达式（也称为三元操作符），可以用一条语句完成程序的选择分支结构。其语法格式如下。

```
value1 if <boolCondition> else value2
```

其中，boolCondition 是条件表达式，如果 boolCondition 的值为真（True），则整个表达式的结果是 value1；如果 boolCondition 的值为假（False），则结果是 value2。

**例 4-4** 条件表达式的应用。根据一个人的年龄是否超过 18 周岁来输出"成年"或"未成年"的信息。

```
# ex0404.py
age = 20
message = "成年" if age > 18 else "未成年"
print(message)  # 输出: 成年
```

在这个例子中，age>18 是条件表达式，如果 age>18，则 message 被赋值为"成年"；否则，它被赋值为"未成年"。

练习

条件判断由关系表达式或逻辑表达式实现，是分支或循环的基础，写出下面语句的输出结果。

```
>>> x = 5;y = 7
>>> print(x<3 or y<=7)
>>> print(3<x<=7)
>>> print(x%2==1)
>>> print(x%2==1 and y%2==0)
>>> print(x!=y)
>>> print(not x==y)
```

## 4.3 循环结构

循环结构是在一定条件下，反复执行某段程序的控制结构，反复执行的程序块称为循环体。循环结构是程序中非常重要的一种结构，它是由循环语句来实现的。Python 的循环结构包括 for 循环和 while 循环两种。

微课视频

### 4.3.1 遍历循环: for 语句

for 循环是一种应用较广泛的遍历循环，主要用于遍历一个序列，如一个列表或一个字典。

### 1. for 循环结构

for 循环的流程结构如图 4-2（c）所示。其语法格式如下。

```
for <var> in <seq>:
    <statements>
```

其中，var 是一个变量，seq 是一个序列。for 循环的执行次数是由序列中的元素个数决定的。可以理解为 for 循环从序列中逐一提取元素，放在循环变量中，对于序列中的每个元素执行一次 statements 语句块。序列可以是字符串、列表、文件或 range() 函数等。常用的遍历方式如下。

（1）有限次遍历

```
for i in range(n):    # n 为遍历次数
    <statements>
```

（2）遍历文件

```
for line in myfile:  # myfile 为文件的引用
    <statements>
```

（3）遍历字符串

```
for ch in mystring:  # mystring 为字符串的引用
    <statements>
```

（4）遍历列表

```
for item in mylist:  # mylist 为列表的引用
    <statements>
```

### 2. range() 函数

range() 是 Python 的内置函数，它返回一个可迭代对象，一般用于 for 循环中。可以使用 list() 函数将 range() 函数返回的对象转化为列表。range() 函数的语法格式如下。

```
range(start, stop[, step])
```

其中，参数 start、stop 和 step 必须是整数，具体说明如下。

- start：计数从 start（默认为 0）开始。例如，range(5) 等价于 range(0,5)。
- stop：计数到 stop 结束，但不包括 stop。例如，range(0,5) 是 [0,1,2,3,4]，不包括 5。
- step：步长（默认为 1）。例如，range(0,5) 等价于 range(0,5,1)。

**例 4-5** range() 函数的应用。

```
>>> x = range(10)
>>> print(x)
range(0, 10)
>>> type(x)
<class 'range'>
>>> list(range(10))          # 从 0 开始到 9
[0, 1, 2, 3, 4, 5, 6, 7, 8, 9]
>>> list(range(1,11))        # 从 1 开始到 10
[1, 2, 3, 4, 5, 6, 7, 8, 9, 10]
>>> list(range(0,30,5))      # 步长为 5
[0, 5, 10, 15, 20, 25]
>>> list(range(0,10,3))      # 步长为 3
[0, 3, 6, 9]
>>> list(range(0,-10,-1))    # 步长为负数
[0, -1, -2, -3, -4, -5, -6, -7, -8, -9]
```

### 3. for 循环示例

**例 4-6** for 循环的应用，计算 1~99 范围内能被 3 整除的数之和。

```
1   # ex0406.py
2   s = 0
3   for i in range(1, 100):
```

```
4        if i % 3 == 0:
5            s += i
6            # print(i)
7    print(s)
```

**例 4-7**  for 循环的应用，计算 1!+2!+⋯+5!。

```
1    # ex0407.py
2    '''计算 1!+2!+⋯+5!'''
3    def factorial(n):          # 计算阶乘的函数
4        t = 1
5        for i in range(1,n+1):
6            t = t * i
7        return t
8    # 计算阶乘和
9    k = 6
10   sum1 = 0
11   for i in range(1,k):
12       sum1 += factorial(i)
13   print("1!+2!+⋯+5!=",sum1)
```

在例 4-7 中，使用 def 语句定义了函数 factorial(n)，该函数用于计算 $n$ 的阶乘。factorial(n) 函数中，使用 for 循环实现了累乘，请读者注意累乘和累加实现的区别。函数的定义和调用将在第 6 章介绍。

### 4.3.2  条件循环：while 语句

程序有时需要根据初始条件进行循环，当条件不满足时，循环结束。这种循环结构可以用 while 语句实现。其语法格式如下。

```
while <boolCondition>:
    <statements>
```

其中，boolCondition 为逻辑表达式；statements 语句块是循环体。

while 语句的执行过程是先判断逻辑表达式的值，若为 True，则执行循环体，循环体执行完后再转向逻辑表达式进行计算与判断；当计算出逻辑表达式的值为 False 时，跳过循环体，执行 while 语句后面的循环体外的语句。

**例 4-8**  while 循环的应用。将一个列表中的元素进行头尾置换，即列表中第 1 个元素和倒数第 1 个元素交换，第 2 个元素和倒数第 2 个元素交换，依次进行，最后打印输出列表。

```
1    # ex0408.py
2    lst = [1,3,7,-23,34,0,23,2,9,7,79]
3
4    head = 0
5    tail = len(lst)- 1
6    while head <len(lst)/2 :
7        lst[head],lst[tail]=lst[tail],lst[head]        # 头尾互换
8        head += 1    # 调整头指针后移
9        tail -= 1    # 调整尾指针前移
10
11   for item in lst:
12       print(item,end="  ")
```

语句 lst[head],lst[tail]=lst[tail],lst[head]，也可以用下面的语句来替换。

```
temp = lst[head]
lst[head] = lst[tail]
lst[tail] = temp
```

例 4-8 的操作数据是个列表，可以用 for 循环来遍历。遍历次数由表达式 int(len(lst)/2) 控制，这是因为 range()函数的参数必须是整数，所以使用 int()函数进行了数据类型转换。

例 4-9  用 for 循环实现对列表中的元素进行头尾置换。

```
1    lst = [1,3,7,-23,34,0,23,2,9,7]
2    head = 0
3    tail = len(lst)- 1
4    for head in range(0,int(len(lst)/2)):
5        lst[head],lst[tail] = lst[tail],lst[head]
6        head += 1
7        tail -= 1
8
9    for item in lst:
10       print(item,end="  ")
```

### 4.3.3  循环的嵌套

无论是 for 循环还是 while 循环，其中都可以再包含循环，从而构成循环的嵌套。例 4-7 通过函数 factorial(n)计算阶乘，然后计算阶乘之和，也可以使用二重循环来计算阶乘之和。

例 4-10  使用嵌套的 for 循环计算 1!+2!+⋯+n!。

```
1    # ex0410.py
2    n = int(input("请输入计算阶乘的数值:"))
3    sum1 = 0
4    for i in range(1, n + 1):
5        t = 1
6        for j in range(1, i + 1):
7            t *= j
8        sum1 += t
9    print(sum1)
```

for 循环和 while 循环有时也可以相互替代，下面使用 while 的嵌套循环计算阶乘之和。

例 4-11  使用嵌套的 while 循环计算 1!+2!+⋯+$n$!。

```
1    # ex0411.py
2    n = int(input("请输入计算阶乘的数值： "))
3    sum1 = 0
4    i = 1
5    while i <= n:
6        t = j = 1
7        while j <= i:
8            t *= j
9            j += 1
10
11       sum1 += t
12       i += 1
13
14   print(sum1)
```

练习

（1）下面 for 循环的运行结果是什么？

```
for i in [-1,0,1]:
    print(i+2,end=" ")
```

（2）下面 while 循环的运行结果是什么？

```
I = s = 0
while I <= 10:
    s += i
    I += 1
print(s)
```

## 4.4 流程控制的其他语句

微课视频

### 4.4.1 跳转语句

跳转语句用来控制程序执行过程中流程的转移，主要包括 break 语句和 continue 语句。

#### 1. break 语句

break 语句的作用是从循环体内部跳出，即结束循环。有时也称为断路语句，就是循环被中断，不再执行循环体。

**例 4-12** break 语句的应用，计算一个数的最大真约数。

```
1   # ex0412.py
2   a = int(input("请输入数值: "))
3   i = a//2                      # 等价于 i=int(a/2)
4   while i > 0:
5       if a % i == 0: break
6       i -= 1
7   print(a,"的最大真约数为: ",i)
```

一个数的最大真约数不会大于这个数的 1/2，所以，从输入数据的 1/2 开始测试。如果能整除，这个数就是最大真约数，循环中断；否则，减 1 后继续测试，直到循环执行结束。

#### 2. continue 语句

continue 语句必须用于循环结构中，它的作用是跳过本轮循环剩余的语句，直接进入下一轮循环。continue 语句有时也被称为短路语句，指的是跳过本次循环，并不终止整个循环。

**例 4-13** continue 语句的应用，计算输入数值中正数之和，负数忽略。

```
1   # ex0413.py
2   s = 0
3   for i in range(6):
4       x = eval(input("请输入数值数据:   "))
5       if x < 0: continue
6       s += x
7
8   print("正数之和是: ", s)
```

### 4.4.2 pass 语句

pass 语句是空语句，主要是为了保持程序结构的完整性而设计的。pass 语句一般用作占位，该语句不影响其后语句的执行。下面是使用 pass 语句的一个例子。

**例 4-14** pass 语句的应用，打印列表中的奇数。

```
1   # ex0414.py
2   for i in [1,4,7,8,9]:
3       if i % 2 == 0:
4           pass    # 此处可用来添加偶数处理的代码
5
6           continue
7       print("奇数",i)
```

程序运行结果如下。

```
>>>
奇数 1
```

```
奇数 7
奇数 9
```

如果例 4-14 省略了 pass 语句，运行结果没有任何变化；但使用 pass 语句作为占位符，方便将来添加偶数处理的代码，提高了程序的可读性。

### 4.4.3　循环结构中的 else 语句

在除 Python 外的各种计算机语言中，else 语句主要用在分支结构中。在 Python 中，for 循环、while 循环、异常处理结构中都可以使用 else 语句。在循环中使用时，else 语句在循环正常结束后被执行。也就是说，如果有 break 语句，也会跳过 else 语句块。

**例 4-15**　在循环结构中使用 else 语句。

```
# ex0415.py
str1 = "Hi,Python"
for ch in str1:
    print(ch, end="")
else:
    print("字符串遍历结束")
```

程序运行结果如下。

```
>>>
Hi,Python 字符串遍历结束
```

else 语句用在二重循环中，有时会起到简化程序结构的作用。下面程序的功能是计算 50 以内的素数，内层循环用于判断一个数是否为素数，如果循环正常结束，表明该数为素数，通过 else 语句向列表中添加这个元素；否则在外层循环继续判断下一个数。

**例 4-16**　在二重循环中使用 else 语句，统计 2～49 范围内的素数并保存到列表中。

```
1   # ex0416.py
2   num = [];
3   i = 2
4   for i in range(2,50):
5       j = 2
6       for j in range(2,i):
7           if(i % j == 0):
8                   break
9       else:
10          num.append(i)
11  print(num)
```

程序运行结果如下。

```
>>>
[2, 3, 5, 7, 11, 13, 17, 19, 23, 29, 31, 37, 41, 43, 47]
```

练习

（1）下面代码段的运行结果是什么？

```
for i in range(4):
    if i == 3:
        break
    print(i)
print(i)
```

（2）请描述下面代码段的功能。

```
while True:
    guess = eval(input())
    if guess == 0x2a//2:
        break
print(guess)
```

## 4.5 流程控制语句的应用

### 1. 使用蒙特卡罗方法计算圆周率

蒙特卡罗方法使用随机数和概率来求解问题，该方法在数学、物理和化学等方面有着广泛的应用。

为了使用蒙特卡罗方法来计算圆周率 $\pi$，可以先绘制一个圆及其外接正方形，如图 4-3 所示。假设圆的半径是 1，那么圆的面积是 $\pi$，外接正方形的面积是 4。在正方形内随机产生一个点，该点落在圆内的概率是：圆的面积/正方形的面积，即 $\pi/4$。

编写程序，在正方形内随机产生 10000 个点，落在圆内点的数量用 $n$ 表示。因此，$n$ 的值约为 $10000 \times \pi/4$。可以估算 $\pi$ 的值约为 $4 \times n/10000$。判断点 $(x,y)$ 落在圆内的公式是 $x^2+y^2 \leqslant 1$。产生随机数使用了 random 模块中的 random() 函数。

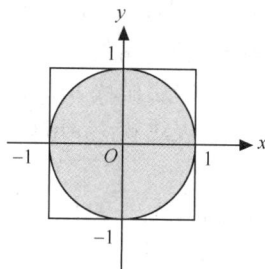

图 4-3　圆及其外接正方形

**例 4-17** 使用蒙特卡罗方法计算圆周率。

```
1   # ex0417.py
2   import random
3
4   NUMBER = 10000
5   n = 0
6   for i in range(NUMBER):
7       x = random.random() * 2 - 1
8       y = random.random() * 2 - 1
9       if ((x * x + y * y) <= 1):
10          n += 1
11  pi = 4.0 * n / NUMBER
12  print(f"使用蒙特卡罗方法计算圆周率的值是: {pi}")
```

程序运行结果如下。

```
>>>
使用蒙特卡罗方法计算圆周率的值是: 3.14084
```

### 2. 使用莱布尼茨公式计算圆周率

莱布尼茨公式（Leibniz formula）是一种通过无穷级数来计算圆周率 $\pi$ 的公式。该公式基于反正切函数（arctan）的无穷级数展开。莱布尼茨公式可以表示为

$$\pi=4\times[1-1/3+1/5-1/7+\cdots+1/(2n-1)]$$

公式中的每一项的分母数值相差为 2，正负符号交替出现，且每一项的绝对值逐渐减小。为了使用莱布尼茨公式计算 $\pi$ 的近似值，可以取级数的前 $n$ 项进行求和。因为循环次数不确定，所以使用 while 循环是较好的选择。

为了得到较为精确的 $\pi$ 值，取最后一项的绝对值小于 1e-6 为止。

**例 4-18** 使用莱布尼茨公式计算圆周率。

```
1   # ex0418.py
2   pi4, i = 0, 1              # 设定初值
3   sign = 1                  # 用于改变符号
4   while 1 / i >= 1e-6:      # 最末项>=1e-6时执行循环
5       pi4 = pi4 + sign * 1 / i   # 累加，每次循环加上最后一项
6       sign = -sign         # 改变符号
```

```
7        i += 2
8    # 计算结果乘以 4，得到圆周率值
9    print(f"使用莱布尼茨方法计算圆周率的值是: {pi4 * 4}")
```
程序输出结果如下。

使用莱布尼茨方法计算圆周率的值是: 3.141590653589692

### 3. 输出九九乘法表

输出九九乘法表可以用嵌套的循环来实现。

（1）程序通过外层循环 for i in range(1, 10)遍历 1～9，代表乘法表的每一行。range(1, 10)的遍历范围包含 1 但不包含 10。

（2）对于每一行，内层循环 for j in range(1, i+1)遍历从 1 到当前行数 i（包含 i），用于打印出该行所有的乘法表达式。print(f"{j} × {i}={i*j}", end=' ')语句使用 f-strings 方法来格式化输出每一项。

参数 end=' '保证输出后不换行，而是用空格分隔同一行的不同项。每当内层循环完成一次迭代即完成一行的打印。

（3）通过不带任何参数的 print()语句实现换行，从而开始新一行的打印。

**例 4-19** 使用二重循环输出九九乘法表。

```
1    # ex0419.py
2    '''
3    # 输出一行的代码
4    for i in range(1, 10):
5        print(f"{1}×{i}={1*i}", end=' ')
6    '''
7    for i in range(1, 10):
8        for j in range(1, i + 1):
9            print(f"{j}×{i}={i*j}", end=' ')
10       print()
```

### 4. 统计学生成绩

**例 4-20** 输入若干个成绩值，计算输入成绩的最高分、最低分和平均分。

统计学生成绩，需要考虑下面问题。一是因为输入的数据个数未知，需要循环累加并计数；二是需要设定程序结束条件，本例设定输入-1 结束程序；三是需要考虑成绩的有效性，本例设定数据有效值为 0～100；最后打印输出。

```
1    # ex0420.py
2    total = cnt = 0      # 用于累加和计数
3    smax = 0             # 最高分
4    smin = 100           # 最低分
5    score = float(input("请输入成绩值0～100,-1结束:"))
6
7    while (score != -1):
8        if (score < 0 or score > 100):
9            print("成绩无效")
10           score = float(input("请输入成绩值0～100,-1结束:"))
11           continue
12       total += score
13       cnt += 1
14       if score > smax:
15           smax = score
16       if score < smin:
17           smin = score
18       score = eval(input("请输入成绩值0～100,-1结束:"))
19   print("最高分:{}".format(smax))
20   print("最低分:{}".format(smin))
21   print("平均分:{:.2f}".format(total / cnt))
```

程序的某一次运行结果如下。

```
>>>
请输入成绩值 0~100,-1 结束:65
请输入成绩值 0~100,-1 结束:55
请输入成绩值 0~100,-1 结束:45
请输入成绩值 0~100,-1 结束:102
成绩无效
请输入成绩值 0~100,-1 结束:30
请输入成绩值 0~100,-1 结束:-1
最高分:65
最低分:30
平均分:48.75
>>>
```

## 4.6 利用 AI 工具解决编程中的问题（2）*

对于一些函数或关键字，包括 Python 新版本中增加的内容，我们可以利用 AI 工具来学习。

**例 4-21** 利用 DeepSeek 解释 Python 3.10 后增加的 match 语句的功能。

USER：Python 的 match 语句的功能如何应用，请举例说明。

AI：Python 的 match 语句是 Python 3.10 及以上版本中引入的一个新特性，它提供了一种更简洁、更易于阅读的方式来处理不同的值或条件。match 语句类似于其他编程语言中的 switch 语句，但提供了更丰富的模式和条件处理能力。

match 语句的基本结构如下。

```
match subject:
    case pattern1:
        # 当 subject 匹配 pattern1 时执行的代码
    case pattern2:
        # 当 subject 匹配 pattern2 时执行的代码
    case pattern3 | pattern4:
        # 当 subject 匹配 pattern3 或 pattern4 时执行的代码
    case _:
        # 当 subject 不匹配前面的任何模式时执行的代码, 类似于 default
```

下面是一个具体的例子，展示了如何使用 match 语句来处理不同的情况。

```
def http_error(status):
    match status:
        case 400:
            return "Bad Request"
        case 404:
            return "Not Found"
        case 418:
            return "I'm a teapot"
        case 500:
            return "Internal Server Error"
        case _:
            return "Something's wrong with the internet"

# 使用例子
print(http_error(404))    # 输出: Not Found
print(http_error(500))    # 输出: Internal Server Error
print(http_error(418))    # 输出: I'm a teapot
print(http_error(200))    # 输出: Something's wrong with the internet
```

（其他回答略）

📖 **提示** AI 工具提供的回答不能保证完全正确，用户需要经过实践验证后再采纳 AI 工具给出的答案。

练习

利用 AI 工具学习与 random() 函数功能相似的其他函数。

# 习 题 4

## 1．选择题

（1）下列选项中，**不属于** Python 循环结构的是哪一项？（　　　）

    A．for 循环                  B．while 循环

    C．do…while 循环            D．嵌套的 while 循环

（2）以下代码段，运行结果正确的是哪一项？（　　　）

```python
x = 2
y = 2.0
if x == y:
    print("Equal")
else:
    print("Not Equal")
```

    A．Equal       B．Not Equal     C．运行异常     D．以上结果都不对

（3）以下代码段，运行结果正确的是哪一项？（　　　）

```python
x = 2
if x:
    print(True)
else:
    print(False)
```

    A．True         B．False       C．运行异常     D．以上结果都不对

（4）关于下面代码的叙述，正确的是哪一项？（　　　）

```python
x = 0
while x < 10:
    x += 1
    print(x)
    if x > 3:
        break
```

    A．代码编译异常   B．输出：0 1 2   C．输出：1 2 3   D．输出：1 2 3 4

（5）以下代码段，运行结果正确的是哪一项？（　　　）

```python
for i in range(4):
    if i == 3:
        break
    print(i)
print(i)
```

    A．0123       B．0122       C．123       D．234

（6）以下代码段，运行结果正确的是哪一项？（　　　）

```python
a = 17;b = 6
result = a%b if(a%b>4) else a/b
print(result)
```

    A．0         B．1         C．2         D．5

（7）以下代码段，运行结果正确的是哪一项？（　　　）

```python
i = 3;j = 0;k = 3.2
if(i < k):
    if( i== j):
```

```
        print(i)
    else:
        print(j)
else:
    print(k)
```

  A．3      B．0      C．3.2      D．以上结果都不对

（8）下列选项的功能是求两个数值 *x*、*y* 中的最大数，**不正确**的是哪一项？（  ）

  A．result=x if x>y else y      B．result=max(x,y)

  C．if x>y:result=x        D．if y>=x:result=y

    else:result=y          result=x

（9）在 Python 中，使用 for…in 方式形成的循环**不能**遍历的类型是哪一项？（  ）

  A．字典     B．列表     C．整数     D．字符串

（10）以下关于 Python 循环结构的描述中，**不正确**的是哪一项？（  ）

  A．continue 语句只结束本次循环

  B．遍历循环中的遍历结构可以是字符串、文件、组合数据类型和 range()函数等

  C．Python 使用 for、while 等保留字构建循环结构

  D．break 语句用来结束当前当次语句，不跳出当前的循环体

（11）以下关于“for <循环变量> in <循环结构>”的描述，**不正确**的是哪一项？（  ）

  A．上面的循环体中不能有 break 语句，会影响循环次数

  B．<循环结构>使用 [1,2,3] 和 ['1','2','3']，循环次数是一样的

  C．使用 range(a,b)函数指定 for 循环的循环变量取值是 *a* 到 *b*−1

  D．for i in range(1,10,2)表示循环 5 次，*i* 的值是从 1 到 9 的奇数

（12）以下代码的运行结果是哪一项？（  ）

```
s = "北京,上海,广州,深圳,"
print(s.strip(",").replace(",",";"))
```

  A．北京 上海 广州 深圳      B．北京;上海;广州;深圳,

  C．北京;上海;广州;深圳;      D．北京;上海;广州;深圳

## 2．简答题

（1）程序流程图包括哪些元素？

（2）pass 语句的作用是什么？

（3）跳转语句 break 和 continue 的区别是什么？

（4）简述 for 循环和 while 循环的执行过程。

## 3．阅读程序

（1）下面程序的功能是什么？

```
a,b = 2,1
sum = 0
for i in range(20):
    sum += a / b
    t = a
    a = a + b
    b = t
print(sum)
```

（2）下面程序的输出结果是什么？

```
x = "god"
```

```
y = ""
for i in x:
    y += str(ord(i)-ord('a'))
print(y)
```

**4. 编程题**

（1）给定某一字符串 s，对其中的每个字符 c 进行大小写转换：如果 c 是大写字母，则将它转换成小写字母；如果 c 是小写字母，则将它转换成大写字母；如果 c 不是字母，则不进行转换。

（2）输入一个整数，将各位数字反转后输出。

（3）计算 $1^2-2^2+3^2-4^2+\cdots+97^2-98^2+99^2$。

（4）如果一个数恰好等于它的因子之和，这个数就称为"完数"。例如，6 的因子为 1、2、3，而 6=1+2+3，因此 6 就是"完数"。请编程找出 100 内的所有完数。

（5）输入两个正整数 $m$ 和 $n$，求最大公约数和最小公倍数。

📖 **提示**　使用辗转相除法。在循环中，用较大数（初始值为 $m$、$n$ 中的较大数）除以较小的数（初始值为 $m$、$n$ 中的较小数）。如果余数为 0，则较小数为最大公约数；如果余数不为 0，将较小数赋值给较大数，将余数赋值给较小数。循环直至 $m\%n$ 值为 0。最小公倍数为两数之积除以最大公约数。

（6）输入一元二次方程的 3 个系数 $a$、$b$、$c$，求方程 $ax^2+bx+c=0$ 的根。

# 第**5**章  Python 的组合数据类型

除整数类型、浮点数类型等基本的数据类型外，Python 还提供了列表、元组、字典、集合等组合数据类型。组合数据类型能将不同类型的数据组织在一起，实现更复杂的数据表示或数据处理功能。

根据数据之间的关系，组合数据类型可以分为 3 类：序列类型、映射类型和集合类型。序列类型包括列表、元组和字符串 3 种；映射类型用键值对表示数据，典型的映射类型是字典；集合类型数据中的元素是无序的，集合中不允许有相同的元素存在。

## 5.1 序列类型

**序列类型**中的数据项也称为元素，这些元素之间存在先后关系，可以通过索引来访问。当需要访问序列中的某个元素时，只要找出其索引即可。

序列类型支持成员关系操作符（in）、切片运算符（[]），序列中的元素也可以是序列类型。

Python 中典型的序列类型包括字符串（str）、列表（list）和元组（tuple）。字符串可以看作单一字符的有序组合，属于序列类型。由于字符串类型十分常用且单一字符串一般只表达一个含义，因此字符串类型也被看作基本数据类型。列表和元组将在后面进行介绍。无论哪种具体的数据类型，只要它是序列类型，都可以使用相同的索引体系，即正向递增序号和反向递减序号，通过索引可以非常容易地查找序列中的元素。序列类型元素的正向索引和反向索引如图 5-1 所示。

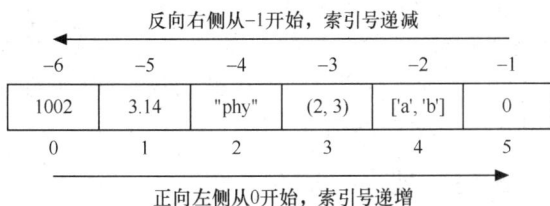

反向右侧从-1开始，索引号递减

| -6 | -5 | -4 | -3 | -2 | -1 |
|------|------|-------|--------|------------|----|
| 1002 | 3.14 | "phy" | (2, 3) | ['a', 'b'] | 0 |
| 0 | 1 | 2 | 3 | 4 | 5 |

正向左侧从0开始，索引号递增

图 5-1　序列类型元素的正向索引和反向索引

序列类型的常用操作符和方法如表 5-1 所示。其中，s 和 t 是序列；x 是引用序列元素的变量；i 和 j 是序列的索引。这些操作符和方法是学习列表和元组的基础。

表 5-1　序列类型的常用操作符和方法

| 操作符或方法 | 功 能 描 述 |
|------|------|
| x in s | 如果 x 是 s 的元素，返回 True，否则返回 False |
| x not in s | 如果 x 不是 s 的元素，返回 True，否则返回 False |
| s+t | 返回 s 和 t 的连接 |
| s*n | 将序列 s 复制 n 次 |
| s[i] | 索引，返回序列 s 的索引为 i 的元素 |
| s[i:j] | 切片，返回包含序列 s 索引为 i 到索引为 j 的元素的子序列（不包含索引为 j 的元素） |
| s[i:j:k] | 切片，返回包含序列 s 索引为 i 到索引为 j 的元素中以 k 为步长的子序列 |

| 操作符或方法 | 功 能 描 述 |
|---|---|
| len(s) | 返回序列 s 的元素个数（长度） |
| min(s) | 返回序列 s 中的最小元素 |
| max(s) | 返回序列 s 中的最大元素 |
| s.index(x[,i[,j]]) | 返回序列 s 中索引为 i 到索引为 j 的元素中第一次出现元素 x 的位置 |
| s.count(x) | 返回序列 s 中出现 x 的总次数 |

练习

（1）下面代码应用了序列的操作符，运行结果是什么？

```
>>> str = "New Journey"
>>> print(str[4])
>>> print(str[-4])
>>> print(str[-4:-2])
>>> print(str*2)
>>> print(str+" 3")
>>> print(str[::-1])
```

（2）下面代码应用了序列的常用操作方法，运行结果是什么？

```
>>> str = "the Belt and Road Initative"
>>> len(str)
>>> max(str)
>>> str.count("o")
>>> str.index("o",4)
```

## 5.2 列表

**列表**是 Python 中最常用的序列类型，列表中的元素（数据项）不需要具有相同的类型。创建列表时，只要把逗号分隔的元素使用中括号括起来即可。列表是可变的数据类型，我们可以在列表中任意增加或删除元素，还可对列表进行遍历、排序、反转等操作。

微课视频

### 5.2.1 列表的基本操作

列表是一种序列类型，标记"[]"可以创建列表。使用序列的操作符可以完成列表的切片、检索、计数等基本操作。

**例 5-1** 列表的基本操作。

```
>>> lst1 = []                  # 创建空列表
>>> lst2 = ["python",12,2.71828,[0,0],12] # 创建由不同类型元素组成的列表
>>> lst3 = [21,10,55,100,2]

>>> "python" in lst2
True
>>> lst2[3]                    # 通过索引访问列表中的元素
[0, 0]
>>> lst2[1:4]                  # 通过切片访问列表中的元素
[12, 2.71828, [0, 0]]
>>> lst2[-4:-1]                # 通过切片访问列表中的元素
[12, 2.71828, [0, 0]]

>>> len(lst2)                  # 计算列表的长度
5
```

```
>>> lst2.index(12)         # 检索元素在列表中首次出现的索引
1
>>> lst2.count(12)         # 计算列表中出现元素的次数
2
>>> max(lst3)              # 计算列表中的最大值
100
```

### 5.2.2 列表的方法

除了使用序列操作符操作列表，列表还有特有的方法，如表 5-2 所示，它们的主要功能是实现列表元素的增删改查。在表 5-2 中，ls、lst 分别为两个列表，x 是列表中的元素，i 和 j 是列表的索引。

**表 5-2　列表类型的常用操作符和方法**

| 操作符或方法 | 功 能 描 述 |
| --- | --- |
| ls[i]=x | 将列表 ls 的索引为 i 的元素替换为 x |
| ls[i:j]=lst | 用列表 lst 替换列表 ls 中索引为 i 到索引为 j 的元素（不含索引为 j 的元素） |
| ls[i:j:k]=lst | 用列表 lst 替换列表 ls 中索引为 i 到索引为 j 以 k 为步长的元素（不含索引为 j 的元素） |
| del ls[i:j] | 删除列表 ls 索引为 i 到索引为 j 的元素 |
| del ls[i:j:k] | 删除列表 ls 索引为 i 到索引为 j 以 k 为步长的元素 |
| ls+=lst 或 ls.extend(lst) | 将列表 lst 元素追加到列表 ls 中 |
| ls*=n | 更新列表 ls，其元素重复 *n* 次 |
| ls.append(x) | 在列表 ls 最后增加一个元素 x |
| ls.clear() | 删除列表 ls 中的所有元素 |
| ls.copy() | 复制生成一个包括 ls 中所有元素的新列表 |
| ls.insert(i,x) | 在列表 ls 的索引为 i 的位置增加元素 x |
| ls.pop(i) | 返回列表 ls 中索引为 i 的元素并删除该元素 |
| ls.remove(x) | 删除列表中出现的第一个 x 元素 |
| ls.reverse() | 反转列表 ls 中的元素 |
| ls.sort() | 排序列表 ls 中的元素 |

**例 5-2**　替换列表元素和合并列表的方法。

```
# 初始化 3 个列表
>>> ls1 = ["python",12,2.71828,[0,0],12]
>>> ls2 = [21,10,55,100,2]
>>> ls = ['aaa','bbb']
# 替换列表元素
>>> ls1[2] = 3.14
>>> ls1
['python', 12, 3.14, [0, 0], 12]
>>> ls1[0:3] = ls
>>> ls1
['aaa', 'bbb', [0, 0], 12]
# 追加（合并）列表
>>> ls1 += ls2
>>> ls1
['aaa', 'bbb', [0, 0], 12, 21, 10, 55, 100, 2]
```

**例 5-3**　删除和追加列表元素、复制和清除列表的方法。

```
>>> ls1 = ["python",12,2.71828,[0,0],12]
>>> del ls1[:3]            # 删除索引为 0、1、2 的 3 个列表元素
>>> ls1
```

```
[[0, 0], 12]
>>> ls1.append(99)        # 追加列表元素
>>> ls1
[[0, 0], 12, 99]
>>> ls4 = ls1.copy()      # 复制列表
>>> ls4
[[0, 0], 12, 99]
>>> ls4.clear()           # 清除列表
>>> ls4
[]
>>> ls1
[[0, 0], 12, 99]
>>> ls1.pop(1)            # 删除列表指定位置上的元素，并返回删除元素值
12
>>> ls1
[[0, 0], 99]
>>> id(ls1)
2026606220736
```

**例 5-4**　列表翻转和排序的方法。

```
>>> ls1 = ['21','10','55','100','2']
>>> ls2 = [21,10,55,100,2]
>>> ls2.reverse()         # 翻转列表
>>> ls2
[2, 100, 55, 10, 21]
>>> id(ls2)
2728882295936
>>> ls2.sort()            # 排序列表
>>> ls2
[2, 10, 21, 55, 100]
>>> id(ls2)
2728882295936
>>> ls2.sort(reverse=True)
>>> ls2
[100, 55, 21, 10, 2]
>>> id(ls2)
2728882295936
>>> ls1.sort()
>>> ls1
['10', '100', '2', '21', '55']
>>> ls1.sort(key=int,reverse=True)
>>> ls1
['100', '55', '21', '10', '2']
```

列表的 sort()方法可以在**原地**对列表中的数据进行排序，默认规则是直接比较元素大小，sort()方法可以使用参数 key 和 reverse。参数 key 用于指定排序时列表元素的排序规则，但不会影响列表中元素的原值。参数 reverse 默认值为 False，表示升序排序，当 reverse 值为 True 时，列表中元素降序排序。

📖 **提示**　字符串的比较规则是逐位比较每个字符的大小，如'100'<'2', 'a'< 'x'。

### 5.2.3　遍历列表

遍历列表可以逐个处理列表中的元素，通常使用 for 循环和 while 循环来实现。例 5-5 遍历了列表中的所有元素，显示时以逗号分隔。

**例 5-5**　应用 for 循环遍历列表。

```
# ex0505.py
lst = ['primary school', 'secondary school', 'high school', 'college']
```

```
for item in lst:
    print(item, end=",")
```

使用 while 循环遍历列表，需要先获取列表的长度，将获得的长度作为循环的条件。例 5-6 首先构造一个初始值为 2、步长为 3、终值为 20 的列表，即[2,5,8,11,14,17,20]，然后使用 while 循环遍历，将计算得到的新值添加到空列表 result 中。

**例 5-6** 应用 while 循环遍历列表，指定列表由 range()函数生成。

```
# ex0506.py
lst = list(range(2, 21, 3))
i = 0
result = []
while i < len(lst):
    result.append(lst[i] * lst[i])
    i += 1
print(result)
```

### 5.2.4 列表推导式

Python 编程时经常用到列表推导式。**列表推导式**可以通过轻量级的循环简单快捷地创建列表。其语法格式如下。

```
[x 表达式 for x in 列表 if 条件表达式]
[x,y 表达式 for x in 列表 1 for y in 列表 2 if 条件表达式]
```

其中，for 前面是一个表达式，in 后面是列表或能生成列表的对象，将 in 后面列表中的每一个数据作为 for 前面表达式的参数，再将计算得到的序列转换为列表。if 后面是条件表达式，可以根据条件返回新列表。

#### 1．使用 for 循环创建简单列表

创建一个 0～10 的列表的代码如下。

```
>>> alist = [x for x in range(11)]
>>> alist
[0, 1, 2, 3, 4, 5, 6, 7, 8, 9, 10]
```

从以上代码可以看出，列表推导式的格式是把需要生成的元素放到前面，其后紧接着 for 循环，并将列表推导式放到列表标记"[]"中。上面的列表推导式等价于下面的代码，但非常简洁。

```
alist = []
for x in range(11):
    alist.append(x)
```

#### 2．在 for 循环中使用 if 分支来创建列表

例如，创建一个 1～10 偶数平方的列表。代码如下。

```
>>> blist = [x*x for x in range(11) if x%2==0]
>>> blist
[0, 4, 16, 36, 64, 100]
```

上面的列表推导式等价于下面的代码。

```
blist = []
for x in range(11):
    if x%2 == 0:
        blist.append(x*x)
```

#### 3．使用多重 for 循环创建列表

在列表推导式中，可以使用多重循环创建列表。例如，使用二重循环创建列表的代码如下。

```
>>> clist = [(x,y) for x in range(1,4) for y in range(10,40,10)]
>>> clist
[(1, 10), (1, 20), (1, 30), (2, 10), (2, 20), (2, 30), (3, 10), (3, 20), (3, 30)]
```

#### 4．在列表推导式中使用内置函数或自定义函数

将列表中的所有字符转换成小写形式的代码如下。

```
>>> lst = ['Spring','Summer','Autumn','Winter']
>>> [season.lower() for season in lst]
['spring', 'summer', 'autumn', 'winter']
```

列表推导式还可应用于矩阵、文件迭代等方面，请读者通过文档或结合 AI 工具学习。

练习

（1）下面列表操作中，运行结果是什么？

```
>>> lst = ['1016501','Hellen',"Korea",[["Math",74],["phy",89]],False]
>>> lst.append(21)
>>> print(lst)
>>> lst.insert(2,"female")
>>> lst.extend(["Eng",62])
>>> print(lst)
>>> lst[3:5] = "Lanzhou",20
>>> print(lst)
```

（2）下面代码涉及列表推导式的应用，运行结果是什么？

```
>>> vector1 = [x for x in range(-5,10,2)]
>>> print(vector1)
>>> vector2 = "".join([chr(ord('a')+x) for x in range(26)])
>>> vector2
>>> print(vector1[:6])
```

## 5.3 元组

元组是包含 0 个或多个元素的不可变序列类型。元组生成后是固定的，其中的元素都不允许被替换或删除。元组与列表的区别在于元组中的元素不允许被修改。创建元组时，只要将元组的元素用圆括号括起来，并使用逗号隔开即可。

### 5.3.1 元组的基本操作

元组通常使用标记"()"创建。使用表 5-1 中序列类型的常用操作符和方法，可以完成元组的基本操作。

例 5-7 元组的基本操作。

```
# 创建元组
>>> tup1 = ('physics', 'chemistry', 1997, 2000)    # 元组中包含不同类型的数据
>>> tup2 = (1, 2, 3, 4, 5 )
>>> tup3 = "a", "b", "c", "d"                        # 声明元组的圆括号可以省略
>>> tup4 = (50,)                                     # 元组只有一个元素时，逗号不可省略
>>> tup5 = ((1,2,3),(4,5),(6,7),9)
>>> type(tup3),type(tup4)                            # 变量类型测试
(<class 'tuple'>, <class 'tuple'>)

>>> 1997 in tup1
True
>>> tup2+tup3                                        # 元组连接
(1, 2, 3, 4, 5, 'a', 'b', 'c', 'd')
>>> tup1[1]                                          # 使用索引访问元组中元素
'chemistry'
>>> len(tup1)
4
>>> max(tup3)
```

```
'd'
>>> tup1.index(2000)                         # 检索元组中元素的位置
3
>>> help(tuple)                              # 显示元组的属性和方法
>>> tup3.index(2000)                         # 检索的元素不存在, 运行报异常
Traceback (most recent call last):
  File "<pyshell#130>", line 1, in <module>
    tup3.index(2000)
ValueError: tuple.index(x): x not in tuple
```

📖 **提示** 当元组的元素包含列表等可变元素时，虽然不可以直接修改元素的值，但作为元素的列表是可变数据类型，列表的值是可以修改的。

### 5.3.2 元组与列表的转换

元组与列表非常类似，只是元组中的元素值不允许被修改。如果想要修改其元素值，可以将元组转换为列表，修改完后，再转换为元组。列表和元组相互转换的函数是 tuple(lst) 和 list(tup)，其中的参数分别是被转换对象。

**例 5-8** 元组与列表相互转换。

```
>>> tup1 = (123, 'xyz', 'zara', 'abc')
>>> lst1 = list(tup1)
>>> lst1 .append(999)
>>> tup1= tuple(lst1)
>>> tup1
(123, 'xyz', 'zara', 'abc', 999)
```

### 5.3.3 生成器推导式*

**生成器推导式**与列表推导式类似，但生成器推导式使用**圆括号**来定义，而列表推导式使用**中括号**定义。与列表推导式不同，生成器推导式的结果是一个生成器对象，不是列表，也不是元组。

使用列表推导式会创建一个列表。当一个列表包含很多个元素时，会占用很大的存储空间。如果仅需要访问列表的前几个元素，这个列表的空间效率是很低的。而生成器推导式可以根据某种算法边循环边计算来生成元素，对于生成大量可遍历数据，生成器推导式非常有效，可以提高程序对内存的使用效率。

使用生成器对象的元素时，可以根据需要将生成器对象转化为列表或元组，也可以使用生成器对象的__next__()方法（Python 3.x 版本支持）进行遍历，或者直接将生成器对象作为迭代器来使用。但是不管用哪种方法访问元素，当所有元素访问结束以后，如果需要重新访问生成器对象的元素，必须重新创建生成器对象。

**例 5-9** 生成器推导式和生成器对象的应用。

```
>>> gen1 = ((i**2) for i in range(10,20))
>>> gen1
<generator object <genexpr> at 0x03129E60>
>>> list(gen1)
[100, 121, 144, 169, 196, 225, 256, 289, 324, 361]
>>> gen2 = ((i+2) for i in range(10) if (i%2==0))
>>> gen2.__next__()                          # 使用__next__()方法单步迭代
2
>>> gen2.__next__()
4
>>> gen2.__next__()
6
```

```
>>> gen3 = ((-i) for i in range(10) if (i%2!=0))
>>> for j in gen3:print(j,end=",")    # 直接循环迭代
-1,-3,-5,-7,-9,
>>>
```

### 5.3.4 序列解包*

序列解包是 Python 编程中非常重要和常用的一个功能，借助序列解包可以用简洁的方法完成复杂的功能，增强程序的可读性并减少代码量。

**1．使用序列解包对多个变量同时赋值**

在确定列表、元组或字符串等序列长度的情况下，可以应用多变量赋值语句把这些序列解包，将其中的多个元素分别赋值给多个独立的变量。

**例 5-10**　多变量赋值的实现。

```
>>> a, b, c = 1, 2, 3
>>> print(a, b, c)
1 2 3
>>> tuple1 = (False, 3, 'test')
>>> x,y,z = tuple1
>>> x,y,z                    # 显示解包后的 x, y, z 的值
(False, 3, 'test')
>>> print(x,z)
False, test
>>>
>>> m,n,p = map(str,range(3))  # map()函数将 range 对象映射为字符串
>>> print(p)
2
>>> lst = [1, 2, 3, 4]
>>> a,b,c,d = lst
>>> a,c                      # 显示解包后的 a 和 c 的值
(1, 3)
```

**2．序列解包应用字典**

解包字典类型时，默认是对键进行操作；如果需要操作键值对，则需要使用字典的 items() 方法；如果需要操作值，则需要使用 values()方法。

**例 5-11**　解包字典。

```
>>> dicts = {'a': 1, 'b': 2, 'c': 3}
>>> v1,v2,v3=dicts
>>> print(v1,v2,v3)
a b c
>>> x,y,z = dicts.items()
>>> y
('b', 2)
>>> x,y,z = dicts.values()
>>> y
2
```

**3．使用 enumerate()函数时的序列解包**

enumerate()函数是 Python 的内置函数，用于将一个可遍历的对象（如列表、元组或字符串等）组合为一个索引序列，同时列出数据和数据索引。下面代码中，lst 是 enumerate() 函数的参数，在遍历时自动解包。

```
>>> lst = ['a', 'b', 'c']
>>> for i, v in enumerate(lst): print(i,v)        # i 为数据的索引
0 a
1 b
2 c
```

Python 还支持其他多种形式的解包。例如，在函数的参数传递中，在实参面前加上一个 "*" 号进行序列解包，从而实现将序列中的元素值依次传递给相同数量的形参。

```
>>> print(*[1,2,3,4],4,*(5,6))
1 2 3 4 4 5 6
```

类似的解包可以参考下面的代码。

```
>>> *range(4),4      # 解包 range(4)
(0, 1, 2, 3, 4)
>>> {*range(4),4,(5,6,7,8,9)}          # 注意比较下面两行代码的区别
{0, 1, 2, 3, 4, (5, 6, 7, 8, 9)}
>>> {*range(4),4,*(5,6,7,8,9)}
{0, 1, 2, 3, 4, 5, 6, 7, 8, 9}
```

练习

下面元组操作中，代码的运行结果是什么？

```
>>> numbers = (11,-23.2,10,0,7)
>>> max(numbers)
>>> sum(numbers)
>>> numbers2 = tuple(range(1,10,2))
>>> numbers2
>>> numbers3 = numbers+numbers2
>>> numbers3
>>> numbers3.count(7)
```

## 5.4 字典

字典是 Python 中内置的映射类型。映射是通过键与值查找一组数据值信息的过程，由键值对组成，通过键可以找到其映射的值。

字典可以看作由键值对构成的列表。在搜索字典时，首先查找键，当查找到键后就可以直接获取该键对应的值。这是一种高效、实用的查找方法。这种数据结构之所以被命名为字典，是因为它的存储和检索过程与真正的字典类似。键类似于字典中的单词，根据字典的组织方式（例如，按字母顺序排列）找到单词（键）非常容易，找到键就能找到相关的值（定义）。但反向的搜索，即使用值去搜索键则难以实现。

字典中的值并没有特殊的顺序，它们都存储在一个特定的键里。键可以是数字、字符串以及元组等。此外，字典中的元素（键值对）是无序的。当添加键值对时，Python 会自动修改字典的排列顺序，以提高搜索效率，且这种排列方式对用户是隐藏的。

### 5.4.1 字典的基本操作

字典的基本操作包括创建字典、检索字典元素、添加与修改字典元素等。

**1. 创建字典**

字典可以用标记 "{}" 创建，字典中每个元素都包含键和值两部分，键和值用冒号分开，元素之间用逗号分隔。dict()是用于创建字典的函数，下面的示例给出了创建字典的代码。

**微课视频**

**例 5-12** 创建字典。

```
>>> dict1 = {}
>>> dict2 = {"id":101,"name":"Rose","address":"Changjianroad","pcode":"116022"}
>>> dict3 = dict(id=101,name="Rose",address="changjianroad",pcode="116022")
>>> dict4 = dict([('id',101),('name','Rose'),('address','changjianroad'),
```

```
('pcode','116022')])
>>> dict2        # 显示字典内容
{'id': 101, 'name': 'Rose', 'address': 'Changjianroad', 'pcode': '116022'}
```

第1行用于创建一个空的字典，该字典不包含任何元素，可以向字典中添加元素。

第2行是典型的创建字典的方法，用"{}"把键值对括起来。

第3行使用dict()函数，通过关键字参数创建字典。

第4行使用dict()函数，通过键值对序列创建字典。

### 2．检索字典元素

使用in运算符可以测试一个指定的键是否存在于字典中。其语法格式如下。

```
key in dicts
```

其中，dicts是字典名，key是键名。如果需要通过键来查找值，可以使用表达式dicts[key]来返回键key所对应的值。

**例5-13** 检索字典元素。

```
# 使用in运算符检索
>>> dict = {"id":101,"name":"Rose","address":"Changjianroad","pcode":"116022"}
>>> "id" in dict
True
>>> "address" in dict
True
>>> "Rose" in dict
False
# 使用关键字检索
>>> dict["id"]
101
>>> dict["pcode"]
'116022'
>>> t1 = dict["id"],dict["pcode"]
>>> t1,type(t1)
((101, '116022'), <class 'tuple'>)
```

### 3．添加与修改字典元素

字典的大小是可以改变的，用户可以随时向字典中添加新的键值对，或者修改键所关联的值。添加字典元素与修改字典元素的方法相同，都是使用"dicts[key]=value"的形式。如果字典中存在该键值对，则修改字典元素的值；否则实现的即是字典元素的添加功能。

**例5-14** 添加与修改字典元素。

```
>>> dict1 = {"id":101,"name":"Rose","address":"Changjianroad"}
# 修改字典元素
>>> dict1["address"] = "Huangheroad"
>>> dict1
{'id': 101, 'name': 'Rose', 'address': 'Huangheroad'}
# 添加字典元素
>>> dict1["email"] = "python@learning.com"
>>> dict1
{'id':101,'name':'Rose','address':'Huangheroad','email':'python@learning.com'}
```

在上述代码中，字典dict1已经存在键为"address"的键值对，所以语句dict1["address"]="Huangheroad"仅修改元素值。字典dict1没有键为"email"的键值对，所以语句 dict1["email"]="python@learning.com"向字典中添加了一个元素的值。

微课视频

### 5.4.2 字典的常用方法

Python内置了一些字典的常用方法，如表5-3所示。其中，dicts为字典名，key 为键，value 为值。

**表 5-3 字典类型的常用方法**

| 方 法 | 功 能 描 述 |
|---|---|
| dicts.keys() | 返回所有的键信息（键的视图） |
| dicts.values() | 返回所有的值信息（值的视图） |
| dicts.items() | 返回所有的键值对（键值对视图） |
| dicts.get(key, default) | 键存在则返回相应值，否则返回默认值 |
| dicts.pop(key, default) | 键存在则返回相应值，同时删除键值对，否则返回默认值 |
| dicts.popitem() | 删除字典的最后一个键值对，并将其以元组(key,value)的形式返回 |
| dicts.clear() | 删除所有的键值对 |
| del dicts[key] | 删除字典中的某个键值对 |
| key in dicts | 如果键在字典中，则返回 True，否则返回 False |
| dicts.copy() | 复制字典 |
| dicts.update(dicts2) | 更新字典，参数 dicts2 为更新的字典 |

下面通过一些示例介绍字典的常用方法。

### 1．keys()、values()和 items()方法

通过 keys()、values()和 items()这 3 个方法可以分别返回字典的键的视图、值的视图和键值对的视图。视图对象与列表不同，它不支持索引，但可以迭代访问，通过遍历视图可以获得字典的信息。

**例 5-15** 字典的 keys()、values()和 items()方法的应用。

```
>>> dicts = {"id":101,"name":"Rose","address":"Changjianroad","pcode":"116022"}
# 获得键的视图
>>> key1 = dicts.keys():
>>> type(key1)
<class 'dict_keys'>
>>> key1 = dicts.keys()
>>> for k in key1:
...     print(k,end=",")
id,name,address,pcode,
# 获得值的视图
>>> values1 = dicts.values()
>>> type(values1)
<class 'dict_values'>
>>> for v in values1:
...     print(v,end=",")
101,Rose,Changjianroad,116022,
# 获得键值对的视图
>>> items = dicts.items()
>>> type(items)
<class 'dict_items'>
>>> for item in items:
...     print(item,end=",")
('id', 101),('name', 'Rose'),('address', 'Changjianroad'),('pcode', '116022'),
```

### 2．get()、pop()、popitem()方法

通过 get()方法可以返回键对应的值。如果键不存在，返回空值。default 参数可以指定键不存在时的返回值。

通过 pop()方法可以从字典中返回键对应的值，并删除键值对。如果键不存在，返回默

认值；如果未指定 default 参数，则代码运行时会产生异常。

通过 popitem()方法可以从字典中删除并返回最后一个键值对。字典为空时，会产生 KeyError 异常。

**例 5-16** 字典的 get()、pop()与 popitem()等方法的应用。

```
>>> dicts = {"id":101,"name":"Rose","address":"Changjianroad"}
# get()方法
>>> dicts.get("address")
'Changjianroad'
>>> dicts.get("pcode")
>>> dicts.get("pcode","116000")          # pcode 在字典中不存在，返回默认值
'116000'
>>> dicts
{'id': 101, 'name': 'Rose', 'address': 'Changjianroad'}
# pop()方法
>>> dicts.pop('name')
'Rose'
>>> dicts
{'id': 101, 'address': 'Changjianroad'}
>>> dicts.pop("email","u1@u2")          # email 在字典中不存在，返回默认值
'u1@u2'
>>> dicts
{'id': 101, 'address': 'Changjianroad'}
>>> dicts = {"id":101,"name":"Rose","address":"Changjianroad"}
# 使用 popitem()方法逐一删除键值对
>>> dicts.popitem()
('address', 'Changjianroad')
>>> dicts.popitem()
('name', 'Rose')
>>> dicts.popitem()
('id', 101)
>>> dicts
{}
```

**3. copy()和 update()方法**

通过 copy()方法可以返回一个字典的副本，但新产生的字典与原字典的 id（地址）是不同的，修改一个字典对象时，不会对另一个字典对象产生影响。

通过 update()方法可以使用一个字典更新另一个字典，如果两个字典有相同的键存在，则键值对会进行覆盖。

**例 5-17** 字典的 copy()与 update()方法的应用。

```
>>> dict1 = {"id":101,"name":"Rose","address":"Changjianroad"}
# copy()方法
>>> dict2 = dict1.copy()
>>> id(dict1),id(dict2)
(62627152, 68030112)
>>> dict1 is dict2
False
>>> dict2["id"] = 102
>>> dict2
{'id': 102, 'name': 'Rose', 'address': 'Changjianroad'}
>>> dict1
{'id': 101, 'name': 'Rose', 'address': 'Changjianroad'}
# update()方法
>>> dict3 = {"name":"John","email":"u1@u2"}
>>> dict1.update(dict3)
>>> dict1
{'id': 101, 'name': 'John', 'address': 'Changjianroad', 'email': 'u1@u2'}
```

练习

（1）exRate 是一个关于汇率的字典，下面代码的运行结果是什么？

```
>>> exRate = {"EUR":7.25,"USD":7.26,"GBP":8.45,"HKD":0.93}
>>> len(exRate)
>>> exRate["CAD"] = 5.35
>>> rate1 = exRate
>>> print(rate1 == exRate)
>>> rate2 = exRate.copy()
>>> rate2 == exRate

>>> list(rate2.keys())
>>> rate2.values()
>>> print(list(rate2.items()))
>>> print("GBP" in rate2)
>>> print(8.45 in rate2)
```

（2）下面代码涉及字典的引用，运行结果是什么？

```
>>> exRate = {"EUR":7.25,"USD":7.26,"GBP":8.45,"HKD":0.93}
>>> rate1 = exRate
>>> rate1
>>> exRate
>>> rate1.popitem()
>>> exRate
>>> exRate["AUD"] = 467
>>> rate1
>>> print(exRate.get("EUR",10))
```

## 5.5 集合

**集合**是 0 个或多个元素的无序组合。集合是可变的，可以很容易地向集合中添加元素或移除集合中的元素。集合中的元素只能是整数、浮点数、字符串等基本的数据类型，而且这些元素是无序的，没有索引位置的概念。

集合中的任何元素都是不重复的，这是集合的一个重要特点。集合与字典有一定的相似之处，但集合只是一组 key 的集合，这些 key 不可以重复，而且集合中没有 value。

### 5.5.1 集合的基本操作

#### 1．创建集合

使用 set()函数可以创建一个集合。与列表、元组、字典等数据结构不同，创建集合没有快捷方式，必须使用 set()函数。set()函数最多有一个参数，如果没有参数，则会创建一个空集合。如果有一个参数，那么这个参数必须是可迭代的类型，如字符串或列表，可迭代对象的元素将生成集合的成员。

**例 5-18** 创建集合。

```
>>> aset = set("innovation")      # 将字符串作为参数创建集合
>>> bset = set([1,2,3,5,2])       # 将列表作为参数创建集合
>>> cset = set()                  # 创建空集合
>>> aset,bset,cset
({'v', 'a', 't', 'n', 'i', 'o'}, {1, 2, 3, 5}, set())
```

从运行结果可以看出，集合的初始顺序和显示顺序是不同的，这表明集合中的元素是无序的。

## 2．集合的常用操作

Python 提供了众多操作集合的内置方法，用于向集合中添加元素、移除集合中的元素或复制集合等，常用的方法如表 5-4 所示。其中，S、T 为集合；x 为集合中的元素。

表 5-4 集合类型常用的方法

| 方　法 | 功　能　描　述 |
|--------|----------------|
| S.add(x) | 添加元素。如果元素 x 不在集合 S 中，将 x 增加到 S |
| S.clear() | 移除元素。移除 S 中的所有元素 |
| S.copy() | 复制集合。返回集合 S 的一个副本 |
| S.pop() | 随机选择集合 S 中的一个元素，并在集合中移除该元素。S 为空时产生 KeyError 异常 |
| S.discard(x) | 如果 x 在集合 S 中，移除该元素；x 不存在时，不报异常 |
| S.remove(x) | 如果 x 在集合 S 中，移除该元素；x 不存在时，产生 KeyError 异常 |
| S.isdisjoint(T) | 判断集合中是否存在相同元素。如果集合 S 与 T 没有相同元素，返回 True；否则返回 False |
| len(S) | 返回集合 S 的元素个数 |

**例 5-19** 集合操作的常用方法。

```
# 创建集合
>>> aset = set("python")
>>> bset = set([1,2,3,5,2])
>>> cset = bset.copy()
>>> aset,bset,cset
({'o', 'p', 't', 'y', 'h', 'n'}, {1, 2, 3, 5}, {1, 2, 3, 5})
# 向集合中添加元素
>>> bset.add("y")
>>> bset
{1, 2, 3, 5, 'y'}
>>> bset.pop()
1
>>> bset
{2, 3, 5, 'y'}
# 判断集合中是否存在重复元素
>>> bset.isdisjoint(aset)
False
>>> len(aset)
6
>>> cset.clear()
>>> cset
set()
```

从运行结果可以看出，重复的元素在 bset 中自动被过滤。另外，通过 add()方法可以将元素添加到 set 中，可以重复添加，但重复的元素不会被加入。

除表 5-4 中列出的方法外，使用 in 运算符可以判断集合中是否存在指定元素，进而可以实现集合的遍历。

**例 5-20** 集合的遍历。

```
>>> aset = set("development")
>>> for x in aset:
...     print(x,end=" ")
v d p t n m e o l
```

集合类型主要用于 3 个场景：成员关系测试、元素去重和删除数据项。因此，如果需要对一维数据进行去重或数据重复处理时，一般可以通过集合来完成。

### 5.5.2 集合运算

Python 中的集合与数学中集合的概念是一致的，因此，Python 中的两个集合可以做数学意义上的交集、并集、差集计算等。集合的运算符或方法如表 5-5 所示。

表 5-5 集合的运算符或方法

| 方 法 | 功 能 描 述 |
|---|---|
| S&T 或 S.intersection(T) | 交集。返回一个新集合，包含同时在集合 S 和 T 中的元素 |
| S\|T 或 S.union(T) | 并集。返回一个新集合，包含集合 S 和 T 中的所有元素 |
| S-T 或 S.difference(T) | 差集。返回一个新集合，包含在集合 S 中但不在集合 T 中的元素 |
| S^T 或 s.symmetric_difference_update(T) | 补集。返回一个新集合，包含集合 S 和 T 中的元素，但不包含同时在这两个集合中的元素 |
| S<=T 或 S.issubset(T) | 子集测试。如果 S 与 T 相同或 S 是 T 的子集，返回 True，否则返回 False。可以用 S<T 判断 S 是否为 T 的真子集 |
| S>=T 或 S.issuperset(T) | 超集测试。如果 S 与 T 相同或 S 是 T 的超集，返回 True，否则返回 False。可以用 S>T 判断 S 是否为 T 的真超集 |

**例 5-21** 集合的运算。

```
>>> aset = set([10,20,30])
>>> bset = set([20,30,40])
>>> set1 = aset&bset          # 交集运算
>>> set2 = aset|bset          # 并集运算
>>> set3 = aset-bset          # 差集运算
>>> set4 = aset^bset          # 补集运算
>>> set1
{20, 30}
>>> set2
{40, 10, 20, 30}
>>> set3
{10}
>>> set4
{40, 10}
>>> set1 < aset               # 子集测试
True
>>> aset < set2               # 超集测试
False
```

## 5.6 组合数据类型的应用

### 1. 成绩统计分析的实现

有若干名学生的 Python 课程成绩分别为 88、92、78、92、85、55、91、72、85、95 等，利用列表分析成绩，输出平均值、最高的 3 个成绩和最低的 3 个成绩、成绩的中位数。程序实现的思路如下。

（1）将成绩保存在列表 scores 中，使用代码 sum(scores)/len(scores)计算平均值，使用代码 sorted(scores, reverse=True)[:3]找出最高的 3 个成绩，使用代码 sorted(scores)[:3]找出最低的 3 个成绩。

（2）计算中位数时需要先排序，列表元素个数为奇数时，中位数即排序后列表中间的数字；元素个数为偶数时，中位数为中间两个数字的算术平均数。原列表顺序不需要保留，可以使用列表的 sort()方法进行排序。

**例 5-22** 统计分析列表中的数据。

```python
1   # ex0522.py
2   scores = [88, 92, 78, 92, 85, 55, 91, 72, 85, 95, 65, 45, 95, 78, 82]
3   # 计算平均值
4   average_score = sum(scores) / len(scores)
5   print(f"平均成绩: {average_score:.2f}")
6   # 找出最高的 3 个成绩
7   top_3_scores = sorted(scores, reverse=True)[:3]
8   print(f"最高的 3 个成绩: {top_3_scores}")
9
10  # 找出最低的 3 个成绩
11  bottom_3_scores = sorted(scores)[:3]
12  print(f"最低的 3 个成绩: {bottom_3_scores}")
13  # 计算中位数
14  scores.sort()    # 先对列表进行排序
15  n = len(scores)
16  if n % 2 == 0:
17      # 列表长度为偶数时，中位数是中间两个数的平均值
18      median = (scores[n // 2 - 1] + scores[n // 2]) / 2
19  else:
20      # 列表长度为奇数时，中位数是中间的数
21      median = scores[n // 2]
22  print(f"成绩中位数: {median:.2f}")
```

**2. 英文句子中的词频统计**

词频统计需要考虑下列问题。

（1）英文单词的分隔符可以是空格、标点符号或者特殊符号，使用字符串的 replace() 方法可以将标点符号替换为空格，以提高获取单词的准确性。

微课视频

（2）用 split() 方法可以拆分字符串，生成单词的列表。

（3）逐个读取列表中的单词，并重复下面的操作。

如果字典 map1 的 key 中没有这个单词，向字典中添加元素，关键字是这个单词，value 是 1，即 map1[word]=1；如果字典 map1 的 key 中有这个单词，则该单词计数加 1，即 map1[word]+=1。

当列表中的单词全部读取完后，每个单词出现的次数会被放在字典 map1 中，map1 的 key 是单词，map1 的 value 是单词出现的次数。

（4）为了得到比较好的输出结果，将字典转换为列表后，排序输出。

**例 5-23** 统计英文句子中的单词出现的次数。

```python
1   # ex0523.py
2   sentence = """
3   Beautiful is better than ugly?Explicit is better than implicit!
4   Simple is better than complex,Complex is better than complicated.
5   """
6   # 将文本中涉及的标点用空格替换
7   for ch in ",.?!":
8       sentence = sentence.replace(ch, " ")
9   # 利用字典统计词频
10  words = sentence.split()
11  map1 = {}
12  for word in words:
13      if word in map1:
14          map1[word] += 1
15      else:
16          map1[word] = 1
17  # 对统计结果排序
```

```
18     items = list(map1.items())
19     items.sort(key=lambda x: x[1], reverse=True)
20     # 打印控制
21     for item in items:
22         word, count = item
23         print("{:<12}{:>5}".format(word, count))
```

程序运行结果如下。

```
>>>
is             4
better         4
than           4
Beautiful      1
ugly           1
Explicit       1
implicit       1
Simple         1
complex        1
Complex        1
complicated    1
>>>
```

### 3．二分查找的实现

二分查找是一种效率比较高的查找方法。但二分查找要求原始数据是有序的，程序首先使用列表的 sort()方法对数据进行排序，然后进行查找。二分查找的基本思想是将要查找的数值 find 与中间位置的数据进行比较，若相等，则查找结束。否则，将 find 值与中间数据进行比较，如果小于中间数据，则继续在左边的数据区重复二分查找；如果大于中间数据，则继续在右边的数据区重复二分查找。二分查找需要比较的最大次数为 $\log_2 n+1$（$n$ 为要查找的数据系列长度）。

微课视频

程序中通过一个标记 flag 表示查找是否成功，如果成功，则跳出 while 循环。

**例 5-24**　二分法查找的 Python 程序。

```
1    # ex0524.py
2    list1 = [1, 42, 3, -7, 8, 9, -10, 5]
3    # 二分查找要求查找的序列是有序的，假设是升序列表
4    list1.sort()
5    print(list1)
6
7    find = eval(input("请输入要查看的数据: "))
8
9    low = 0
10   high = len(list1) - 1
11   flag = False
12   while low <= high:
13       mid = int((low + high) / 2)
14
15       if list1[mid] == find:
16           flag = True
17           break
18       # 左半边
19       elif list1[mid] > find:
20           high = mid - 1
21       # 右半边
22       else:
23           low = mid + 1
24
```

```
25    if flag == True:
26        print("您查找的数据{},是第{}个元素".format(find, mid + 1))
27    else:
28        print("没有您要查找的数据")
```

## 5.7 利用 AI 工具辅助解读代码*

有时我们会用搜索引擎或 AI 工具查找一些代码来使用，但可能由于不了解查找到的代码，无法读懂代码也无从修改。AI 工具能辅助解读代码，我们可以根据提示去修改代码。

**例 5-25** 利用 DeepSeek 解释代码的功能。

> USER：请解释下面这段 Python 代码的功能。
> ```
> ###
> import bisect
> def binary_search(a, x):
>     i = bisect.bisect_left(a, x)
>     if i != len(a) and a[i] == x:
>         return i   # 找到元素，返回索引
>     return -1      # 未找到元素
> # 示例
> a = [1, 2, 4, 4, 5, 6, 7]
> x = 4
> print(binary_search(a, x))
> x = 3
> print(binary_search(a, x))
> ###
> ```

AI：这段 Python 代码实现了一个在有序数组中查找特定元素 x 的二分查找算法，但它是利用 Python 标准库中的 bisect 模块的 bisect_left 函数实现的。bisect_left 函数本身用于在有序列表中查找适合插入元素 x 的位置，以保持列表的有序性，并返回该位置的索引。如果列表中已经存在等于 x 的元素，则返回的索引是该元素最左侧的实例的索引。

代码功能详解如下。

### 1. 导入 bisect 模块

首先，代码通过 import bisect 导入了 Python 的 bisect 模块，这个模块提供了支持二分查找的插入操作函数。

### 2. 定义 binary_search 函数

代码定义了一个名为 binary_search 的函数，它接收一个有序数组 a 和一个要查找的元素 x 作为参数。

### 3. 使用 bisect_left 函数

在函数内部，首先使用 bisect.bisect_left(a, x) 查找元素 x 在数组 a 中应该插入的位置（即保持数组有序性的前提下，x 应该插入的索引位置）。如果数组中不存在 x，这个索引将是 x 插入数组中时应该出现的位置（即如果 x 大于数组中的所有元素，则索引为 len(a)）。

### 4. 检查并返回结果

如果 i 不等于数组 a 的长度（len(a)），并且 a[i] 等于 x，这意味着 x 确实存在于数组中，且 i 是其最左侧实例的索引。此时，函数返回 i。

如果上述条件不满足（即 i 等于 len(a)，或者 a[i] 不等于 x），则意味着 x 不在数组中，函数返回−1。

**5. 展示示例**

代码通过两个示例演示了 binary_search 函数的使用。对于数组 a = [1, 2, 4, 4, 5, 6, 7]，当查找 x = 4 时，由于数组中存在 4（且有两个实例），函数返回第一个 4 的索引 2；当查找 x = 3 时，由于数组中不存在 3，函数返回 −1。

总之，这段代码利用 bisect 模块的 bisect_left 函数实现了一个高效的二分查找算法，适用于查找有序数组中的元素。

---

📖 **提示** Python 标准库没有直接提供名为"二分查找"的函数，如 binary_search()，专门用于列表（或其他序列类型）。我们可以使用 bisect 模块中的函数来实现类似的功能，但需要保持列表的有序性。

# 习 题 5

## 1. 选择题

（1）下列选项中，**不属于**字典操作的方法是哪一项？（    ）

    A. dicts.keys()　　　　　　　　　B. dicts.pop()

    C. dicts.values()　　　　　　　　D. dicts.items()

（2）语句 print(type(['a','1',2,3])) 的输出结果是哪一项？（    ）

    A. <class 'list'>　　　　　　　　B. <class 'disc'>

    C. <class 'tuple'>　　　　　　　　D. <class 'set'>

（3）语句 print(type({'a','1',2,3})) 的输出结果是哪一项？（    ）

    A. <class 'list'>　　　　　　　　B. <class 'disc'>

    C. <class 'tuple'>　　　　　　　　D. <class 'set'>

（4）语句 temp = ['a','1',2,3,None,]; print(len(temp)) 的输出结果是哪一项？（    ）

    A. 3　　　　　　B. 4　　　　　　C. 5　　　　　　D. 6

（5）语句 temp = set([1,2,3,2,3,4,5]); print(len(temp)) 的输出结果是哪一项？（    ）

    A. 7　　　　　　B. 1　　　　　　C. 4　　　　　　D. 5

（6）执行下面的操作后，lst2 的值是多少？（    ）

```
lst1 = [3,4,5,6]
lst2 = lst1
lst1[2] = 100
print(lst2)
```

    A. [3, 4, 5, 6]　　　　　　　　　B. [3, 4, 100, 6]

    C. [3, 100, 5, 6]　　　　　　　　D. [3, 4, 100,5 ,6]

（7）下列选项中，正确定义了一个字典的是哪个选项？（    ）

    A. a=['a',1,b',2,'c',3]　　　　　　B. d=('a':1, 'b':2, 'c':3)

    C. {a:1, b:2, c:3}　　　　　　　　D. d={'a':1, 'b':2, 'c':3}

（8）下列选项中，**不能**使用索引运算的是哪一项？（    ）

    A. 列表（list）　　B. 元组（tuple）　C. 集合（set）　　D. 字符串（str）

（9）下列关于列表的说法中，**错误**的是哪一项？（    ）

    A. 列表是一个有序集合，可以添加或删除元素

B. 列表可以存放任意类型的元素

C. 使用列表时，其下标可以是负数

D. 列表是不可变的数据结构

（10）语句 s = {'a',1,'b',2};print(s[b])的输出结果是哪一项？（　　　）

    A. 2　　　　　　B. 1　　　　　　C. 'b'　　　　　　D. 语法错误

（11）以下代码的输出结果是哪一项？（　　　）

```
d = {"food":{"cake":1,"egg":5}}
print(d.get("cake","no this food") )
```

    A. no this food　　　B. egg　　　　C. 1　　　　D. food

（12）以下代码的输出结果是哪一项？（　　　）

```
s = [4,2,9,1]
s.insert(2,3)
print(s)
```

    A. [4, 2, 9, 2, 1]　　B. [4, 2, 3, 9, 1]　　C. [4, 3, 2, 9, 1]　　D. [4, 2, 9, 1, 2, 3]

（13）下列说法中，**不正确**的是哪一项？（　　　）

    A. Python 的 str、tuple、list 类型都属于序列类型

    B. 组合数据类型可以分为 3 类：序列类型、集合类型和映射类型

    C. 组合数据类型能够将多个数据组织起来，通过单一的表示使数据操作更有序，更容易理解

    D. 序列类型是二维元素向量，元素之间存在先后关系，通过序号访问

（14）下列关于列表变量 ls 的方法的用法中，**不正确**的是哪一项？（　　　）

    A. ls.append(x)：在列表 ls 最后增加一个元素 x

    B. ls.clear()：删除列表 ls 中的最后一个元素

    C. ls.copy()：复制生成一个包括 ls 中所有元素的新列表

    D. ls.reverse()：反转列表 ls 中的元素

## 2．简答题

（1）列表、元组、字典都用什么标记或什么函数创建？

（2）列表和元组两种序列结构有什么区别？

（3）字典有什么特点？请列出任意 5 种字典的操作方法。

（4）遍历列表和元组有哪几种方法？

（5）给定列表变量 ls，ls.pop(i)方法的功能是什么？

（6）列表和元组相互转换的函数是什么？

（7）给定字典变量 dicts，dicts.items()方法的功能是什么？

## 3．阅读程序

（1）下面程序的输出结果是"found it! i=44"，【代码】处应补充的语句是什么？

```
ls = [12,33,44,55,66]
for i in ls:
    if i == 44:
        print("found it! i=",i)
        【代码】
    else:
        continue
```

（2）下面程序的输出结果是什么？

```
x = [90,80,70]
y = ("Rose","Mike","John")
z = {}
for i in range(len(x)):
    z[x[i]] = y[i]
print(z)
```

（3）下面程序的功能是：输入以逗号分隔的一组单词，判断是否有重复的单词。如果存在重复的单词，打印"有重复单词"，退出；如果无重复的单词，打印"没有重复单词"。【代码】处应补充的语句是什么？

```
txt = input("请输入一组单词，以逗号分隔：")
ls = txt.split(',')
words = []
for word in ls:
    if word in words:
            print("有重复单词")
            break
    else:
            【代码】
else:
    print("没有重复单词")
```

### 4．编程题

（1）编写程序，随机生成由英文字符和数字组成的 4 位验证码。

（2）学生个人信息包括 sid（学号）、name（姓名）、score（成绩）等，用字典描述，多名学生信息用列表存储。交互式输入学生姓名，查找并输出学生信息。

（3）使用 input 函数，输入若干单词，然后按字典顺序输出单词（即使某个单词出现多次，也只输出一次）。

（4）使用元组创建一个存储 Python 关键字的对象，并检测给定的单词是否是 Python 的关键字。

（5）编写程序，删除列表中的重复元素。

# 第6章 用函数实现代码复用

在计算机语言中，函数是实现某一特定功能的语句集合。函数可以重复使用，提高了代码的可重用性；函数通常实现较为单一的功能，提高了程序的独立性；同一个函数通过接收不同的参数实现不同的功能，提高了程序的适应性。Python 提供了很多内置函数，用户也可以自定义函数。本章主要介绍函数的定义、调用和参数传递，以及一些内置函数的应用。

## 6.1 函数的定义和调用

### 6.1.1 函数的定义

在 Python 中定义函数要使用 **def** 关键字，语法格式如下。

```
def funcname(paras):
    statements
    return [expression]
```

关于函数定义说明如下。

- 函数定义以 def 关键字开头，后接函数名称和圆括号"()"。
- paras 是函数的参数，放在函数名后面的圆括号内，如果有多个参数，参数之间用逗号分隔。
- statements 是函数体，函数体的前部可以选择性地使用字符串，用于说明函数功能。
- 函数声明以冒号结束，函数体需要缩进。
- return 语句用于结束函数，将返回值传递给调用语句。不带表达式的 return 语句返回 None 值。

微课视频

需要说明的是，如果函数的参数是多个，默认情况下，函数调用时，传入的参数和函数定义时的参数顺序是一致的。

下面的代码定义了两个函数。第 1 个函数 hello()没有参数，也没有返回值。第 2 个函数 getArea()包含两个参数，在函数体内还包括了函数的说明信息。调用函数 getArea()时，根据参数 x、y 的值，可以计算两个参数之积，也可以将字符串 x 重复 y 次后返回。

另外，执行 help(函数名)命令，将显示函数的说明信息。

**例 6-1** 函数的定义。

```
>>> def hello():
...     print("Hello Python!")
>>> hello()
```

```
Hello Python!
>>> def getArea(x,y):
...        '''
...            参数为两个数值数据，或者一个字符串和一个整数。
...        '''
...        return x * y

>>> getArea(3.0,2.0)
6.0
>>> getArea("hello",2)
'hellohello'
>>> help(getArea)
Help on function getArea in module __main__:

getArea(x,y)
    参数为两个数值数据，或者一个字符串和一个整数。
```

### 6.1.2　函数的调用

例 6-1 已经调用（执行）了函数。函数通过函数名加上一对圆括号来调用，参数放在圆括号内，多个参数之间用逗号分隔。需要注意的是，Python 中的所有语句都是解释执行的，def 也是一条可执行语句，使用函数时，要求函数的调用必须在函数定义之后。

**例 6-2**　函数的调用和类型测试。

```
>>> def getCircleArea(r):
...        print("圆的面积是：{:>8.2f}".format(3.14*r*r))
...        return

>>> getCircleArea(3)
圆的面积是：   28.26
>>> getCircleArea                  # 函数名变量在内存中的地址
<function getCircleArea at 0x03916CD8>
>>> type(getCircleArea)            # 测试 getCircleArea 的类型
<class 'function'>
>>> print(getCircleArea (3))       # return 语句无返回值时，返回 None
圆的面积是：   28.26
None
```

📖 **提示**　Python 中的函数名是一个变量，如果 return 语句没有返回值，则函数值为 None。

### 6.1.3　模块化程序设计

模块化程序设计是指把一个完整的程序分解为若干相对独立、功能单一的模块，再定义不同的函数来实现，通过函数调用来实现整体功能。函数的调用可以使程序代码逻辑更加清晰，便于代码的编写、维护和调试。

下面是模拟模块化程序设计的例子，main()函数调用了 userinput()、userprocessing()、useroutput()3 个函数，在实际应用中，还会涉及参数传递的问题。

**例 6-3**　函数的嵌套调用，体现了函数之间模块化程序设计思想。

```
# ex0603.py
def main():
    print("输入数据")
    userinput()
    print("处理数据")
    userprocessing()
```

```
    print("输出数据")
    useroutput()

def userinput():
    pass

def userprocessing():
    pass

def useroutput():
    pass

main()
```

**例 6-4**　应用函数调用编写计算组合数的程序。

计算组合数的公式是 $c(n,m)=n!/(m!\times(n-m)!)$，其中，$m$ 和 $n$ 是两个非负整数。程序的思路如下。首先编写计算阶乘的函数 f(n)，再调用函数 f(n)编写计算组合数的函数 c(n,m)，最后由主程序调用函数 c(n,m)，打印输出。

```
1   # ex0604.py
2   # 定义函数 f(n)，返回 n 的阶乘
3   def f(n):
4       ans = 1
5       for i in range(1, n + 1):
6           ans *= i
7       return ans
8
9   # 定义函数 c(n,m)，返回组合数的值
10  def c(n, m):
11      return f(n) / (f(m) * f(n - m))
12
13  # 主程序
14  print(c(5, 3))
```

练习

（1）使用 def 关键字定义函数 f(x)=3x³-x+4，并调用这个函数。

（2）下面代码的运行结果是什么?

```
def myFunction():
    '''This is a Test of myFunction'''
    pass
print(myFunction.__doc__)
```

## 6.2　函数的参数和返回值

### 6.2.1　函数的参数

在定义函数时，参数表中的参数称为**形式参数**，也称形参。调用函数时，参数表中的参数称为**实际参数**，也称实参。调用函数的过程就是将实参传递给形参的过程。函数调用时，实参可分为位置参数和赋值参数两种情况。

微课视频

#### 1. 位置参数

调用函数时，默认情况下，实参将按照位置顺序传递给形参。示例代码如下。

```
def getVolume(r,h):
    print("圆柱的体积是：{:>8.2f}".format(3.14*r*r*h))
```

调用 getVolume(3,4) 函数时，将按照 r=3、h=4 的对应关系来传递参数值，如果参数顺序发生改变，如 getVolume(4,3)，则整个函数的逻辑含义发生了变化。如果同一个函数的参数的数据类型不同，改变实参的顺序，调用时可能会发生语法错误。

**2．赋值参数**

函数调用时，实参默认按照位置顺序传递给函数。如果参数很多，按位置传递参数的方式可读性较差。例如，计算总成绩的 getScore() 函数有 5 个参数，表示 5 门不同课程的成绩，每门课程的成绩在计算总成绩时的权重是不一样的。代码如下。

```
def getScore(pe,eng,math,phy,chem):
    pass
```

getScore()函数的一次调用过程描述如下。

```
scores = getScore(93,89,78,89,72)
```

如果只看实际调用而不看函数定义，则很难理解这些参数的实际含义。在规模较大的程序中，函数定义可能在函数库中，也可能与调用函数相距甚远，因此可读性较差。

为了解决上述问题，Python 提供了按照形参名称输入实参的方式，这种参数称为**赋值参数**。下面是赋值参数的应用。

**例 6-5**　使用赋值参数计算总成绩。

```
>>> def getScore(pe,eng,math,phy,chem):
        return pe*0.5+eng*1+math*1.2+phy*1+chem*1

>>> getScore(93,89,78,89,72)                          # 按位置传递
390.1
>>> getScore(pe=93,math=78,chem=72,eng=89,phy=89)     # 使用赋值参数
390.1
```

上述程序调用函数时指定了参数名称，参数之间的顺序可以任意调整，这样就提高了代码的可读性。

**3．参数值的类型**

参数值的类型是指函数调用时，传递的实际参数是基本数据类型还是组合数据类型。参数类型不同，在函数调用后，参数值的变化也是不同的。

基本数据类型的变量作为实参时，会将常量或变量的值传递给形参。这是一种值传递的过程，实参和形参是两个独立不相关的变量，因此，实参值一般是不会因为调用了函数而改变的。

**例 6-6**　将基本数据类型作为实参进行参数传递。

```
>>> a = 10                    # 全局变量
>>> def func(num):
        num += 1
        print("形参的地址 {}".format(id(num)))
        print("形参的值 {}".format(num))
        a = 1                 # 局部变量，只在函数内部有效

>>> func(a)
形参的地址 1599690640
形参的值 11
>>> a,id(a)                   # 函数调用后，变量 a 的值不发生变化
(10, 1599690624)
```

例 6-6 是一个值传递的示例。如果要在函数中修改实参 a 的值，则需要使用关键字 global 声明全局变量，具体见 6.4 节。

列表、元组、字典等组合数据类型的变量用作函数参数时，形参和实参之间传递的是组合数据类型变量的地址（引用），如果在函数内部修改了参数的值，参数的地址是不发生改变的，这种修改将影响到函数外部的变量。

**例 6-7**　将组合数据类型作为实参进行参数传递。

```
# 计算序列中的奇数，保存到参数 ls1 中
>>> tup = (1,5,7,8,12,9)
>>> ls = []
>>> def getOdd(tup1,ls1):    # 参数是组合数据类型
...     for i in tup1:
...         if i%2:
...             ls1.append(i)
...     return ls1

>>> getOdd(tup,ls)          # 函数调用后，ls 的值发生了变化，但 id 值不变
[1, 5, 7, 9]
>>> print(ls)
[1, 5, 7, 9]
```

### 6.2.2　默认参数

定义函数时，可以给函数的形参设置默认值，这种参数被称为**默认参数**。调用函数时，由于默认参数在定义时已被赋值，因此可以直接忽略，而其他参数是必须要传入值的。

如果默认参数没有传入值，则直接使用默认值；如果默认参数传入了值，则使用传入的新值替代。

**例 6-8**　默认参数的应用。

```
1   # ex0608.py
2
3   def showmessage(name, age=18):
4       "打印任何传入的字符串"
5       print("姓名: ", name)
6       print("年龄: ", age)
7       return
8
9   # 调用 showmessage() 函数
10  showmessage(age=19, name="Kate")
11  print("------------------------")
12  showmessage(name="John")
```

程序运行结果如下。

```
>>>
姓名:  Kate
年龄:  19
------------------------
姓名:  John
年龄:  18
```

在例 6-8 中，程序先定义了带有两个参数的 showmessage() 函数。其中，name 参数没有设置默认值；age 作为默认参数已经设置了默认值。在调用 showmessage() 函数时，如果只传入 name 的参数值，程序会使用 age 参数的默认值；在调用 showmessage() 函数时，如果同时传入了 name 和 age 两个参数的值，程序会使用传递给 age 参数的新值。

📖 **提示**　带有默认值的参数一定要位于参数列表的最后面，否则程序运行时会报异常。

### 6.2.3 可变参数

在 Python 的函数中，可以定义可变参数。**可变参数**指的是在函数定义时，该函数可以接收任意个数的参数，参数可能是 1 个或多个，也可能是 0 个。可变参数有两种形式，参数名称前加一个星号（*）或者加两个星号（**）。包含可变参数的函数语法格式如下。

```
def funName(formal_args,*args,**kwargs):
    statements
    return expression
```

在上面的函数定义中，formal_args 是传统参数，表示一组参数，*args 和**kwargs 为可变参数。函数调用时，传入的参数个数会优先匹配 formal_args 参数的个数，*args 以元组的形式保存剩余的参数，**kwargs 以字典的形式保存带有指定名称形式的参数。

> 📖 **提示** 在函数调用时，可以提供实际参数对应的形式参数名称，根据参数名称传递参数，这种参数称为关键字参数。**kwargs 用于保存多个关键字参数。

调用函数时，如果传入参数的个数和 formal_args 参数的个数相同，可变参数会返回空的元组或字典；如果传入参数的个数比 formal_args 参数的个数多，可以分为如下两种情况。

- 如果传入的参数没有指定名称，那么*args 会以元组的形式保存这些剩余的参数；
- 如果传入的参数指定了名称，如 score=90，那么**kwargs 会以字典的形式保存这些被命名的参数。

为了更好地帮助读者理解可变参数，下面通过例 6-9 和例 6-10 加以说明。

**例 6-9** 可变参数的应用。

```
1   # ex0609.py
2   def showmessage(name, *p_info):
3       print("姓名: ", name)
4       for e in p_info:
5           print(e, end=",")
6       return
7
8   # 调用 showmessage()函数
9   showmessage("Kate")
10  print("-----------------------")
11  showmessage("Kate", "male", 18, "Dalian")
```

程序运行结果如下。

```
>>>
姓名: Kate
-----------------------
姓名: Kate
male 18 Dalian
```

上述示例定义了 showmessage()函数，其中，*p_info 为可变参数。调用 showmessage()函数时，如果只传入 1 个参数，那么这个参数会从左向右匹配 name 参数。此时*p_info 参数没有接收到数据，所以为一个空元组。

调用 showmessage()函数时，如果传入多个参数（参数个数多于传统参数的个数，本例中是大于 1），从运行结果可以看出，剩余的参数组成了一个元组，程序遍历了这个元组，显示出更多的信息。

下面继续扩展这个例子，这里会使用另一种形式的可变参数——**kwargs。

**例 6-10** 关键字参数的应用。

```
1   # ex0610.py
```

```
2    def showmessage(name, *p_info, **scores):
3        print("姓名: ", name)
4        for e in p_info:
5            print(e, end=" ")
6        for item in scores.items():
7            print(item, end=" ")
8        print()
9        return
10
11   # 调用 showmessage()函数
12   showmessage("Kate", "male", 18, "Dalian");
13   print("----------------------------")
14   showmessage("Kate", "male", 18, "Dalian", math=86, pe=92, eng=88)
```

程序运行结果如下。

```
>>>
姓名: Kate
male 18 Dalian
----------------------------
姓名: Kate
male 18 Dalian ('math', 86) ('pe', 92) ('eng', 88)
```

上述示例在调用 showmessage()函数时，将指定名称的参数传递给 **scores，这种参数传递方式极大地扩展了函数的功能。

调用 showmessage()函数时必须要有 name 参数。如果调用者希望提供更多的参数（示例中是个人信息），可通过*p_info 参数以元组的形式接收；如果调用者希望提供指定科目的成绩，参数**scores 提供了可能，这个可变参数会将成绩信息保存在字典中。程序执行时，遍历元组和字典，并可以根据需要操作数据。

### 6.2.4 函数的返回值

可以为函数指定返回值，返回值可以是任意数据类型，return [expression]语句用于退出函数，将表达式值作为返回值传递给调用方。不带参数值的 return 语句返回 None。

**例 6-11**  return 关键字的应用。

```
>>> def compare( arg1, arg2 ):
...     "比较两个参数的大小"
...     result = arg1 >arg2
...     return result     # 返回 result 值
# 调用 compare()函数
>>> btest = compare(10,9.99)
>>> print (f"函数的返回值: {btest}")
函数的返回值: True
```

**例 6-12**  统计字符串中含有字符 e 的单词。

```
1    # ex0612.py
2    def findwords(sentence):
3        "统计参数中含有字符 e 的单词，保存到列表中，然后返回"
4        result = []
5        words = sentence.split()
6        for word in words:
7            if word.find("e") != -1:
8                result.append(word)
9        return result
10
11   ss = "The People are the Country, put the people First"
12   print(findwords(ss))
```

程序运行结果如下。

```
>>>
['The', 'People', 'are', 'the', 'the', 'people']
```

函数 findwords()的参数是字符串，在函数体中定义了一个空列表 result，然后对参数字符串进行了拆分，生成的单词列表保存在列表 words 中，接着遍历 words 列表，将其中包含字符 e 的单词添加到列表 result 中，并将列表 result 作为函数的返回值返回。

### 6.2.5    lambda 函数

lambda 函数是 Python 中的匿名函数，该函数实质上是一个 lambda 表达式，是不需要使用 def 关键字定义的函数。lambda 函数的语法格式如下。

```
lambda parameters:expression
```

其中，parameters 是可选的参数表，通常是用逗号分隔的变量或表达式，即位置参数；expression 是函数表达式，该表达式中不能包含分支或循环语句，expression 表达式的值将成为 lambda 函数的返回值。

lambda 函数的应用场景是定义简单的、能在一行内表示的函数，返回一个函数类型。

Python 提供了很多函数式编程的工具。例如，map、reduce、filter、sorted 等函数都支持函数作为参数，lambda 函数也可以很方便地应用在函数式编程中。

**例 6-13**    应用 lambda 函数，计算圆的面积和圆柱体体积。

```
>>> import math
>>> area = lambda r:math.pi*r*r
>>> volume = lambda r,h:math.pi*r*r*h
>>> print("{:6.2f}".format(area(2)))
 12.57
>>> print(volume(2,5))
62.83185307179586
```

**例 6-14**    应用 lambda 函数，将列表中的元素按照绝对值大小升序排列。

```
>>> lst1 = [3,5,-4,-1,0,-2,-6]
>>> lst2 = sorted(lst1, key=lambda x: abs(x))
>>> type(lst2)
<class 'list'>
>>> lst2
[0, -1, -2, 3, -4, 5, -6]
```

当然，也可以写成下面的代码。

```
lst1 = [3,5,-4,-1,0,-2,-6]
def get_abs(x):
    return abs(x)
lst2 = sorted(list1,key=get_abs)
>>> lst2
[0, -1, -2, 3, -4, 5, -6]
```

练习

分析下面代码的运行过程，写出运算结果。

```
>>> arr1 = [12,34,56]
>>> arr2 = [1,2,3,4]
>>> def disp(p):
        print(p)

>>> arr1 = arr2
>>> arr1.append([5,6])
>>> disp(arr2)
>>> disp(arr1)
```

## 6.3 递归函数

一个函数可以调用其他函数，也可以调用自身。函数调用自身形成了函数的递归调用。

### 1．递归的定义

递归（rucursion）是函数在其定义或声明中直接或间接调用自身的一种方法。递归的基本思想是：在求解一个问题时，将这个问题递归简化为规模较小的同一问题，并设法求得这个规模较小的问题的解，在此基础上再递进求解原来的问题。如果经递归简化的问题还难以求解，可以再次进行递归简化，直至将问题递归简化成一个容易求解的基本问题为止。在此基础上进行递进求解，直至求得原问题的解。

斐波那契数列是以数学家斐波那契（Leonardo Fibonacci）的名字命名的，是为兔子繁殖数量的增长模型构造的数列。该数列递归定义如下。

$$fib(i) = \begin{cases} 0, i = 0 \\ 1, i = 1 \\ fib(i-2) + fib(i-1), i \geqslant 2 \end{cases}$$

该数列的前 8 项分别为：0，1，1，2，3，5，8，13。

递归的思想反映在程序设计中，表现为"自己调用自己"，含有递归函数的程序即为递归程序。递归特点如下。

（1）一个递归的函数即为直接或间接地调用自身的函数。

（2）任何一个递归函数都必须有一个递归出口。

在斐波那契数列中，最基本的情况是 $fib(0) = 0$ 和 $fib(1) = 1$，当 $i \geqslant 2$ 时，通过递归调用可以把问题分解为 $fib(i) = fib(i-2) + fib(i-1)$。

**例 6-15** 求斐波那契数列第 $i$ 个元素的递归函数。

```python
1    # ex0615.py
2    def fib(i):
3        if i == 0:
4            return 0
5        elif i == 1:
6            return 1
7        else:
8            return fib(i - 1) + fib(i - 2)
9
10   if __name__ == "__main__":
11       print(fib(8))
```

📖 **提示** 关于"if __name__ == "__main__""语句的用法，请参数第 8 章的内容或借助 AI 工具进行学习。

### 2．递归的调用过程

计算正整数的阶乘可以通过迭代或递归的方法实现，阶乘公式如下。

$$n! = n(n-1)(n-2)\cdots \times 1$$

按照上面的定义，下面用迭代的方法给出 $n!$ 的程序实现。

**例 6-16** 阶乘的迭代实现。

```python
1    #ex0616.py
2    def factorial(i):
3        "求指定参数的阶乘"
```

```
4       t = 1
5       for i in range(1,i+1):
6           t* = i
7       return t
8
9   print(factorial(6))      #720
```

如果要用递归方式给出阶乘的定义，则格式如下。

$$factorial(i) = \begin{cases} 1, & i = 0 \\ i \cdot (i-1), & i \geqslant 1 \end{cases}$$

**例 6-17** 阶乘的递归实现。

```
1   # ex0617.py
2   def factorial(i):
3       if i == 0:
4           return 1
5       else:
6           return i * factorial(i - 1)
7
8   print(factorial(6))
```

练习

下面的递归函数用于反转一个字符串，如将"abcde"反转为"edcba"。在【代码 1】和【代码 2】处补充合适内容，实现上述功能。

```
def func(s):
    if 【代码1】:
        return s
    return (【代码2】)+s[0]

s = "abcde"
result = func(s)
print(result)
```

## 6.4 变量的作用域

变量的作用域是指变量的有效范围。Python 的变量按照作用范围分为两类：局部变量和全局变量。当变量在模块、类、函数中定义时，需要考虑变量的作用域的概念。本节讨论的是与函数相关的变量的作用域，模块和类中变量的作用域与函数类似。

微课视频

### 6.4.1 局部变量

**局部变量**是指定义在函数内的变量，其作用域从函数定义开始，到函数执行结束。局部变量定义在函数内，只在函数内使用，它与函数外具有相同名称的变量没有任何关系。不同的函数，可以定义相同名字的局部变量，并且各个函数内的变量不会相互影响。

例 6-18 中定义了函数 func1()和 func2()，两个函数都分别定义了变量 x1、y1、z，这些变量都是局部变量，在各自的函数中互不影响。从下列程序可以看出，函数 func1()调用了函数 func2()，这并不影响变量之间的关系。

另外，函数的参数也是局部变量，其作用域在函数执行期内。

**例 6-18** 局部变量的作用域。

```
>>> def func1(x,y):
...     x1 = x
...     y1 = y
```

```
...        z = 100
...        print("in func1(),x1=",x1)
...        print("in func1(),y1=",y1)
...        print("in func1(),z=",z)
...        func2()
...        return

>>> def func2():
...        x1 = 10
...        y1 = 20
...        z = 0
...        print("in func2(),x1=",x1)
...        print("in func2(),y1=",y1)
...        print("in func2(),z=",z)

>>> func1('a','b')
in func1(),x1= a
in func1(),y1= b
in func1(),z= 100
in func2(),x1= 10
in func2(),y1= 20
in func2(),z= 0
```

### 6.4.2　全局变量

局部变量只能在声明它的函数内部访问，而**全局变量**可以在整个程序范围内访问。全局变量是定义在函数外的变量，它拥有全局作用域。全局变量可作用于程序中的多个函数，但其在各函数内部只是可访问的、只读的，全局变量的使用是受限的。

**1．在函数中读取全局变量**

**例 6-19**　函数外定义的全局变量在函数内读取。

```
1   # ex0619.py
2   basis = 100  # 全局变量
3
4   def func1(x, y):  # 计算总分
5       sum = basis + x + y
6       return sum
7
8   def func2(x, y):  # 按某规则计算平均分
9       avg = (basis + x * 0.9 + y * 0.8) / 3
10      return avg
11
12  if __name__=="__main__":
13      score1 = func1(75, 62)
14      score2 = func2(75, 62)
15      print("{:6.2f},{:6.2f}".format(score1, score2))
16      print(basis)
17      print("------------------------")
```

程序运行结果如下。

```
>>>
237.00, 72.37
100
------------------------
```

**2．在函数中定义与全局变量同名的变量**

**例 6-20**　函数中如果定义了与全局变量同名的变量，其实质是局部变量。

```
1   # ex0620.py
2   basis = 100  # 全局变量
3
4   def func3(x, y):
5       basis = 90  # 与全局变量同名，但是是局部变量，与全局变量无关
```

```
6        sum = basis + x + y
7        return sum
8
9    print("{:6.2f}".format(func3(75, 62)))
10   print(basis)    # 全局变量值仍为100
11   print("----------------------")
```

程序运行结果如下。

```
>>>
227.00
100
------------------------------------------------
```

### 3. 不允许在函数中先使用与全局变量同名的变量

**例 6-21**　函数中先使用全局变量，再定义同名的局部变量，会导致程序异常。

```
1    # ex0621.py
2    basis = 100   # 全局变量
3
4    def func4(x, y):
5        print(basis)
6        basis = 90
7        sum = basis + x + y
8        return sum
9
10   print(func4(78, 62))
11   print(basis)
```

程序运行结果如下。

```
>>>
Traceback (most recent call last):
  File "E:/python312/ch6/ex0621.py", line 10, in <module>
    print(func4(78,62))
  File "E:/python312/ch6/ex0621.py", line 5, in func4
    print(basis)
UnboundLocalError: local variable 'basis' referenced before assignment
>>>
```

在 func4()函数中，语句 print(basis)报异常，原因在于函数中的 basis 变量是局部变量。

### 6.4.3　global 语句

全局变量不需要在函数内声明即可在函数内部读取。当在函数内部给变量赋值时，该变量将被 Python 视为局部变量，如果在函数中先访问全局变量，然后在函数内定义与全局变量同名的局部变量的值，程序也会报异常。为了能在函数内部读/写全局变量，Python 提供了 global 语句，用于在函数内部声明全局变量。

**例 6-22**　global 语句的应用。

```
1    # ex0622.py
2    basis = 100   # 全局变量
3
4    def func4(x, y):
5        global basis   # 声明 basis 是函数外的全局变量
6        print(basis)   # 100
7        basis = 90
8        sum = basis + x + y
9        return sum
10
11   print(func4(75, 62))
12   print(basis)              # 90
```

因为在函数内部使用了 global 语句进行声明，所以代码中使用的 basis 都是全局变量。需要说明的是，虽然 Python 提供了 global 语句，使得在函数内部可以修改全局变量的值，但从软件工程的角度来说，这种方式降低了软件质量，使程序的调试、维护变得困难，因此不建议用户在函数中修改全局变量或函数参数中的可修改对象。

Python 中还增加了 nonlocal 关键字，用于声明全局变量，但其主要用于在一个嵌套的函数中修改嵌套作用域中的变量。这里不再赘述，读者可查阅相关文档。

练习

分析下面程序的运行过程和运行结果。

```python
def func(a,b):
    c = a ** 2 + b
    b = a
    return c


a = 10
b = 100
c = func(a,b) + a
print(a,b,c)
```

## 6.5 Python 的内置函数

内置函数是可以自动加载、直接使用的函数，Python 提供了很多能实现各种功能的内置函数。下面分类介绍常用 Python 内置函数的使用。

### 6.5.1 数学运算函数

与数学运算相关的常用 Python 内置函数如表 6-1 所示。

表 6-1 常用的数学运算函数

| 函 数 名 | 功 能 说 明 | 示 例 |
|---|---|---|
| abs() | 返回参数的绝对值 | abs(−2)、abs(3.77) |
| divmod() | 返回两个参数的商和余数 | divmod(10,3) |
| max() | 返回可迭代对象的元素的最大值或者所有参数的最大值 | max(−1,1,2,3,4)、max('abcef989') |
| min() | 返回可迭代对象的元素的最小值或者所有参数的最小值 | min(−1,12,3,4,5) |
| pow() | 求两个参数的幂运算值 | pow(2,3)、pow(2,3,5) |
| round() | 返回浮点数四舍五入后的值 | round(1.456778)、round(1.45677,2) |
| sum() | 对元素类型是数值的可迭代对象的每个元素求和 | sum((1,2,3,4))、sum((1,2,3,4),−10) |

需要特别注意的是，pow(2,3,5)的含义是 pow(2,3)%5，结果为 3。另外，max()函数还有另外一种形式：max(−9.9,0,key=abs)，其中的第 3 个参数是运算规则，结果是取绝对值后再求最大值数据。

### 6.5.2 字符串运算函数

字符串运算函数就是操作字符串的方法，它提供了大小写转换、查找替换、拆分合并等功能，详见第 3 章。

### 6.5.3 转换函数

转换函数主要用于不同数据类型之间的转换，常用的内置转换函数如表 6-2 所示。

表 6-2 常用的内置转换函数

| 函 数 名 | 功 能 说 明 | 示 例 |
|---|---|---|
| bool() | 根据传入的参数返回一个布尔值 | bool('str')、bool(0) |
| int() | 根据传入的参数返回一个整数 | int(3)、int(3.6) |
| float() | 根据传入的参数返回一个浮点数 | float(3)、float('3.4') |
| complex() | 根据传入的参数返回一个复数 | complex('1+2j')、complex(1,2) |
| str() | 返回一个对象的字符串表现形式 | str(123)、str('abc') |
| ord() | 返回 Unicode 字符对应的整数 | ord('a') |
| chr() | 返回整数所对应的 Unicode 字符 | chr(97) |
| bin() | 将整数转换成二进制字符串 | bin(3) |
| oct() | 将整数转换成八进制数字符串 | oct(10) |
| hex() | 将整数转换成十六进制字符串 | hex(15) |

📖 **提示** int()不传入参数时，返回值为 0；float()不传入参数时，返回值为 0.0；complex() 的两个参数都不提供时，返回复数 0j。

### 6.5.4 序列操作函数

序列作为一种重要的数据结构，包括字符串、列表、元组等，表 6-3 中的函数主要针对列表、元组两种数据结构。

**表 6-3 常用的序列操作函数**

| 函 数 名 | 功 能 说 明 |
|---|---|
| all() | 判断可迭代对象的每个元素是否都为 True 值 |
| any() | 判断可迭代对象是否有值为 True 的元素 |
| range() | 产生一个序列，默认从 0 开始 |
| map() | 使用指定方法操作传入的每个可迭代对象的元素，生成新的可迭代对象 |
| filter() | 使用指定方法过滤可迭代对象的元素 |
| reduce() | 使用指定方法累积可迭代对象的元素 |
| zip() | 聚合传入的每个迭代器中相同位置的元素，返回一个新的元组类型迭代器 |
| sorted () | 对可迭代对象进行排序，返回一个新的列表 |
| reversed() | 反转序列生成新的可迭代对象 |

序列操作相对较复杂，下面分类介绍其各种函数。

**1．all()和 any()函数**

all()函数的参数一般是可迭代的数据类型，如果函数参数中每个元素的值都是 True，则返回 True；否则返回 False。any()函数与 all()函数不同，只要参数的任何一个元素值是 True，则返回 True，全部元素值都是 False 时，返回 False。

需要注意的是，如果组合数据类型的元素为整数 0、空字符串时，all()函数返回 False；但将不含任何元素的空列表、空元组用作 all()函数的参数时，则返回 True。

**例 6-23** all()和 any()函数的应用。

```
>>> all([1,2])        # 列表中每个元素的值均为 True, 返回 True
True
```

```
>>> all([0,1,2])        # 列表中元素 0 的逻辑值为 False, 返回 False
False
>>> all(())             # 空元组
True
>>> all({})             # 空字典
True
>>> any([0,1,2])        # 列表元素有一个为 True, 则返回 True
True
>>> any([0,0])          # 列表元素全部为 False, 则返回 False
False
>>> any([])             # 空列表
False
```

### 2. range()函数

range()函数返回的是一个可迭代对象，多用于 for 循环中。可以使用 list()函数将其转换为一个列表。range() 函数的语法格式如下。

```
range(start, stop[, step])
```

其中，start 表示计数开始，默认值为 0；stop 表示计数结束（不包含 stop）；step 表示步长，默认值为 1。

**例 6-24**　range()函数的应用。

```
>>> r1 = range(10)              # 从 0 开始到 9
>>> print(list(r1))
[0, 1, 2, 3, 4, 5, 6, 7, 8, 9]
>>> r2 = range(1, 11)           # 从 1 开始到 10
>>> print(list(r2))
[1, 2, 3, 4, 5, 6, 7, 8, 9, 10]
>>> r3 = range(0, 10, 3)        # 步长为 3
>>> print(list(r3))
[0, 3, 6, 9]
>>> r4 = range(0, -10, -1)      # 步长为负数
>>> print(list(r4))
[0, -1, -2, -3, -4, -5, -6, -7, -8, -9]
>>> type(r4)                    # range 类型
<class 'range'>
>>>
```

### 3. map()函数

map()函数用于将指定序列中的所有元素作为参数，通过指定函数，将结果构成一个新的序列返回。其语法形式如下。

```
map(function,iter1[,iter2,…])
```

map()函数的参数可以有多个序列，序列个数由映射函数 function 的参数个数决定。简单地说，就是根据指定的映射函数对多个参数序列进行运算，从而形成新的序列。例 6-25 中 map()函数的返回值是迭代器对象 map，通过 list()函数可以将其转换为列表对象以方便显示。

**例 6-25**　map()函数的应用。

```
>>> m1 = map(lambda x,y:x*y,[3,4,5],[4,5,6])
>>> type(m1)
<class 'map'>
>>> print(m1)
<map object at 0x03EAC690>
>>> print(list(m1))
[12, 20, 30]
```

在上述代码中，匿名函数 lambda x,y:x*y 是 map()函数的第 1 个参数，因为 lambda 函数有两个参数，map()函数后面需要接两个列表作为 lambda 函数的参数。

运算结果类型为 map，最后将其转换为列表打印显示。

在例 6-26 的代码中，map()函数的第 1 个参数是一个求阶乘的函数，第 2 个参数是一个元组。

**例 6-26** map()函数的应用。

```
>>> def fact(n):
...     t = 1
...     for i in range(1,n+1):
...             t = t * i
...     return t

>>> m2 = map(fact,(3,4,5,6))
>>> print(list(m2))
[6, 24, 120, 720]
```

### 4．filter()函数

filter()函数用于对指定序列执行过滤操作，其语法格式如下。

```
filter(function, iter)
```

其中，第 1 个参数 function 是用于过滤的函数名称，该函数只能接收一个参数，且该函数的返回值为布尔值；第 2 个参数是列表、元组或字符串等序列类型。

filter()函数的作用是对序列参数 iter 中的每个元素分别执行 function 函数，并返回执行结果为 True 的元素。

**例 6-27** filter()函数的应用。

```
# filter()函数的第 1 个参数是 lambda 函数，筛选奇数
>>> f1 = filter(lambda x:x%2,[1,2,3,4,5])
>>> print(list(f1))
[1, 3, 5]
# filter()函数的第 1 个参数是 vowel()函数，筛选含有元音字符的单词
>>> def vowel(word):
... if word.find('a')>=0 or word.find('e')>=0 or word.find('i')>=0\
...     or word.find('o')>=0 or word.find('u')>=0:
...         return word
>>> f2 = filter(vowel,["python","php","java","c++","html"])
>>> print(list(f2))
['python', 'java']
```

### 5．reduce()函数

reduce()函数用于将指定序列中的所有元素作为参数，并按一定的规则调用指定函数，语法格式如下。

```
reduce(function,iter)
```

其中，function 是映射函数，必须有两个参数。reduce()函数首先用序列 iter 的第 1 个和第 2 个元素作为参数调用 function，然后将返回结果与序列的第 3 个元素作为参数再次调用 function，以此类推，直至处理到序列的最后一个元素，才将计算结果作为 reduce()函数的返回值。

需要说明的是，自 Python 3 以后，reduce()函数就不再是 Python 的内置函数了，用户需要从 functools 模块中导入后才能调用 reduce()函数。

**例 6-28** reduce()函数的应用。

```
>>> from functools import reduce
>>> r1 = reduce(lambda x,y:x+y,(1,2,3,4,5))
>>> print(r1)
15
# reduce()函数的第 3 个参数设置初值为 10000
>>> r2 = reduce(lambda x,y:x+y,(1,2,3,4,5),10000)
>>> print(r2)
```

```
10015
# 基于整数列表生成整数数值
>>> r3 = reduce(lambda x,y: x*10+y, [1,2,3,4,5])
>>> print(r3)
12345
```

### 6. zip()函数

zip()函数以一个或多个序列作为参数，将序列中的元素打包成多个元组，并返回由这些元组组成的列表。其语法格式如下。

```
zip(iter1[,iter2,…])
```

**例 6-29** zip()函数的应用。

```
# 由一个列表生成的元组
>>> z1 = zip([1,3,5])
>>> print(list(z1))
[(1,), (3,), (5,)]
# 由两个列表生成的元组，参数是列表
>>> z2 = zip([1,3,5],[2,4,6])
>>> print(list(z2))
[(1, 2), (3, 4), (5, 6)]
# 由三个列表生成的元组，参数是元组
>>> z3 = zip((1,3,5),(2,4,6),('a','b','c'))
>>> print(list(z3))
[(1, 2, 'a'), (3, 4, 'b'), (5, 6, 'c')]
# 由不同长度序列生成的元组，返回列表长度与最短列表相同
>>> z4 = zip([1,3,5,7],[2,4,6],['a','b','c'])
>>> print(list(z4))
[(1, 2, 'a'), (3, 4, 'b'), (5, 6, 'c')]
>>> type(z1)
<class 'zip'>
```

### 7. reversed()函数和sorted()函数

reversed()函数用于反转序列，生成新的可迭代对象；sorted()函数对可迭代对象进行排序，返回一个新的列表。

**例 6-30** reversed()函数的应用。

```
>>> r1 = range(10)
>>> r2 = reversed(r1)          # r2 是反转的可迭代对象
>>> type(r2)
<class 'range_iterator'>
>>> list(r2)
[9, 8, 7, 6, 5, 4, 3, 2, 1, 0]
```

sorted()函数接收 3 个参数，返回一个排序之后的 list。其中，参数是一个可迭代的对象；参数 reverse 是一个布尔值，选择是否反转排序结果；参数 key 接收一个回调函数，这个回调函数只能有一个参数，将这个函数的返回值作为排序依据。

**例 6-31** sorted()函数的应用。

```
>>> str1 = ['a','b','d','c','B','A']
# 默认按字符的 ASCII 码排序
>>> sorted(str1)
['A', 'B', 'a', 'b', 'c', 'd']
# 转换成小写字母后再排序
>>> sorted(str1,key=str.lower)
['a', 'A', 'b', 'B', 'c', 'd']
>>> sorted(str1,reverse=True,key=str.lower)
['d', 'c', 'b', 'B', 'a', 'A']
```

### 6.5.5 Python 操作相关函数

Python 操作相关函数包括 help()、dir()、id()、hash()等，用于查询对象或方法的信息。

**1. help()函数**

help()函数用于显示指定参数的帮助信息。其语法格式如下。

```
help(parameters)
```

如果参数 parameters 是一个字符串，则会自动搜索以参数命名的模块、方法等；如果参数 parameters 是一个对象，则会显示这个对象的类型的帮助信息。

**例 6-32** help()函数的应用。

```
# 显示 reduce()函数的相关信息
>>> help(reduce)
Help on built-in function reduce in module _functools:

reduce(...)
    reduce(function, sequence[, initial]) -> value

    Apply a function of two arguments cumulatively to the items of a sequence,
    from left to right, so as to reduce the sequence to a single value.
    For example, reduce(lambda x, y: x+y, [1, 2, 3, 4, 5]) calculates
    (((((1+2)+3)+4)+5).  If initial is present, it is placed before the items
    of the sequence in the calculation, and serves as a default when the
    sequence is empty.
# 显示列表对象的相关信息
>>> help([])
Help on list object:

class list(object)
 |  list() -> new empty list
...
```

**2. dir()函数**

dir()函数用于返回对象或者当前作用域内的属性列表。其语法格式如下。

```
dir(parameters)
```

**例 6-33** dir()函数的应用。

```
>>> dir(zip)
['__class__', '__delattr__', '__dir__', '__doc__', '__eq__', '__format__', '__ge__','__getattribute__', '__gt__', '__hash__', '__init__', '__init_subclass__', '__iter__', '__le__', '__lt__', '__ne__', '__new__', '__next__', '__reduce__', '__reduce_ex__', '__repr__', '__setattr__', '__sizeof__', '__str__', '__subclasshook__']
>>> import math
>>> dir(math)
['__doc__', '__loader__', '__name__', '__package__', '__spec__', 'acos', 'acosh', 'asin', 'asinh', 'atan', 'atan2', 'atanh', 'ceil', 'copysign', 'cos', 'cosh', 'degrees','e', 'erf', 'erfc', 'exp', 'expm1', 'fabs', 'factorial', 'floor', 'fmod', 'frexp', 'fsum', 'gamma', 'gcd', 'hypot', 'inf', 'isclose', 'isfinite', 'isinf', 'isnan', 'ldexp', 'lgamma', 'log', 'log10', 'log1p', 'log2', 'modf', 'nan', 'pi', 'pow', 'radians', 'sin', 'sinh', 'sqrt', 'tan', 'tanh', 'tau', 'trunc']
```

**3. type()函数和 id()函数**

type()函数用于返回对象的数据类型，可用来调试程序或查看对象信息。id()函数用于返回对象的唯一标识符。

**例 6-34** type()函数和 id()函数的应用。

```
>>> lst1 = [1,2,3]
>>> lst2 = lst1
>>> lst3 = lst1.copy()
```

```
>>> id(lst1),id(lst2),id(lst3)
(65755776, 65755776, 65755936)
>>> type([])
<class 'list'>
```

### 4．hash()函数

hash()函数用于获取对象的哈希值。

练习

（1）写出下面函数的运行结果。

```
>>> divmod(9.4,4)
>>> divmod(9,4)
>>> pow(3,0.5)
>>> sum((1,2,3,4),-10)
>>> sum((1,2,3,4))
>>> sum(1,2,3,4)
>>> name = "alan TURING"
>>> print(name.title())
>>> print(name.upper())
>>> print(name.lower())
>>> all([1,True,True])
```

（2）写出下面程序的运行结果。

```
lst = []
for i in range(26):
    lst.append(chr(i+ord("a")))
print(lst)
```

## 6.6 利用 AI 工具辅助模块化编程*

应用 AI 工具可以很方便地生成函数，并可以通过追问定义多个函数，实现函数的调用，进一步实现模块化编程。

**例 6-35** 利用 DeepSeek 实现模块化编程：输出一个列表中的所有素数。

USER：请用 Python 编写一个函数，功能是判断一个整数是否是素数。函数定义如下。
```
###
def isPrime(n)
###
```

AI：在 Python 中，你可以通过定义一个名为 isPrime 的函数来判断一个整数 n 是否是素数。素数是指只能被 1 和它本身整除的大于 1 的自然数。以下是一个实现这个功能的 Python 函数示例。

```
def isPrime(n):
    # 小于 2 的数不是素数
    if n < 2:
        return False
    # 检查从 2 到 n 的平方根（包含）之间的数是否能整除 n
    for i in range(2, int(n**0.5) + 1):
        if n % i == 0:
            return False
    return True

# 测试函数
print(isPrime(2))   # 应该输出 True
print(isPrime(3))   # 应该输出 True
print(isPrime(4))   # 应该输出 False
```

（其他回答略）

USER：请用 Python 编写一个函数 printprime(lst)，功能是输出一个列表中的所有素数，该函数调用 isPrime(n)函数。

```
###
def isPrime(lst)
###
```

AI：我们需要定义一个 printPrime(lst)函数，它接受一个整数列表作为参数。然后，遍历这个列表，对于列表中的每个元素，调用 isPrime(n)函数（这个函数需要我们先定义好）来判断该元素是否是素数。

步骤如下。

（1）定义 isPrime(n)函数（使用高效版本）。

（2）定义 printPrime(lst)函数，遍历列表 lst，对每个元素调用 isPrime，如果是素数则打印。

```
def printPrime(lst):
    """输出列表中的所有素数"""
    # 从列表中提取素数
    primes = [num for num in lst if isPrime(num)]

    # 输出结果
    if not primes:
        print("列表中没有素数")
    else:
        print("列表中的素数有: ")
        for prime in primes:
            print(prime)

# 测试
if __name__ == "__main__":
    # 测试数据
    numbers = [1, 2, 3, 4, 5, 6, 7, 8, 9, 10, 11, 12, 13, 14, 15, 97, 100]

    # 输出素数
    printPrime(numbers)
```

由以上输出结果可以看出，测试部分的代码调用了 printPrime(lst)函数，printPrime(lst)函数又调用了 isPrime(n)函数，实现了模块化编程。

# 习　题　6

## 1．选择题

（1）Python 用来创建自定义函数的关键字是哪一项？（　　　）

    A．function　　　　　B．def　　　　　　　C．class　　　　　　　　D．return

（2）关于函数参数的描述中，**不正确**的是哪一项？（　　　）

    A．Python 实行按值传递参数，值传递是指调用函数时将常量或变量的值传递给函数的参数

    B．实参与形参分别存储在各自的内存空间中，是两个不相关的独立变量

    C．在函数内部改变形参的值时，实参的值一般是不会改变的

    D．实参与形参的名字必须相同

（3）下列哪一项**不属于**函数的参数类型？（　　　）

    A. 位置参数　　　　B. 默认参数　　　C. 可变参数　　　D. 地址参数

（4）语句 print(type(lambda:None))的运行结果是哪一项？（　　　）

    A. &lt;class 'NoneType'&gt;　　　　　　B. &lt;class 'function'&gt;

    C. &lt;class tuple'&gt;　　　　　　　　D. &lt;class 'type'&gt;

（5）语句 f=lambda x,y:x*y; f(2,6)的运行结果是哪一项？（　　　）

    A. 2　　　　　　　B. 6　　　　　　C. 12　　　　　D. 8

（6）下列程序的运行结果是哪一项？（　　　）

```
s = "hello"
def setstr():
    s = "hi"
    s += "world"
setstr()
print(s)
```

    A. hi　　　　　　　B. hello　　　　C. hiworld　　　D. helloworld

（7）下列程序的运行结果是哪一项？（　　　）

```
def fun1():
    '''Test Function'''
    pass
print(fun1._doc_)
```

    A. None　　　　　　B. pass　　　　C. Test Function　D. False

（8）下列哪个函数**不属于**序列操作函数？（　　　）

    A. map()　　　　　B. reduce()　　　C. filter()　　　D. lambda

（9）以下的函数定义中，**不正确**的是哪一项？（　　　）

    A. def vfunc(a,b=2):　　　　　　B. def vfunc(a,b):

    C. def vfunc(a,*b):　　　　　　D. def vfunc(*a,b):

（10）运行以下程序，输出结果是哪一项？（　　　）

```
def calu(x=3,y=2):
    return(x*y)

a = 'abc'
b = 2
print(calu(a,b),end=",")
```

    A. abcabc,　　　　B. abcabc　　　C. 6　　　　　D. abcabc,6

（11）运行以下程序，输入 fish520，输出结果是哪一项？（　　　）

```
w = input()
for x in w:
    if '0'<=x<='9':
        continue
    else:
        w.replace(x,"")
print(w)
```

    A. fish520　　　　B. fish　　　　C. 520　　　　D. 520fish

（12）运行以下程序，输出结果是哪一项？（　　　）

```
def loc_glo(b=2,a=4):
    global z
    z+ = 3 *a + 5 *b
    return z
```

```
z=10
print(z,loc_glo(4,2))
```
  A．1036      B．3232      C．3636      D．1032

## 2．简答题

（1）函数传递时，用基本数据类型和组合数据类型作参数，有什么区别？请举例说明。

（2）函数的可变参数有哪几种？各有什么特点？

（3）什么是默认参数？

（4）在内置函数中，列出5种常用的数学运算函数和字符运算函数。

（5）global语句的功能是什么？

## 3．阅读程序

下面的程序用于模拟Python内置函数sorted()的功能。在函数sorting(ls)中，参数ls是一个包含若干数值的列表，函数的返回值为排序后的列表，但实参ls不发生变化。完善程序，在【代码1】和【代码2】处补充合适的内容。

```
def sorting(ls):
    m = ls.copy()
    r = []
    for i in 【代码1】:
        t = min(m)
        r.append(t)
        【代码2】
    return r
#主程序
ls = [11,2,34,41,25]
print("排序后的结果: ",sorting(ls))
print("原列表不变: ",ls)
```

## 4．编程题

（1）编写函数isodd(x)，如果x不是整数，给出提示后退出程序；如果x为奇数，返回True；如果x为偶数，返回False。

（2）编写函数change(str1)，对参数str1进行大小写转换，将大写字母转换成小写字母；小写字母转换成大写字母；非英文字符不转换。

（3）编写并测试函数gcd(m, n)和lcm(m, n)，分别返回两个正整数m、n的最大公约数和最小公倍数。

（4）编写并测试函数reverse(x)，输入一个整数x，并将各位数字反转后输出。

（5）用递归方法反转一个字符串，如将"abcde"反转为"edcba"。

（6）编写函数计算$1^2 - 2^2 + 3^2 - 4^2 + \cdots + 97^2 - 98^2 + 99^2$的值。

# 第7章 用类实现抽象和封装*

程序或函数是对语句的封装，可以批量地执行源代码，既增强了程序的抽象能力，又支持了代码复用。更高层次的抽象和封装则是面向对象的程序设计，它不但可以封装代码，还可以封装操作的数据。

面向对象程序设计的核心思想是运用现实世界的概念，抽象地思考问题，从而自然地解决问题。面向对象的程序设计能更好地支持代码复用和设计复用，适用于大型软件的设计与开发。本章将介绍 Python 面向对象的基本特性，重点介绍类和对象的概念，以及类的封装、继承、多态等知识。

## 7.1 面向对象编程概述

### 7.1.1 面向对象编程的概念

#### 1．面向对象程序设计

**面向对象**（object oriented）是一种符合人类思维习惯的编程思想。客观世界中存在多种形态的事物，这些事物之间存在着各种各样的联系。在程序中使用对象来模拟现实中的事物，使用对象之间的关系来描述事物之间的联系，这种思想就是面向对象。

基于面向对象思想的程序设计方法被称为**面向对象的程序设计**（object oriented programming）。对象是由数据和对数据的操作组成的封装体，它与客观事物存在着对应关系。对象之间通过传递消息来模拟现实世界中不同事物之间的联系。

#### 2．与面向过程程序设计的比较

面向过程的程序设计方法也称结构化程序设计，首先强调分析解决问题所需要的步骤，然后用函数实现这些步骤，最后通过函数调用完成指定功能。面向过程的程序设计以算法为核心，在计算机内部用数据描述事物，程序则用于处理这些数据，程序执行过程中可能出现正确的程序使用错误的数据的情况。

面向对象的程序设计首先把待解决的问题按照一定规则划分为多个独立的对象，然后通过方法调用来实现多个对象相互作用，完成应用程序的功能，当应用程序功能发生改变时，只需要修改个别的对象就可以了，从而使代码容易得到维护。

#### 3．对象和类

**对象**（object）对应客观世界的事物。将描述事物的一组数据和与这组数据有关的操作封装在一起，形成一个实体，这个实体就是对象。具有相同或相似性质的对象的抽象就是**类**（class）。因此，对象的抽象是类，类的具体化就是对象。例如，如果汽车是一个类，则一辆具体的汽车就是一个对象。

### 7.1.2 面向对象编程的特点

Python 支持面向对象的程序设计思想，应用程序的结构更加清晰。面向对象程序设计的特点可以概括为封装性、继承性和多态性，下面简单介绍这 3 个特性。

**1．封装性**

将数据和对数据的操作组织在一起，定义一个新类的过程就是**封装**（encapsulation）。封装是面向对象的核心思想，通过封装，对象向外界隐藏了实现细节，对象以外的事物不能随意获取对象的内部属性，提高了对象的安全性，有效地避免了外部错误对它产生的影响，减少了软件开发过程中可能发生的错误，降低了软件开发的难度。

例如，我们使用手机的功能菜单就可以操作手机，而不必要知道手机内部的工作细节，这就是一种封装。

**2．继承性**

**继承**（inheritance）描述的是类之间的关系，在这种关系中，一个类共享了一个或多个其他类定义的数据和操作。继承的类（子类）可以对被继承的类（父类）的操作进行扩展或重新定义。

通过继承，可以在无须重新编写原有类的情况下，对原有类的功能进行扩展。例如，有一个汽车的类，该类中描述了汽车的共有特性和功能，而描述轿车的类中不仅应该包含汽车的特性和功能，还应该增加轿车特有的功能，这时，可以让轿车类继承汽车类，在轿车类中单独添加轿车特性的方法就可以了。

继承增强了代码复用性，提高了开发效率，为程序的修改补充提供了便利。但继承增加了对象之间的联系，使用时需要考虑父类的改变对子类的影响。

**3．多态性**

**传统的多态**（polymorphism）是指类中的方法重载，即一个类中有多个同名（不同参数）的方法，方法调用时，根据不同的参数选择执行不同的方法。

Python 的多态主要发生在继承过程中，当一个类中定义的属性和方法被其他类继承后，它们可以表现出不同的行为，这使得同一个属性和方法在不同的类中具有不同的语义。例如，当听到 "Cut" 这个单词时，理发师的行为是剪发，演员的行为是停止表演。不同的对象，所表现的行为是不一样的。

面向对象的编程思想需要通过大量的实践去学习和理解，从而领悟面向对象的精髓。本章后续的内容将围绕面向对象的 3 个特性（封装、继承、多态）来讲解 Python 的面向对象程序设计。

## 7.2 创建类与对象

微课视频

面向对象的编程思想希望程序中描述的事物与该事物在现实中的形态保持一致，为了实现这种思想，面向对象程序设计中提出了类和对象两个概念。

例如，可以将动物看作一个类，这个类具有高度、体重、颜色等特征，具有运动、发声等动作，而具体的某一只动物可以被看作一个对象。由此可以看出，类用于描述多个对象的共同特征，它是对象的模板；对象用于描述现实中的个体，它是类的实例。

### 7.2.1　创建类

面向对象思想的核心是对象，为了在程序中创建对象，需要先定义一个类。类是对象的抽象，用于描述一组对象的共同特征和行为。对象的特征（属性）用成员变量描述，对象的行为（方法）用成员方法描述。在面向对象编程的描述中，对象和实例是同义的，成员变量、实例变量和成员属性是同义的，成员方法、实例方法和成员函数也是同义的，不必仔细区分。

接下来通过一个示例来介绍如何定义一个类。

**例 7-1**　创建类。

```
1   # ex0701.py
2   class Dog:
3       num = 0                         # 类变量
4       def __init__(self,id=0,color="yellow"):     # 构造方法
5           self.id = id                # 成员变量
6           self.color = color
7
8       def enjoy(self):                # 成员方法
9           print("wangwang")
10  dog = Dog()
11  dog.enjoy()
```

Python 使用 class 关键字来声明一个类，语法格式如下。

```
class 类名:
    类的属性(成员变量)
    ...
    类的方法(成员方法)
    ...
```

类由 3 部分组成。

- 类名：类的名称，通常它的首字母大写。
- 属性：用于描述事物的特征，如人的姓名、年龄等。
- 方法：用于描述事物的行为，如人具有说话、微笑等行为。

例 7-1 使用关键字 class 定义了一个名称为 Dog 的类，类中有一个名为 enjoy() 的成员方法。从示例中可以看出，方法和函数的格式是一样的，主要区别在于成员方法必须显式地使用一个 self 参数，而且位于参数列表的开头。self 代表对象本身，可以用来引用对象的属性和方法，后面将结合示例来介绍 self 参数。

### 7.2.2　创建对象

程序想要实现具体的功能，仅有类是不够的，还要根据类来创建对象。在 Python 中，使用如下语法来创建一个对象。

```
对象名 = 类名()
```

例如，创建 Dog 类的一个对象 dog，语法格式如下。

```
dog = Dog()
```

在上述代码中，dog 实际上是一个变量，它用来访问对象的属性和方法。可以为对象添加属性，代码如下。

```
对象名.属性名=值
```

例如，为 dog 对象添加 weight 属性，代码如下。

```
dog.weight = 52
```

下面通过一个完整的示例来演示如何创建对象、添加属性，并调用方法。

**例 7-2** 创建对象。

```
1    # ex0702.py
2    class Dog:
3        num = 0                    # 类变量
4        def __init__(self,id=0,color="yellow"):#构造方法
5            self.id = id
6            self.color=color
7        def enjoy(self):           # 成员方法
8            print("wangwang")
9        def show(self,mass):
10           print("重量{}千克".format(mass))
11           print("颜色{}".format(self.color))
12   dog = Dog(color="grey")
13   dog.weight = 52               # 为类添加属性
14   dog.show(dog.weight)
15   dog.enjoy()
```

在例 7-2 中，首先定义了一个 Dog 类，类中定义了 enjoy()和 show()两个成员方法，然后创建了 Dog 类的对象 dog，在第 13 行动态地添加了 weight 属性且赋值为 52，之后依次调用了 show()方法和 enjoy()方法，输出了 dog 对象的属性值。

程序运行的结果如下。

```
>>>
重量 52 千克
颜色 grey
wangwang
>>>
```

## 7.3 构造方法和析构方法

Python 的类提供了两个比较特殊的方法：__init__()和__del__()，分别用于初始化对象的属性和释放对象所占用的资源，被称为构造方法和析构方法。

### 7.3.1 构造方法

微课视频

类中定义的名字为__init__()的方法（分别以两个下画线 "_" 开头和结尾）被称为**构造方法**。一个类定义了__init__()方法以后，创建对象时，就会自动为新生成的对象调用该方法。构造方法一般用于为对象数据成员设置初值或进行其他必要的初始化工作。如果未定义构造方法，Python将提供一个默认的构造方法。

**例 7-3** 使用无参数的构造方法构造对象。

```
1    # ex0703.py
2    class Dog:
3        def __init__(self):          # 构造方法
4            self.color = "black"      # 初始化对象的color属性值为"black"
5        def show(self):
6            print("颜色{}".format(self.color))
7
8    dog =Dog()                       # 构造对象
9    dog.show()
```

程序运行时，在第 8 行构造对象 dog 时，自动调用第 3 行的__init__()方法。初始化对象后，执行第 9 行的语句，输出 "颜色 black" 的信息。

例 7-4 的代码为__init__()方法增加了参数，对象初始化时，将参数值传递给对象的属

用类实现抽象和封装* **第7章**

性。在\_\_init\_\_()方法中为参数设置默认值，构造对象更为灵活。

**例 7-4** 使用带参数的\_\_init\_\_()方法构造对象。

```
1    # ex0704.py
2    class Dog:
3        def __init__(self,id=0,color="yellow"): # 构造方法
4            self.id = id
5            self.color = color
6        def show(self):
7            print("id值:{} 颜色:{}".format(self.id,self.color))
8    dog1 = Dog()                     # 构造dog1对象
9    dog1.show()
10   dog2 = Dog(101,"black")          # 构造dog2对象
11   dog2.show()
```

程序的运行结果如下。

```
>>>
id值:0 颜色:yellow
id值:101 颜色:black
>>>
```

### 7.3.2 析构方法

Python 中的\_\_del\_\_()方法是**析构方法**，析构方法与构造方法相反，它用来释放对象占用的资源。当不存在对象的引用时（例如，对象所在的函数已调用完毕），析构方法在 Python 收回对象空间时自动执行。如果用户未定义析构方法，Python 将会提供一个默认的析构方法进行必要的清理工作。

**例 7-5** 使用析构方法删除对象。

```
1    # ex0705.py
2    class Dog:
3        def __init__(self):    # 构造方法
4            self.color = "black"
5        def show(self):
6            print("颜色:{},id:{}".format(self.color,self.id))
7        def __del__(self):
8            print("对象被清除")
9    dog = Dog()
10   dog.id = 1
11   dog.show()
```

程序执行后，第 9 行构造了 dog 对象，第 11 行显示对象 dog 的信息。程序的运行结果如下。

```
>>>
颜色:black,id:1
>>> id(dog)
1555116711600
>>> del dog
对象被清除
>>> id(dog)
Traceback (most recent call last):
  File "<pyshell#4>", line 1, in <module>
    id(dog)
NameError: name 'dog' is not defined
>>>
```

在 IDLE 的交互方式下，使用 id(dog)函数查看对象的内存地址为 1555116711600；接着，执行"del dog"语句，删除 dog 对象，自动执行析构方法，显示"对象被清除"的提示信

息；再次使用 id(dog)函数查看对象，因为 dog 对象已被删除，程序报告异常，并给出了
"NameError: name 'dog' is not defined" 的提示。

通过运行结果可以看出，当程序执行完毕时，dog 对象还是存在的，调用析构方法后，
对象才被删除。

📖 提示　Python 的析构方法通常不是严格意义上的自动立即执行的，当对象不再被引用
时，垃圾回收器会在特定条件下执行析构方法。

### 7.3.3　self 参数

在例 7-5 中，成员方法的第 1 个参数是 self。self 的意思是"自己"，表示对象自身，
当某个对象调用成员方法的时候，Python 解释器会自动把当前对象作为第 1 个参数传给
self，用户只需要传递后面的参数就可以了。

📖 提示　成员方法的第 1 个参数通常命名为 self，但使用其他参数名也是合法的。

下面通过一个示例来帮助读者理解 self 的应用。

例 7-6　self 参数的应用。

```
1    # ex0706.py
2    class Animal:
3        '''
4        未定义构造方法，使用默认的构造方法
5        def __init__(self):
6            self.color = color
7        '''
8        num = 0                    # 类属性
9        # enjoy()方法和show()方法使用self参数
10       def enjoy(self):
11           print("wangwang")
12
13       def show(self,args):
14           print("重量{}千克".format(self.weight))
15   ani = Animal()
16   ani.weight = 52
17   ani.enjoy()
18   ani.show()
```

例 7-6 定义了一个 Animal 类，程序没有定义构造方法，而是使用默认的构造方法，然
后通过赋值语句，在第 16 行为对象 ani 添加 weight 属性。程序运行结果如下。

```
>>>
wangwang
重量 52 千克
>>>
```

### 7.3.4　成员变量和类变量

类中的变量分为两种类型：一种是成员变量（实例属性），另一种是
类变量（类属性）。**成员变量**是在构造方法 __init__()中定义的，通过 self
参数引用；**类变量**是在类中方法之外定义的变量。在类的外部，成员变量
属于对象，只能通过对象名访问；类变量属于类，既可以通过类名访问，
又可以通过对象名访问，被类的所有对象共享。

微课视频

例 7-7　定义含有成员变量（名字 name、颜色 color）和类变量（数量

用类实现抽象和封装* 第 7 章

num）的 Animal 类。

```
1    # ex0707.py
2    class Animal:
3        num = 0          # 类变量
4        def __init__(self,aname,acolor):      # 构造方法
5            self.name = aname          # 成员变量，即实例变量
6            self.color = acolor
7        def show(self):                    # 成员方法，类变量用类名访问
8            print("名字:{}，颜色：{}，数量：{}".format(self.name,self.color,
Animal.num))
9    ani1 = Animal("fish","white")
10   ani2 = Animal("bird","green")
11   ani1.show()
12   ani2.show()
13   Animal.num = 2      # 修改类变量的值
14   ani1.show()
15   ani2.show()
```

程序运行后，第 9 行和第 10 行创建了 ani1 和 ani2 两个对象，第 11 行和第 12 行显示了两个对象的信息；第 13 行修改了类变量 num 的值，从第 14 行和第 15 行的运行结果可以看出，ani1 和 ani2 两个对象的 num 值都发生了改变。程序运行结果如下。

```
>>>
名字:fish,颜色：white,数量：0
名字:bird,颜色：green,数量：0
名字:fish,颜色：white,数量：2
名字:bird,颜色：green,数量：2
>>>
```

### 7.3.5　类方法和静态方法

在 Python 中，类的变量可分为成员变量和类变量两种。类中的方法可分为以下 3 种：成员方法、类方法、静态方法。成员方法由对象调用，方法的第 1 个参数默认是 self，构造方法和析构方法也属于成员方法；类方法和静态方法都是属于类的方法，可以由类名调用。下面分别介绍其应用。

#### 1．类方法

修饰器@classmethod 用来标识**类方法**，语法格式如下。

```
class 类名：
    @classmethod
    def 类方法名(cls):
        方法体
```

在上述格式中，类方法的第 1 个参数为 cls，代表定义类方法的类，通过 cls 参数可以访问类的属性。类方法既可以通过对象名调用，也可以通过类名调用，这两种方法没有任何区别。

下面通过例 7-8 来说明类方法的应用。

**例 7-8**　类中定义的实例方法和类方法。

```
1    # ex0708.py
2    class DemoClass1:
3        def instanceMethod(self):          # 实例方法
4            print("instance method")
5        @classmethod
6        def classMethod1(cls):              # 类方法
7            print("class method")
8    obj = DemoClass1()
9    obj.instanceMethod()
```

```
10    obj.classMethod1()
11    DemoClass1.classMethod1()
```

在例 7-8 中，定义了一个 DemoClass1 类。在 DemoClass1 类中添加了一个成员方法和一个类方法，最后，对象 obj 调用了成员方法和类方法，用类名调用了类方法，程序运行的结果如下。

```
>>>
instance method
class method
class method
>>>
```

📖 **提示**  类方法是无法访问成员变量的，但是可以访问类变量。

在例 7-9 的 DemoClass2 类中，构造方法 __init__()完成了对象初始化工作，year、month、day 是对象的属性。程序第 18 行创建对象 rq1，第 19 行输出对象 rq1 的信息。

为了扩展程序的功能，方便处理字符串格式的日期，在 DemoClass2 类中创建一个用 @classmethod 修饰的类方法 get_date(cls,string_date)。该方法的第 1 个参数 cls 代表当前类，第 2 个参数是字符串格式的日期，通过代码 year,month,day=map(int,string_date.split('-'))，将字符串解析出来，得到 year、month、day 的值，再通过代码 date1=cls(year,month,day)，使用 DemoClass2 的构造方法完成对象的初始化。

**例 7-9**  类方法的应用。

```
1    # ex0709.py
2    class DemoClass2:
3        def __init__(self, year=0, month=0, day=0):
4            self.day = day
5            self.month = month
6            self.year = year
7
8        @classmethod
9        def get_date(cls, string_date):
10            # 第一个参数 cls，表示调用当前的类名
11            year, month, day = map(int, string_date.split('-'))
12            date1 = cls(year, month, day)
13            return date1  # 返回的是一个初始化后的类
14
15        def output_date(self):
16            print("year:", self.year, "month:", self.month, "day:", self.day)
17
18    rq1 = DemoClass2(2024, 6, 2)
19    rq1.output_date()
20    rq2 = DemoClass2.get_date("2024-6-6")
21    rq2.output_date()
```

程序运行结果如下。

```
>>>
year: 2024 month: 6 day: 2
year: 2024 month: 6 day: 6
>>>
```

## 2．静态方法

修饰器@staticmethod 用来标识**静态方法**，语法格式如下。

```
class 类名:
    @staticmethod
    def 静态方法名():
        方法体
```

　用类实现抽象和封装* | **第 7 章**

在上述格式中，静态方法的参数列表中没有任何参数。由于静态方法没有 self 参数，所以它无法访问类的成员变量；静态方法也没有 cls 参数，所以它也无法访问类变量。静态方法跟定义它的类没有直接的关系，只是起到类似函数的作用。

静态方法既可以通过对象名调用，也可以通过类名调用，二者没有任何区别。为了方便读者理解，接下来通过一个示例来说明静态方法的应用。

**例 7-10** 静态方法的应用。

```
1    # ex0710.py
2    class DemoClass3:
3        def instanceMethod(self):         # 成员方法
4            print("instance method")
5        @staticmethod
6        def staticMethod1():              # 静态方法
7            print("static method")
8    obj = DemoClass3()
9    obj.instanceMethod()
10   obj.staticMethod1()
11   DemoClass3.staticMethod1()
```

例 7-10 定义了 DemoClass3 类，类中包括一个成员方法 instanceMethod()和一个静态方法 staticMethod1()，然后创建 DemoClass3 类的对象，分别通过类和类的对象调用静态方法。程序运行的结果如下。

```
>>>
instance method
static method
static method
>>>
```

类的对象可以访问成员方法、类方法和静态方法，类可以访问类方法和静态方法。那么，成员方法、类方法和静态方法有什么区别呢？如果要修改对象的属性值，就应该使用成员方法；如果要修改类属性的值，就应该使用类方法；如果是辅助功能，如打印或绘图，这时可以考虑使用静态方法，可以在不创建对象的前提下使用。

练习

（1）构造方法和析构方法名字都是什么？
（2）类的成员方法的第 1 个参数必须命名为 self，含义是对象自身，这个说法对吗？
（3）如何定义类方法？

## 7.4 类的继承

### 7.4.1 继承的实现

继承描述的是事物之间的所属关系，通过继承可以使多种事物之间形成一种关系体系。例如，在自然界中，猴子、老虎、狗都属于动物，程序中便可以描述为猴子、老虎、狗继承于动物类，这是一种继承。又如，软件公司中的员工具有编号、姓名等属性，具有学习、开发等动作，属于雇员类，而项目经理也属于雇员，但项目经理除了具有普通雇员的动作，还有项目策划、考勤等功能，属于项目经理类，项目经理类和雇员类之间存在着继承关系。

微课视频

在 Python 的程序描述中，**类的继承**是指在一个现有类的基础上去构建一个新的类，构建出来的新类称作子类，被继承的类称作父类，子类会自动拥有父类所有可继承的属性和方法。

Python 中继承的语法格式如下。

```
class 子类名(父类名):
    类的属性
    类的方法
```

**例 7-11**  子类继承父类的方法。

```
1   # ex0711.py
2   class Animal:
3       num = 10
4       def __init__(self):
5           print("父类 Animal")
6       def show(self):
7           print("父类 Animal 成员方法")
8
9   class Cat(Animal):
10      def __init__(self):
11          print("构建子类 Cat")
12      def run(self):
13          print("子类 Cat 成员方法")
14
15  cat = Cat()
16  cat.run()          # 子类方法
17  cat.show()         # 父类方法
18  print(cat.num)
```

子类 Cat 继承于父类 Animal，第 16 行调用的是子类自己的成员方法 run()，第 17 行调用的是继承于父类的成员方法 show()。程序运行结果如下。

```
>>>
构建子类 Cat
子类 Cat 成员方法
父类 Animal 成员方法
10
>>>
```

**例 7-12**  类的继承的应用。

```
1   # ex0712.py
2   class Employee:
3       def __init__(self,name="",department="computer",age=20):
4           self.setName(name)
5           self.setDepartment(department)
6           self.setAge(age)
7       def setName(self,name):
8           if type(name)!=str:
9               print("姓名必须是字符")
10              return
11          self.__name=name
12      def setDepartment(self,department):
13          if department not in ["computer","communication","electric"]:
14              print("专业必须是 computer、communication 或 electric")
15              return
16          self.__department = department
17      def setAge(self,age):
18          if type(age) != int or age >= 33 or age < 20:
19              print("年龄必须是数字，且介于 20 至 33 之间")
20              return
21          self.__age = age
```

```
22        def show(self):
23            print("姓名: {} 专业: {} 年龄: {}".
24                    format(self.__name,self.__department,self.__age))
25
26    class ProjectManager(Employee):
27        def __init__(self,name='',department="computer",age=22,title="middle"):
28            Employee.__init__(self,name,department,age)
29            self.setTitle(title)
30        def setTitle(self,title):
31            self.__title = title
32        def show(self):
33            Employee.show(self)
34            print("职称: {}".format(self.__title))
35
36    try:
37        emp1 = Employee("Rose")
38        emp1.show()
39        pm1 = ProjectManager("Mike","electric",26,"high")
40        pm1.setAge(30)
41        pm1.show()
42    except Exception as ex:
43        print("数据出现错误",ex)
```

例 7-12 中, 子类 ProjectManager 继承父类 Employee, 包括下列知识点。

- Employee 类中, 包括一个构造方法 __init__(), 它调用了 setName()、setDepartment()、setAge()3 个方法, 实现对象的属性控制。
- 子类 ProjectManager 在构造方法 __init__()中调用了父类的构造方法, 在成员方法 show()中调用了父类的成员方法。
- 类中的 __name、__department、__title 等以两个下画线 "__" 开头的属性是私有属性, 该属性只能在类的内部访问, 在类的外部不能直接访问, 用于实现类的封装。类似地,以两个下画线"__"开头的方法是私有方法,私有方法只能在类的内部访问。
- type()是内置方法, 用于测试参数类型。
- 使用 try…except 语句可以进行异常处理。

程序运行结果如下。

```
>>>
姓名: Rose 专业: computer 年龄: 20
姓名: Mike 专业: electric 年龄: 30
职称: high
>>> >>>
```

### 7.4.2    方法重写与 super()方法

在继承关系中, 子类会自动拥有父类定义的方法。如果父类定义的方法不能满足子类的需求, 子类可以按照自己的方式重新实现从父类继承的方法, 这就是**方法的重写**。重写使得子类中的方法覆盖掉与父类同名的方法, 但需要注意, 在子类中重写的方法要和父类被重写的方法具有相同的方法名和参数列表。

在下面的例子中, 子类重写了父类的 run()方法, 在重写过程中使用 super()方法调用了父类的方法。super()方法主要用于在继承过程中访问父类的成员。

**例 7-13**    子类重写父类的方法。

```
1    # ex0713.py
2    class Animal:
3        def __init__(self,isAnimal):
4            self.isAnimal = isAnimal
5        def run(self):
```

```
6                    print("父类 Animal 通用的 run()方法")
7         def show(self):
8                    print("父类 Animal 的 show()方法")
9
10   class Cat(Animal):
11        def __init__(self):
12                  print("子类的构造方法")
13        def run(self):               # 方法重写
14                  super().run()           # 使用 super()方法调用父类的方法
15                  print("子类 cat 重写的 run()方法")
16
17   ani = Animal(False)
18   ani.show()
19   cat = Cat()                       # 子类的构造方法
20   cat.run()
21   cat.show()                         # 父类方法
```

程序运行结果如下，下面的运行结果对应第 18~21 行的代码。

```
>>>
父类 Animal 的 show()方法
子类的构造方法
父类 Animal 通用的 run()方法
子类 cat 重写的 run()方法
父类 Animal 的 show()方法
>>>
```

### 7.4.3  Python 的多继承

一个子类存在多个父类的现象称为**多继承**。多继承的现象在现实生活中广泛存在。例如，狼狗作为一种动物，可以认为它继承了狼和狗两种动物的特点；再如，智能手机从功能上讲继承了传统电话和现代计算机的特点。

Python 语言是支持多继承的，一个子类同时拥有多个父类的共同特征，即子类继承了多个父类的方法和属性。实现多继承需要在子类名称后的圆括号中标注出要继承的多个父类，并且多个父类之间使用逗号分隔。其语法格式如下。

```
class 子类(父类1,父类2,…):
    类的属性
    类的方法
```

**例 7-14**  多继承示例。

```
1    # ex0714.py
2    class Phone:                     # 电话类
3         def receive(self):
4                  print("接电话")
5        def send(self):
6                  print("打电话")
7
8    class Message:                   # 消息类
9         def receiveMsg(self):
10                 print("接收短信")
11        def sendMsg(self):
12                 print("发送短信")
13
14   class Mobile(Phone,Message): # 手机类
15        pass
16
17   mobile = Mobile()
18   mobile.receive()
19   mobile.send()
```

```
20      mobile.reveiveMsg()
21      mobile.sendMsg()
```

例 7-14 定义了一个 Phone 类，该类包括两个方法，实现接电话和打电话的功能；之后定义了一个用于收发信息的 Message 类，该类有用于实现接收短信和发送短信功能的两个方法。最后定义了一个继承自 Phone 类和 Message 类的子类 Mobile，该类内部没有添加任何方法，所有方法均来自父类。第 17 行创建一个 Mobile 类的对象 mobile，分别调用了两个父类的方法，程序运行的结果如下。

```
>>>
接电话
打电话
接收短信
发送短信
>>>
```

## 7.5 类的多态

在设计一个方法时，我们通常希望该方法具备一定的通用性。例如，要实现一个通用的动物叫声的方法，由于每种动物的叫声是不同的，因此可以在方法中设置一个参数，当传入 Dog 类对象时就模拟狗的叫声，传入 Cat 类对象时就模拟猫的叫声。这种同一个方法（方法名相同），由于参数类型或参数个数不同而执行效果各异的现象就是**多态**。

在 Java 或 C++ 等强类型语言中，多态是通过一个父类类型的变量引用一个子类类型的对象来实现的，即根据引用子类对象特征的不同，得到不同的运行结果。

Python 的多态并不考虑对象的类型，也不考虑参数的个数，而是关注对象具有的行为，它通常发生在类的继承过程中，根据被引用子类对象特征的不同，得到不同的运行结果。下面通过一个示例来说明。

例 7-15 多态的实现。

```
1   # ex0715.py
2   class Animal:
3       def __init__(self,aname):
4           self.name = aname
5       def enjoy(self):
6           print("nangnang")
7
8   class Cat(Animal):
9       def enjoy(self):
10          print(self.name," miaomiao")
11
12  class Dog(Animal):
13      def enjoy(self):
14          print(self.name," wangwang")
15
16  class Person:
17      def __init__(self,id,name):
18          self.name = name
19          self.id = id
20      def drive(self,ani):
21          ani.enjoy()
22
23  cat = Cat("Mikey")
24  dog = Dog("Dahuang")
```

```
25    person = Person("zhang3",9)
26    person.drive(cat)
27    person.drive(dog)
```

例 7-15 中定义了父类 Animal，该类包括构造方法和一个通用的方法 enjoy()；子类 Dog 和 Cat 继承自父类 Animal，并且根据各自的特征重写了 enjoy()方法。

定义类 Person，该类的方法 drive()接收一个参数，当执行 drive()方法时，根据传入的不同参数，执行不同的 enjoy()方法。程序运行结果如下。

```
>>>
Mikey  miaomiao
Dahuang wangwang
>>>
```

当需求发生改变时，例如，需要增加类 Sheep，模拟当 Person 类的对象驱赶 Sheep 类的对象时，只要添加一个继承于 Animal 类的子类 Sheep，并且重写 enjoy()方法，然后执行 Person 类的 drive()方法就可以了。这种方法增加了程序的可扩展性和适应性。

事实上，Python 的多态并不要求继承的存在。如果不考虑 Dog 类、Cat 类继承 Animal 类的属性和方法，它们之间可以不存在继承关系，但继承关系的存在，对多态起到了约束作用，使程序的结构更加清晰合理。

## 7.6 运算符重载

编写程序时，有时我们希望在一些对象上，如列表、元组，甚至一些用户自定义的对象，使用+、−、*、/等运算符，从而增强语言的灵活性。**运算符重载**指的是将运算符与类的方法关联起来，每个运算符对应一个指定的内置方法。

Python 通过重写一些内置方法，实现了运算符的重载功能。类可以重载加、减、乘、除等运算，也可以重载打印、索引、比较等内置运算，常见的运算符重载方法如表 7-1 所示。其中，x 和 y 表示两个对象。

**表 7-1  常见的运算符重载方法**

| 方 法 名 | 重 载 说 明 | 运算符调用方式 |
|---|---|---|
| __add__ | 对象加法运算 | x+y、x+=y |
| __sub__ | 对象减法运算 | x − y、x−=y |
| __div__ | 对象除法运算 | x/y、x/=y |
| __mul__ | 对象乘法运算 | x*y、x*=y |
| __mod__ | 对象取余运算 | x%y、x%=y |
| __repr__ 、 __str__ | 打印或转换对象 | print(x)、repr(x)、str(x) |
| __getitem__ | 对象索引运算 | x[key]、x[i:j] |
| __setitem__ | 对象索引赋值 | x[key]、x[i:j]=sequence |
| __delitem__ | 对象索引和切片删除 | del x[key]、del x[i:j] |
| __eq__ 、 __ne__ | 对象的相等和不等比较 | x==y、x!=y |
| __lt__ 、 __le__ | 对象的小于和小于等于比较 | x<y、x<=y |
| __gt__ 、 __ge__ | 对象的大于和大于等于比较 | x>y、x>=y |

Python 在对象运算时会自动调用对应的方法。例如，如果类实现了__add__()方法，当

用类实现抽象和封装* | 第7章

类的对象出现在"+"运算符中时会调用这个方法。下面通过具体的示例介绍运算符重载的实现。

### 1．加法运算符重载和减法运算符重载

加法运算符重载是通过实现__add__()方法完成的，减法运算符重载是通过实现__sub__()方法完成的，当两个对象进行运算时，会自动调用对应的方法。

**例 7-16** 加法运算符重载和减法运算符重载的实现。

```
1   # ex0716.py
2   class Computing:
3       '''列表与数字的加减操作'''
4       def __init__(self,value):
5           self.value = value
6       def __add__(self,other):
7           lst = []
8           for i in self.value:
9               lst.append(i+other)
10          return lst
11      def __sub__(self,other):
12          ls t= []
13          for i in self.value:
14              lst.append(i-other)
15          return lst
16
17  c = Computing([-1,3,4,5])
18  print(f'+运算符重载后的列表{c + 2}')       # +运算符重载
19  print(f'-运算符重载后的列表{c - 2}')       # -运算符重载
```

程序运行结果如下。

```
>>>
+运算符重载后的列表 [1, 5, 6, 7]
-运算符重载后的列表 [-3, 1, 2, 3]
>>>
```

例 7-16 实现的是列表与数字的运算符重载。类 Computing 的属性 value 是一个数值列表，在重载方法__add__()中遍历列表 value，将其与参数 other 相加后，返回修改后的列表。

__sub__()方法的实现与__add__()方法相同，程序运行结果如下。读者可设计一个针对两个列表的运算符重载的方法。

### 2．__str__()方法、__repr__()方法和__ge__()方法的重载

重载__str__()和__repr__()方法，可以将对象转换为字符串的形式，在执行 print()、str()、repr()等方法或交互模式下直接打印对象时，会调用__str__()和__repr__()方法。__str__()和__repr__()方法的区别是，只有 print()方法和 str()方法可以调用__str__()方法，而__repr__()方法在多种操作下都能将对象转换为自定义的字符串形式。

__ge__()方法用于重载">="运算符。

下面的代码声明了 Student 类，并构造了对象 s1 和 s2。

```
class Student:
    def __init__(self,name,age):
        self.name = name
        self.age = age
s1 = Student("Rose",17)
s2 = Student("John",19)
print(s1)
print(s2)
```

当打印对象 s1 和 s2 时，显示的是对象的地址，结果如下。

```
>>>
<__main__.Student object at 0x05E3BC70>
<__main__.Student object at 0x05E55590>
>>>
```

我们实际希望打印的是对象的描述信息，例 7-17 重载了__str__()方法后，可以解决这个问题。这个示例也重载了__ge__()方法。

**例 7-17**  __str__()方法重载和__ge__()方法重载的实现。

```
1    # ex0717.py
2    class Student:
3        def __init__(self,name,age):
4            self.name = name
5            self.age = age
6        def __str__(self):          # 重载 __str__()方法
7            return "{} {}".format(self.name,self.age)
8        def __ge__(self,obj):       # 重载 __ge__()方法
9            if self.age>=obj.age:
10                   return True
11               return False
12
13   s1 = Student("Rose",17)
14   s2 = Student("John",19)
15   print(f"学生 s1: {s1}")
16   print(f"学生 s2: {s2}")
17   print(f"学生大小的比较: {s1 >= s2}")
```

运行结果如下。

```
>>>
学生 s1: Rose 17
学生 s2: John 19
学生大小的比较: False
>>>
```

**3．与索引和切片有关的重载方法**

索引和切片主要作用于列表、元组或字符串等对象，与索引和切片相关的重载方法包括以下 3 个。

（1）__getitem__()方法

该方法用于索引、切片操作。在对象执行索引、切片或者使用 for 循环进行迭代操作时，会自动调用该方法。

（2）__setitem__()方法

该方法用于索引或切片赋值。在通过赋值语句给索引或者切片赋值时，调用__setitem__()方法实现对序列对象的修改。

（3）__delitem__()方法

该方法用于删除对象。当使用 del 关键字删除对象时，会调用__delitem__()方法实现删除操作。

在例 7-18 中，SelectData 类的构造方法中的 data 属性是个列表，示例重写了__getitem__()方法、__setitem__()方法和__delitem__()方法，实现对列表属性的索引、切片和删除操作。

第 12～19 行是测试代码。

**例 7-18**  __getitem__()方法、__setitem__()方法、__delitem__()方法重载的应用。

```
1    # ex0718.py
2    class SelectData:
```

```
3          def __init__(self,data):
4              self.data = data[:]
5          def __getitem__(self,index):
6              return self.data[index]
7          def __setitem__(self,index,value):
8              self.data[index] = value
9          def __delitem__(self,index):
10             del self.data[index]
11     # 以下是测试代码
12     x = SelectData([12,33,23,"ab",False])
13     print(x)        # 输出 x 的地址
14     print(x[:])     # 切片，输出 x 中的全部元素
15     print(x[2])     # 切片，输出 x 中的索引为 2 的元素
16     print(x[2:])    # 切片，输出 x 中从索引为 2 起的全部元素
17     x[4] = 100      # 索引赋值，替换 x 中索引为 4 的元素
18     print(x[:])
19     del(x[3])       # 删除 x 中的第 3 个元素
20     for num in x:   # 遍历对象 x 中的元素
21         print(num,end=" ")
```

程序运行结果如下。

```
>>>
<__main__.SelectData object at 0x0000026864458FD0>
[12, 33, 23, 'ab', False]
23
[23, 'ab', False]
[12, 33, 23, 'ab', 100]
12 33 23 100
>>>
```

## 7.7 面向对象编程的应用

本节的程序可实现学生信息的遍历、追加、修改、排序和删除等功能，程序由 3 部分组成。

- 学生类 Student，其成员变量有 id（序号）、name（姓名）、course（课程）。它重载了__repr__()方法。
- 学生的集合类 StuList，它记录了多名学生信息，重载了索引和切片的方法。
- 主控程序。

**例 7-19** 索引和切片方法重载在学生管理系统中的实现。

```
1      # ex0719.py
2      '''已知学生类 Student，其成员变量有 id(序号)、name(姓名)、course(课程)
3      学生的集合类 StuList，承载了多名学生信息
4      实现学生信息的遍历、追加、修改、排序、删除等操作
5      '''
6      class Student:
7          def __init__(self,id,name,course):
8              self.id = id
9              self.name = name
10             self.course = course
11         def __repr__(self):
12             return "{} {} {}".format(self.id,self.name,self.course)
13
14     class StuList:
15         def __init__(self,data):
```

```
16              self.data = data[:]
17          def __getitem__(self,index):
18              return self.data[index]
19          def __setitem__(self,index,value):
20              self.data[index] = value
21          def __delitem__(self,index):
22              del self.data[index]
23
24      ## 以下为主控程序
25      s1 = Student(12,"Rose","Python")
26      s2 = Student(4,"John","Java")
27      s3 = Student(7,"Allen","CSS")
28      lst = [s1,s2,s3]
29      stulist = StuList(lst)
30      print("------遍历原始数据--------")
31      for item in stulist:
32          print(item)
33      print("------追加数据后遍历------")
34      s4 = Student(102,"Feng","Algorithm")
35      stulist.data.append(s4)
36      for item in stulist:
37          print(item)
38      print("------修改数据后遍历------")
39      s5 = Student(208,"张林","Algorithm")
40      stulist[2] = s5
41      for item in stulist:
42          print(item)
43      print("--------排序后遍历--------")
44      stulist.data.sort(key=lambda x:x.id,reverse=False)
45      for item in stulist:
46          print(item)
47      print("--------删除后遍历--------")
48      del(stulist[2])
49      for item in stulist:
50          print(item)
```

程序运行结果如下。

```
>>>
------遍历原始数据--------
12 Rose Python
4 John Java
7 Allen CSS
------追加数据后遍历------
12 Rose Python
4 John Java
7 Allen CSS
102 Feng Algorithm
------修改数据后遍历------
12 Rose Python
4 John Java
208 张林 Algorithm
102 Feng Algorithm
--------排序后遍历--------
4 John Java
12 Rose Python
102 Feng Algorithm
208 张林 Algorithm
```

```
--------删除后遍历--------
4 John Java
12 Rose Python
208 张林 Algorithm
>>>
```

## 7.8 利用 AI 工具辅助阅读编程技术文档*

在 iDLE 环境下打开的帮助文档默认是英文文档，很多第三方库的文档也是英文文档。应用 AI 工具可以翻译技术文档，或者将复杂的专业术语和概念转换成易于理解的文字，帮助我们轻松地阅读和理解技术文档。

例 7-20 利用 DeepSeek 翻译英文文档并提取摘要信息。

> USER：请将关于 math 模块的部分英文翻译成中文，文字如下。
>
> ```
> """
> math — Mathematical functions
> This module provides access to the mathematical functions defined by the C standard.
>
> These functions cannot be used with complex numbers; use the functions of the same
> name from the cmath module if you require support for complex numbers. The distinction
> between functions which support complex numbers and those which don't is made since
> most users do not want to learn quite as much mathematics as required to understand
> complex numbers. Receiving an exception instead of a complex result allows earlier
> detection of the unexpected complex number used as a parameter, so that the programmer
> can determine how and why it was generated in the first place.
>
> The following functions are provided by this module. Except when explicitly noted
> otherwise, all return values are floats.
>
> Number-theoretic and representation functions
> math.ceil(x)
> Return the ceiling of x, the smallest integer greater than or equal to x. If x is
> not a float, delegates to x.__ceil__, which should return an Integral value.
> """
> ```
>
> AI：
>
> ```
> """
> math — 数学函数
> 此模块提供了对 C 标准定义的数学函数的访问。
>
> 这些函数不能用于复数；如果你需要支持复数，请使用 cmath 模块中同名的函数。区分支持复数的函数和不
> 支持复数的函数的原因在于，大多用户不想学习太多数学知识来理解复数。当接收到的结果是异常而不是复数时，
> 可以更早地检测到作为参数意外使用的复数，从而使程序员能够确定它是如何以及为何首先产生的。
>
> 此模块提供了以下函数。除非另有明确说明，否则所有返回值都是浮点数。
>
> 数论和表示函数
> math.ceil(x)
> 返回 x 的天花板值，即大于或等于 x 的最小整数。如果 x 不是浮点数，则委托给 x.ceil，它应该返回一个
> Integral 值。
> """
> ```
>
> USER：请从以上回答中，提取 80 字左右的摘要。
>
> AI：math 模块提供 C 标准定义的数学函数，不支持复数，需用 cmath 处理复数。此模块包含数论和表示函数如 math.ceil(x)，返回 x 的天花板值，不支持非浮点数的直接处理。

在 Python 的帮助文档中，查找"The Python Standard Library"前言部分的英文文档，使用 DeepSeek 进行翻译。

# 习 题 7

## 1. 选择题

（1）Python 中，用来描述一类相同或相似事物的共同属性的是哪一项？（    ）

    A. 类         B. 对象         C. 方法         D. 数据区

（2）下面哪个选项是正确的？（    ）

    A. 一个类中如果没有定义构造方法，那么 Python 会提供一个默认构造方法

    B. 类中至少定义一个构造方法

    C. 每个类中总有一个默认构造方法

    D. Python 中的构造方法名与类名是相同的

（3）关于类和对象的关系，描述正确的是哪一项？（    ）

    A. 类是面向对象的基础

    B. 类是现实世界中事物的描述

    C. 对象是根据类创建的，并且一个类只能对应一个对象

    D. 对象是类的实例，是具体的事物

（4）构造方法的作用是哪一项？（    ）

    A. 显示对象初始信息         B. 初始化类

    C. 初始化对象         D. 引用对象

（5）Python 中定义私有属性的方法是哪一项？（    ）

    A. 使用 private 关键字         B. 使用 public 关键字

    C. 使用__XX__定义属性名         D. 使用__XX 定义属性名

（6）下面**不属于**面向对象程序设计的特征的是哪一项？（    ）

    A. 重写         B. 封装         C. 继承         D. 多态

（7）以下 C 类继承 A 类和 B 类的格式中，正确的是哪一项？（    ）

    A. class C extends A, B:         B. class C(A: B):

    C. class C(A, B):         D. class C implements A, B:

（8）下列选项中，用于标识为静态方法的是哪一项？（    ）

    A. @classmethod         B. @staticmethod

    C. @instancemethod         D. @privatemethod

（9）关于以下程序的说法中，**不正确**的是哪一项？（    ）

```python
class Hello:
    def __init__(self, id, color="yellow"):
        self.id = id
        self.color = color
    def Hello(self, weight):
        return 20 + weight


if __name__ == "__main__":
    h = Hello(100)
    print(h.color)
```

A.　构造方法是__init__(self,id,color="yellow")

B.　Hello(self,weight) 是成员方法

C.　代码 h=Hello(100)无法通过编译

D.　print(h.color)语句的输出结果是 yellow

（10）关于以下程序的方法中，正确的是哪一项？（　　　）

```
class Hello:
    def __init__(self, id, color="yellow"):
        self.id = id
        self.color = color
    def test(self, weight):
        return 20 + weight
    def test(self):
        return 20

if __name__ == '__main__':
    h = Hello("3")
    print(h.test(100))
```

A.　test(self,weight)和 test(self)两个重载的方法，会根据方法的参数不同，执行不同的方法

B.　成员方法 test(self,weight)中的 self 参数可以省略

C.　代码 print(h.test(100))将输出 120

D.　代码 h=Hello("3")在创建对象时被执行

## 2．简答题

（1）什么是对象？什么是类？类与对象的关系是什么？

（2）面向对象语言有哪 3 个特性？

（3）什么是面向对象编程的继承性？有什么优点？

（4）类变量与成员变量的区别是什么？

（5）构造方法的作用是什么？它与成员方法有什么不同？

（6）请列举出 5 种重载的运算符及其对应的方法。

## 3．阅读程序

运行下面的程序，输出结果是什么？说明程序的执行过程。

```
class MyClass:
    value = 100          # 类属性
    def function1(self):
        print("self.value=",self.value);
        print("MyClass.value=", MyClass.value)

class UClass(MyClass):
    value = 200          # 类属性
    def function1(self):
        super().function1()
        print("super().value=",super().value)
        print("self.value=",self.value)
        print("UClass.value=", UClass.value)

# 主控程序
cc = UClass()
cc.function1()
```

```
print("用对象访问，cc.value=",cc.value)
print("用类访问，UClass.value=",UClass.value)
```

**4．编程题**

（1）设计一个 Scores 类，该类包括：一个数据成员 value（学生的单科成绩）、两个类成员 total（总成绩）和 count（成绩的科数）。成员方法 setScore()用于设置分数，成员方法 sum()用于累计总成绩，类方法 average()用于求平均成绩。交互式输入学生的若干科成绩，显示该学生的总成绩和平均成绩。

（2）为二次方程式 $ax^2+bx+c=0$ 设计一个名为 Equation 的类，这个类包括：

- 代表 3 个系数的成员变量 $a$、$b$、$c$；
- 一个参数为 $a$、$b$、$c$ 的构造方法；
- 一个名为 getDiscriminant()的方法返回判别式的值；
- 一个名为 getRoot1()和 getRoot2()的方法返回等式的两个根，如果判别式为负，这些方法返回 0。

（3）设计一个描述自由落体运动的类，要求能获得任意时刻的速度及位移，并进行测试。已知重力加速度为 $9.8m/s^2$。

用类实现抽象和封装* 第7章

# 第8章 使用模块和库编程

Python 作为高级编程语言，适合开发各类应用程序。编写 Python 程序可以使用内置的标准库、第三方库，也可以使用我们自己开发的函数库，从而更方便代码复用。Python 的编程思想注重运用各种函数库完成应用系统的开发。

可以使用库、模块、包、类、函数等多个概念从不同角度来构建 Python 程序。为方便描述，本书不严格区分库和模块的概念。本章介绍模块的概念、Python 标准库中的模块、下载和使用第三方库、构建用户的模块等内容。

## 8.1 模块

### 8.1.1 模块的概念

模块（module）是一个包含变量、语句、函数或类的程序文件，文件的名字就是模块名加上.py 扩展名，所以编写程序的过程，也就是编写模块的过程。模块往往表现为多个函数或类的组合，通常被应用程序所调用。使用模块可以带来以下优点。

微课视频

- 提高代码的可维护性。在应用系统开发过程中，合理划分程序模块，可以很好地完成程序功能定义，有利于代码维护。
- 提高代码的可重用性。模块是按功能划分的程序，编写好的 Python 程序以模块的形式保存，方便其他程序使用。程序中使用的模块可以是用户自定义模块、Python 内置模块或来自第三方的模块。
- 有利于避免命名冲突。相同名字的函数和变量可以分别存在于不同模块中，我们在编写模块时，不需要考虑模块间变量名冲突的问题。

### 8.1.2 导入模块

应用程序要调用一个模块中的变量或函数，需要先导入该模块。导入模块可使用 import 或 from 语句，语法格式可以是下面的任意一种。

```
import modulename [as alias]
from modulename import fun1,fun2,...
```

其中，modulename 是模块名，alias 是模块的别名，fun1、fun2 是模块中的函数。在基本格式的基础上，还可以使用文件名通配符或以别名的形式导入。

#### 1. import 语句

import 语句用于导入整个模块，可以使用 as 选项为导入的模块指定一个别名。模块导入后，可通过模块名或模块的别名来调用函数。

**例 8-1**　使用 import 语句导入模块。

```
>>> import math            # math 是 Python 内置模块
>>> math.pi                # math 模块中的常数 pi
3.141592653589793
>>> math.fmod(10,3)        # 返回余数
1.0
>>> import math as m
>>> m.e
2.718281828459045
>>> m.fabs(-10)
10.0
```

一些应用系统的功能往往由多个模块来实现。有时也将常用或通用的功能集中在一个或多个模块中，然后在应用程序中导入使用。

**2．from 语句**

from 语句用于导入模块中的指定对象。导入的对象可以直接使用，不再需要通过模块名来指明对象所属的模块。

**例 8-2**　使用 from 语句导入模块。

```
>>> from random import random   # random 是 Python 内置模块
>>> random()                    # 返回 0～1 的随机小数
0.594028460732055
>>> from random import *         # 导入 random 模块中的所有对象
>>> randint(10,20)               # 返回两个整数之间的随机整数
16
>>> uniform(5,10)
7.894174947413747
>>> from random import uniform as u
>>> u(5,10)
6.79565714422620975
```

关于 random 模块的讲解，可以查看第 8.3.2 小节内容。

### 8.1.3　执行模块

使用 import 语句和 from 语句执行导入操作时，导入的模块将被自动执行。模块中的赋值语句被执行后会创建变量，def 语句被执行后会创建函数对象。总之，模块中的全部语句都会被执行，但只执行一次。如果再次使用 import 或 from 语句导入同一模块，模块代码就不会执行了，而只会重新建立对已经创建对象的引用。

例 8-3 和例 8-4 展示的是使用 import 和 from 语句导入模块时，模块中变量的变化情况，注意这两种导入方式的区别。

**例 8-3**　使用 import 导入模块，观察模块中变量的变化情况。

```
# 模块文件: mymodule.py
x = 1
def testm():
    print("This is a test,in function testm()")
print("module output test1")
print("module output test2")
```

模块文件 mymodule.py 中定义了变量 x、函数 testm() 和两个打印语句，下面是在交互模式下导入模块文件时，程序的执行情况。

```
>>> import mymodule        # 导入模块，执行 mymodule 中的导入语句
module output test1
module output test2
```

```
>>> mymodule.x
1
>>> mymodule.testm()          # 执行模块中的函数
This is a test,in function testm()
>>> mymodule.x=100            # 为模块中的变量重新赋值

>>> help(mymodule)           # 查看模块信息
Help on module mymodule:
NAME
    mymodule
FUNCTIONS
    testm()
DATA
    x = 100
FILE
    e:\python312\ch6a\mymodule.py
>>> dir(mymodule)
['__builtins__', '__cached__', '__doc__', '__file__', '__loader__', '__name__',
'__package__','__spec__', 'testm', 'x']
```

由执行结果可以看出，模块导入后被自动执行了。在导入模块时，Python 会使用模块文件创建一个模块对象，即由 mymodule 模块生成了 mymodule 对象，模块中各种对象的变量名称成为对象的属性。使用 help()函数可查看模块中对象的属性信息。

观察下面代码中重新导入模块后变量 x 的变化。

```
# 重新导入模块
>>> import mymodule
>>> temp = mymodule
>>> temp.x
100
>>> temp.testm()
This is a test,in function testm()
```

从代码的执行过程和输出结果可以看出，重新导入并没有改变模块中变量 x 已经有的值。而且，mymodule 模块中的打印语句在第 2 次导入时也没有执行。

Python 也为模块对象添加了一些内置的属性，使用 dir()函数列出模块的属性列表，其中，以双下画线 "__" 开头和结尾的是 Python 的内置属性，其他是模块中的变量名。

如果使用 from 语句导入模块，模块中的代码会被执行，其执行过程如例 8-4 所示。

**例 8-4** 使用 from 语句导入模块时，模块中变量的变化情况。

```
>>> from mymodule import *
module output test1
module output test2

>>> x
1
>>> testm()
This is a test,in function testm()
>>> x = 100

# 使用 from 语句重新导入模块，查看变量 x 的值
>>> from mymodule import *
>>> x
1
```

查看模块中的变量 x，其值为 1，然后修改当前模块中变量 x 值为 100。如果再次使用 from 语句导入模块，x 的值会被重置为最初模块文件中的初值。这是使用 import 语句导入和使用 from 语句导入的一个重要区别。

### 8.1.4 模块搜索路径

使用 import 语句导入模块，需要能查找到模块程序的位置，即模块的文件路径，这是调用或执行模块的关键。导入模块时，不能在 import 或 from 语句中指定模块文件的路径，只能使用 Python 设置的搜索路径。标准模块 sys 的 path 属性可以用来查看当前搜索路径设置。下面是查看 Python 搜索路径和当前目录的代码。

```
>>> import sys
>>> sys.path
['E:\\python312', 'E:\\python312/ch08',
'C:\\Users\\Administrator\\AppData\\Local\\Programs\\Python\\Lib\\idlelib',
'C:\\Users\\Administrator\\AppData\\Local\\Programs\\Python\\Python312\\DLLs',
'C:\\Users\\Administrator\\AppData\\Local\\Programs\\Python\\Python312\\Lib',…]
>>> import os
>>> os.getcwd()
'D:\\python312'
```

在 Python 搜索路径列表中，第 1 个字符串表示 Python 当前工作目录。Python 按照先后顺序依次在 path 列表中搜索需要导入的模块。如果要导入的模块不在这些目录中，导入操作失败。

通常，sys.path（搜索路径）由 4 部分组成。

- 程序的当前目录（可用 os 模块中的 getcwd() 函数查看）。
- 操作系统的环境变量 PYTHONPATH 中包含的目录（如果存在）。
- Python 标准库目录。
- 任何 .pth 文件包含的目录（如果存在）。

从 sys.path 的执行结果可以看出，系统环境变量 PYTHONPATH 或 .pth 文件可以用来配置搜索路径。在 Windows 操作系统中，配置环境变量 PYTHONPATH 与配置 path 环境变量的方法相同，此处不再赘述。

在搜索路径中找到模块并成功导入后，Python 还会完成下面的功能。

（1）必要时编译模块

找到模块文件后，Python 会检查文件的时间戳，如果字节码文件比源代码文件旧（即源代码文件做了修改），Python 就会执行编译操作，生成最新的字节码文件。如果字节码文件是最新的，则会跳过编译环节。如果在搜索路径中只发现了字节码文件而没有源代码文件，则会直接加载字节码文件。如果只有源代码文件，Python 会直接执行编译操作，生成字节码文件。

（2）执行模块

模块的字节码文件中所有的可执行语句都会被执行，所有的变量在第 1 次赋值时会被创建，函数对象会在执行 def 语句时创建，如果有输出也会直接显示。这就是例 8-3 的执行原理。

### 8.1.5 __name__ 属性

前面已经说过，Python 的每个文件都可以作为一个模块，文件的名字就是模块的名字。例如，一个 Python 文件的文件名为 mymodule.py，则模块名为 mymodule。

Python 文件有两种使用方法：一种是直接作为独立代码（模块）执行；另一种是在执行导入操作时，导入的模块将被执行。有时，想要控制 Python 模块中的某些代码在导入时不执行，而模块独立运行时才执行，可以使用 __name__ 属性来实现。

__name__是 Python 的内置属性，用于表示当前模块的名字，也能反映一个包的结构。如果.py 文件作为模块被调用，__name__的属性值即模块文件的主名；如果模块独立运行，则__name__属性值为__main__。

语句 if __name__=="__main__" 的作用是控制这两种不同情况执行代码的过程，当__name__ 值为"__main__"时，文件作为脚本直接执行；而使用 import 或 from 语句导入到其他程序中时，模块中的代码是不会被执行的。

**例 8-5** __name__ 属性的应用。

```
1    # fibonacci.py
2    def fibo1(x):  # 返回小于 x 的斐波那契数列的所有项
3        a, b = 0, 1
4        while b <= x:
5            print(b, end=" ")
6            a, b = b, a + b
7
8    def fibo2(x):  # 返回小于 x 的斐波那契数列的最大项
9        a, b = 0, 1
10       while b < x:
11           a, b = b, a + b
12       print(a)
13
14   if __name__ == "__main__":
15       print("please use me as a module.")
```

模块文件 fibonacci.py 独立运行时，__name__值为"__main__"。程序的运行结果为"please use me as a module."。当使用 from 或 import 语句导入模块后，可以调用模块中的fibo1()或 fibo2()函数。

程序输出结果如下。

```
>>>
please use me as a module.
>>> from fibonacci import *
>>> fibo1(15)
1 1 2 3 5 8 13
>>> fibo2(10)
8
>>>
```

**练习**

创建一个名为 yourmodule.py 的文件，其中包括计算阶乘的函数 factorial(i)和计算斐波那契数列的函数 fibonacci(i)；创建一个名为 refmodule.py 的文件，在其中导入 yourmodule模块，并调用其中的函数实现阶乘与斐波那契数列的计算。

## 8.2 包

Python 的程序由包、模块和函数组成。包（package）是模块文件所在的目录，模块是实现某一特定功能的函数和类的文件，它们之间的关系如图 8-1 所示。

包的外层目录必须包含在 Python 的搜索路径中。在包的下级子目录中，每个目录一般包含一个__init__.py 文件，但包的外层目录不需要__init__.py 文件。__init__.py 文件可以为空，也可以在其中定义__all__列表指定包中可以导入的模块。一个典型的包结构如图 8-2 所示。

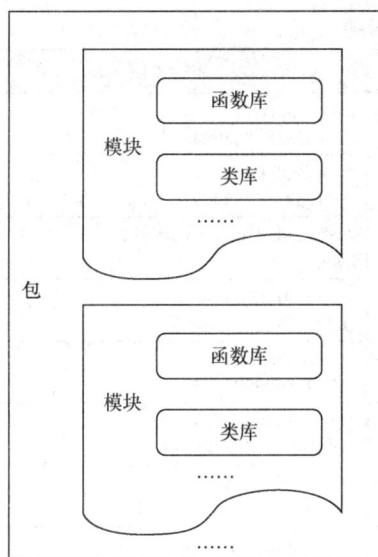

图 8-1　包的组成

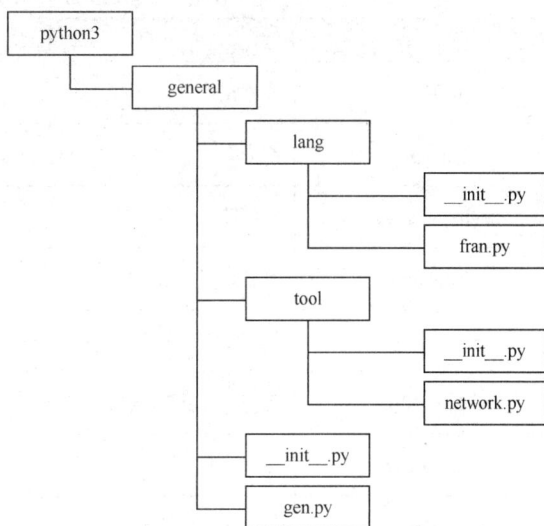

图 8-2　一个典型的包结构

在图 8-2 中，python3 是一个用户目录，如果 python3 目录中的文件要引用 tool 目录中的 network.py 模块，可以使用下面的任意一条语句。

```
from general.tool import network
import general.tool.network
```

这样，就可以调用 network 模块中的类或函数了。

## 8.3　Python 的标准库

**标准库**随 Python 解释器一起安装，是 Python 的组成部分。Python 的标准库包含 math 库、random 库、datetime 库、os 库、sys 库等。本节将介绍部分标准库的应用。

### 8.3.1　math 库

math 库是 Python 内置的数学函数库，提供支持整数和浮点数运算的函数。Python 3.12 版本的 math 库共提供了 5 个数学常数和多个函数，包含数值运算函数、幂对数函数、三角对数函数和高等特殊函数等函数类型。执行 dir(math) 函数命令，可以查看 math 库中所有函数的列表。

**例 8-6**　查看 math 库中的所有函数。

```
>>> import math
>>> dir(math)
['__doc__', '__loader__', '__name__', '__package__', '__spec__', 'acos', 'acosh',
'asin', 'asinh', 'atan', 'atan2', 'atanh', 'cbrt', 'ceil', 'comb', 'copysign', 'cos',
'cosh', 'degrees', 'dist', 'e', 'erf', 'erfc', 'exp', 'exp2', 'expm1', 'fabs', 'factorial',
'floor', 'fmod', 'frexp', 'fsum', 'gamma', 'gcd', 'hypot', 'inf', 'isclose', 'isfinite',
'isinf', 'isnan', 'isqrt', 'lcm', 'ldexp', 'lgamma', 'log', 'log10', 'log1p', 'log2',
'modf', 'nan', 'nextafter', 'perm', 'pi', 'pow', 'prod', 'radians', 'remainder', 'sin',
'sinh', 'sqrt', 'sumprod', 'tan', 'tanh', 'tau', 'trunc', 'ulp']
```

本节仅以 math 库中的部分函数为例说明 math 库的应用，如表 8-1 所示。math 库中函数较多，读者在学习过程中只需要掌握常用函数即可。实际编程中，如果需要使用 math 库，可以查看 Python 的帮助文档。

表 8-1　math 库的部分常量和函数

| 函　　数 | 说　　明 | 示　　例 |
|---|---|---|
| math.e | 自然常数 e | >>> math.e<br>2.718281828459045 |
| math.pi | 圆周率 pi | >>> math.pi<br>3.141592653589793 |
| math.degrees(x) | 弧度转度 | >>> math.degrees(math.pi)<br>180.0 |
| math.radians(x) | 度转弧度 | >>> math.radians(45)<br>0.7853981633974483 |
| math.exp(x) | 返回 e 的 x 次方 | >>> math.exp(2)<br>7.38905609893065 |
| math.log10(x) | 返回 x 的以 10 为底的对数 | >>> math.log10(2)<br>0.30102999566398114 |
| math.pow(x, y) | 返回 x 的 y 次方 | >>> math.pow(5,3)<br>125.0 |
| math.sqrt(x) | 返回 x 的平方根 | >>> math.sqrt(3)<br>1.7320508075688772 |
| math.ceil(x) | 返回不小于 x 的整数 | >>> math.ceil(5.2)<br>6.0 |
| math.floor(x) | 返回不大于 x 的整数 | >>> math.floor(5.8)<br>5.0 |
| math.trunc(x) | 返回 x 的整数部分 | >>> math.trunc(5.8)<br>5 |
| math.fabs(x) | 返回 x 的绝对值 | >>> math.fabs(−5)<br>5.0 |
| math.fmod(x, y) | 返回 x%y（取余） | >>> math.fmod(5,2)<br>1.0 |
| math.fsum([x, y, …]) | 返回无损精度的和 | >>> math.fsum([0.1, 0.2, 0.3])<br>0.6 |
| math.factorial(x) | 返回 x 的阶乘 | >>> math.factorial(5)<br>120 |
| math.isinf(x) | 若 x 为无穷大，返回 True；否则，返回 False | >>> math.isinf(1.0e+308)<br>False |
| math.isnan(x) | 若 x 不是数字，返回 True；否则，返回 False | >>> math.isnan(1.2e3)<br>False |

📖 提示　math 库中的函数不能直接使用，需要使用 import 语句或 from 语句导入。

### 8.3.2　random 库

random 库中的函数主要用于产生服从各种分布的伪随机数序列。random 库中的随机函数是按照一定算法模拟产生的，其概率是确定的、可见的，被称为**伪随机数**。而真正意义上的随机数是按照实验过程中表现的分布概率随机产生的，其结果是不可预测的。

random 库可以生成不同类型的随机数函数，所有函数都基于最基本的 random.random()函数扩展实现。读者只需要查阅该库中的随机数生成函数，根据应用需求使用即可。

例 8-7 显示了 random 库中的函数。表 8-2 列出了部分 random 库的常用函数，random 库也需要导入后使用。

**例 8-7**　查看 random 库中的常用函数。

```
>>> import random
>>> dir(random)
['BPF', 'LOG4', 'NV_MAGICCONST', 'RECIP_BPF', 'Random', 'SG_MAGICCONST',
'SystemRandom', 'TWOPI', '_ONE', '_Sequence', '__all__', '__builtins__', '__cached__',
'__doc__', '__file__', '__loader__', '__name__', '__package__', '__spec__', '_accumulate',
'_acos', '_bisect', '_ceil', '_cos', '_e', '_exp', '_fabs', '_floor', '_index', '_inst',
'_isfinite', '_lgamma', '_log', '_log2', '_os', '_pi', '_random', '_repeat', '_sha512',
'_sin', '_sqrt', '_test', '_test_generator', '_urandom', '_warn', 'betavariate',
'binomialvariate', 'choice', 'choices', 'expovariate', 'gammavariate', 'gauss',
'getrandbits', 'getstate', 'lognormvariate', 'normalvariate', 'paretovariate',
'randbytes', 'randint', 'random', 'randrange', 'sample', 'seed', 'setstate', 'shuffle',
'triangular', 'uniform', 'vonmisesvariate', 'weibullvariate']
```

表 8-2    random 库的常用函数

| 函　　数 | 说　　明 | 示　　例 |
|---|---|---|
| random.random() | 返回一个介于左闭右开[0.0,1.0)区间的浮点数 | >>> random.random()<br>0.8880685743559004 |
| random.randint(a, b) | 返回[a,b]区间内的一个随机整数 | >>> random.randint(10,20)<br>19 |
| random.randrange(stop) | 返回[0,stop)区间内的一个整数 | >>> random.randrange(10)<br>8 |
| random.randrange(start, stop[, step]) | 返回[start,stop)区间内的一个整数，参数 step 为步长 | >>> random.randrange(1,20,3)<br>16 |
| random.choice(seq) | 从非空序列 seq 中随机选取一个元素。如果 seq 为空，则报告 IndexError 异常 | >>> random.choice(['a','b','c','d','e'])<br>'c' |
| random.uniform(a, b) | 返回一个[a,b]区间的浮点数。如果 a>b，则是 b 到 a 之间的浮点数。结果可能包含 a 和 b | >>> random.uniform(10,20)<br>17.27824882833889 |
| random.shuffle(x[,random]) | 随机打乱可变序列 x 内元素的排列顺序 | >>> lst=['a','b','c','d','e']<br>>>> random.shuffle(lst)<br>>>> lst<br>['e', 'c', 'b', 'a', 'd'] |
| random.seed(a=None) | 初始化伪随机数生成器 | |

### 8.3.3　datetime 库

Python 处理日期和时间的函数主要集中在 time 和 datetime 两个库中。其中，datetime 库基于 time 库进行了封装，提供了更多实用的对象或函数。我们通过 datetime 库可以获得或设置系统时间，并可以选择输出格式。

datetime 库以类的方式提供多种日期和时间的表达方式。表 8-3 给出了 datetime 库中的各种类。

表 8-3    datetime 库中的类

| 类 名 称 | 描　　述 |
|---|---|
| datetime.date | 表示日期，常用的属性包括 year、month、day |
| datetime.time | 表示时间，常用的属性包括 hour、minute、second、microsecond |
| datetime.datetime | 表示日期时间 |
| datetime.timedelta | 表示两个 date、time、datetime 实例之间的时间间隔 |
| datetime.tzinfo | 时区相关信息对象的类。由 datetime 和 time 类使用 |
| datetime.timezone | Python 3.2 之后增加的功能，实现 tzinfo 的类，表示与 UTC 的固定偏移量 |

需要说明的是，这些类的对象都是不可变的。实际编程中常用的是 datetime 库中的 datetime 类，date 类和 time 类在应用上与 datetime 类差别不大。下面重点介绍 datetime 类的使用。

### 1. datetime 类的定义

datetime 类原型如下。

```
class datetime.datetime(year, month, day, hour=0, minute=0, second=0,
microsecond=0, tzinfo=None)
```

其中，year、month 和 day 是必须要传递的参数，各参数的取值范围见表 8-4。如果有参数超出取值范围，会引发 ValueError 异常。

表 8-4　datetime 类参数的取值范围

| 参 数 名 称 | 取 值 范 围 |
|---|---|
| year | [MINYEAR, MAXYEAR] |
| month | [1, 12] |
| day | [1, 指定年份的月份中的天数] |
| hour | [0, 23] |
| minute | [0, 59] |
| second | [0, 59] |
| microsecond | [0, 1 000 000] |
| tzinfo | tzinfo 的子类对象，如 timezone 类的实例 |

### 2. datetime 类的方法

datetime 库中的 datetime 类的常用方法如表 8-5 所示。

表 8-5　datetime 类的常用方法

| 类 的 方 法 | 描　　述 |
|---|---|
| datetime.today() | 返回表示当前日期时间的 datetime 对象 |
| datetime.now([tz]) | 返回指定时区日期时间的 datetime 对象，如果不指定 tz 参数，则结果同上 |
| datetime.utcnow() | 返回当前 UTC 日期时间的 datetime 对象 |
| datetime.fromtimestamp(timestamp[, tz]) | 根据指定的时间戳创建 datetime 对象 |
| datetime.utcfromtimestamp(timestamp) | 根据指定的 UTC 时间戳创建 datetime 对象 |
| datetime.combine(date, time) | 将指定的 date 和 time 对象整合成 datetime 对象 |
| datetime.strptime(date_str, format) | 将时间字符串转换为 datetime 对象 |

**例 8-8**　datetime 类的应用。

```
>>> from datetime import datetime
>>> aday = datetime.now()
>>> aday
datetime.datetime(2024, 9, 14, 12, 45, 14, 960835)
>>> print(aday)
2024-09-14 12:45:14.960835
>>> dt1 = datetime(2025,2,10,13,50)
>>> dt1
datetime.datetime(2025, 2, 10, 13, 50)
>>> type(dt1)              # 测试 dt1 类型
<class 'datetime.datetime'>
>>> t1 = dt1.time()
>>> type(t1)              # 测试 t1 类型
```

```
<class 'datetime.time'>
>>> print("当前时间是{}:{}:{}".format(dt1.hour,dt1.minute,dt1.second))
当前时间是 13:50:0
```

例 8-8 中，aday 和 dt1 是 datetime 类的对象，使用 t1=dt1.time()语句，得到了 time 类的对象。示例通过 type()函数测试了 dt1 和 t1 的类型，继续使用这两个对象的 hour、minute、second 等属性，可以得到描述时间的具体数据。

### 3．datetime 类中 datetime 对象的方法和属性

表 8-6 中，dt 是 datetime 库中 datetime 类的对象。datetime 对象的常用方法和属性如下。

表 8-6　datetime 对象的常用方法和属性

| 方法/属性名称 | 描　　述 |
| --- | --- |
| dt.year, dt.month, dt.day | 返回对象的年、月、日 |
| dt.hour, dt.minute, dt.second | 返回对象的时、分、秒 |
| dt.microsecond, dt.tzinfo | 返回对象的微秒、时区信息 |
| dt.date() | 获取 datetime 对象对应的 date 对象 |
| dt.time() | 获取 datetime 对象对应的 time 对象，tzinfo 为 None |
| dt.timetz() | 获取 datetime 对象对应的 time 对象，tzinfo 与 datetime 对象的 tzinfo 相同 |
| dt.replace() | 返回一个新的 datetime 对象，如果所有参数都为空，则返回一个与原 datetime 对象相同的对象 |
| dt.timetuple() | 返回 datetime 对象对应的元组（不包括 tzinfo） |
| dt.utctimetuple() | 返回 datetime 对象对应的 UTC 时间的元组（不包括 tzinfo） |
| dt.toordinal() | 返回日期是自 0001-01-01 开始的第多少天 |
| dt.weekday() | 返回日期是星期几，取值范围为[0, 6]，0 表示星期一 |
| dt.isocalendar() | 返回一个元组，为根据 ISO 8601 标准计算的年、月、日 |
| dt.isoformat([sep]) | 返回表示日期和时间的字符串 |
| dt.ctime() | 返回 24 字符长度的时间字符串，如"Fri Aug 19 11:14:16 2016" |
| dt.strftime(format) | 返回指定格式的时间字符串 |

**例 8-9**　datetime 对象的方法和属性的应用。

```
>>> from datetime import *
>>> dt = datetime.today()
>>> print("当前日期是{}年{}月{}日".format(dt.year,dt.month,dt.day))
当前日期是 2024 年 9 月 14 日
>>> print(dt.time())
12:50:17.105811
>>> tup1 = dt.timetuple()
>>> tup1
time.struct_time(tm_year=2024, tm_mon=9, tm_mday=14, tm_hour=12, tm_min=50,
tm_sec=17, tm_wday=5, tm_yday=258, tm_isdst=-1)
>>> print("当前日期是: {}年{}月{}日".format(tup1.tm_year,tup1.tm_mon,tup1.tm_mday))
当前日期是: 2024 年 9 月 14 日
>>> dt.ctime()
'Sat Sep 14 12:50:17 2024'
>>> dt.replace(month=8)
datetime.datetime(2024, 8, 14, 12, 50, 17, 105811)
```

在例 8-9 中，dt.timetuple()返回的是一个时间元组，时间元组是一种日期型数据的表示形式，与用 datetime 对象、time 对象等表示日期的形式类似。元组中的 tm_year、tm_mon、 tm_mday、tm_hour、tm_min、tm_sec 等字段用于描述年、月、日、时、分、秒。

### 4. strftime()方法

strftime()方法可以按照我们的需要来格式化输出日期和时间。其语法格式如下。

```
dt.strftime(format[, t])
```

其中，dt 是一个 datetime（或 time）对象；参数 format 是格式字符串，可选参数 *t* 是一个 struct_time 对象。

strftime()方法的格式化控制符如表 8-7 所示。

表 8-7　strftime()方法的格式化控制符

| 格式化控制符 | 取 值 范 围 |
| --- | --- |
| %y | 两位数的年份表示（00～99） |
| %Y | 四位数的年份表示（0000～9999） |
| %m | 月份（01～12） |
| %d | 月中的某天（01～31） |
| %H | 24 小时制小时数（00～23） |
| %M | 分钟数（00～59） |
| %S | 秒（00～59） |
| %a | 本地简化的星期名称 |
| %A | 本地完整的星期名称 |
| %b | 本地简化的月份名称 |
| %B | 本地完整的月份名称 |
| %p | 表示本地 AM（上午）或 PM（下午） |

**例 8-10** strftime()方法的应用。

```
>>> from datetime import datetime
>>> dt1 = datetime(2024,12,10,13,50)
>>> dt2 = datetime.today()

>>> dt1.strftime("%Y-%m-%d")
'2024-12-10'
>>> dt2.strftime("当前日期:%Y 年 %m 月 %d 日,%A")
'当前日期:2024 年 09 月 14 日,Saturday'
>>> "当前日期:{0:%Y}年 {0:%m}月 {0:%d}日".format(dt2)
'当前日期:2024 年 09 月 14 日'
```

练习

写出下面函数的运行结果。

```
>>> import math
>>> math.cos(math.pi)
>>> math.log(math.e)
>>> math.exp(1)
>>> math.pow(2,-3)
>>> math.pow(3,0.5)
>>> import random as r
>>> r.uniform(8,10)
>>> r.randrange(9,20)
>>> r.randint(9,20)
>>> r.choice((1,3,5,7,9))
```

## 8.4　Python 的第三方库

Python 标准库提供了大量的函数，可用来实现一些基础编程和应用。随着 Python 的发展，涉及更多领域、功能更强的应用以函数库形式被开发出来，并通过开源形式发布，这些函数库被称为**第三方库**。本节将介绍 Python 第三方库的安装和使用。

### 8.4.1　第三方库简介

Python 的第三方库包括模块（module）、类（class）和程序包（package）等元素，一般将这些可重用的元素统称为"库"。Python 的官网中提供了第三方库索引功能（Python package index，PyPI），其中列出了超过 50 万个第三方库的基本信息，这些函数库几乎覆盖了信息技术领域的所有技术方向。

当前流行的编程思想是"模块编程"。我们开发的应用程序包括标准库、第三方库、用户程序、程序运行所需要的资源，将各类资源通过少量代码，用类似搭积木的方法组建程序，这就是模块编程。"模块编程"思想强调充分利用第三方库，编写程序的起点不再是探究每个程序算法或功能的设计，而是尽可能探究运用库函数编程的方法。模块化编程思想在当前开发中得到了广泛的应用。

### 8.4.2　pip 工具

math 库、random 库、datetime 库等 Python 的标准库不需要安装，我们可以随时使用。第三方库需要下载、安装后才能使用，我们可以参考文档安装或使用 pip 工具安装。pip 工具由 Python 官方提供并维护，是常用且高效的第三方库在线安装工具。pip 是 Python 的内置命令，需要在命令行窗口中执行，使用 help、list、install、show、uninstall、download 等子命令安装和管理第三方库。

（1）pip help 命令

该命令用于列出 pip 系列子命令，这些命令用于实现下载、安装、卸载第三方库等功能，如图 8-3 所示。

图 8-3　pip help 命令

（2）pip list 命令

pip list 命令用于列出当前系统中已安装的第三方库，如图 8-4 所示。

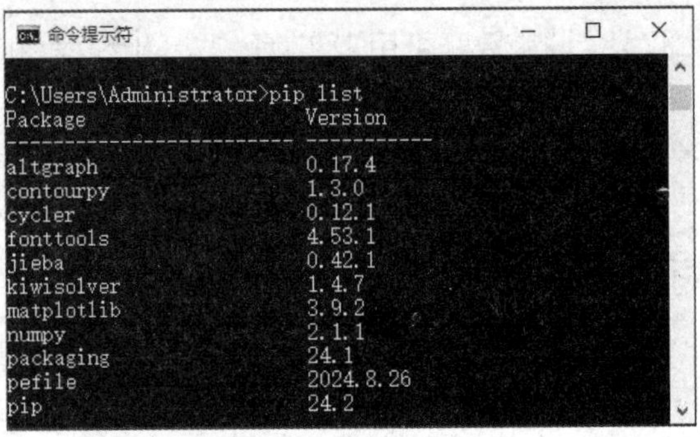

图 8-4　pip list 命令

（3）pip install 命令

pip install 命令用于安装第三方库，该工具从网络上下载库文件并自动安装到 Python 的第三方库目录 "Lib/site-packages" 中。图 8-5 显示了第三方库 pillow 4.0 的安装过程，pillow 是 Python 的图像处理库。

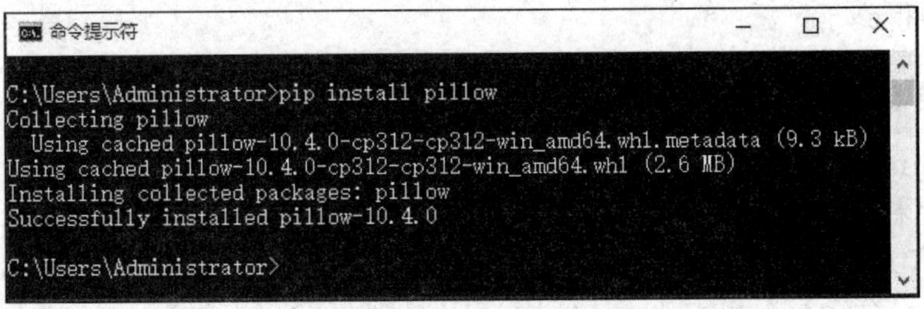

图 8-5　用 pip install 命令安装第三方库 pillow 4.0

📖 提示　第三方库目录存在 Python 的安装目录下。在 Windows 操作系统中，如果 pip 版本或是依赖文件缺失，第三方库安装时可能有错误发生。因此，读者需要在 Python 社区下载安装包，再使用 pip 工具安装。

（4）pip show 命令

pip show 命令用于列出已安装库的详细信息，这些信息包括库的名字、版本号、功能说明等，如图 8-6 所示。

图 8-6　pip show 命令

（5）pip uninstall 命令

pip uninstall 命令用于卸载已安装的第三方库，卸载过程中需要用户确认。

（6）pip download 命令

pip download 命令用于下载第三方库的安装包文件，但并不安装，我们可以根据需要在以后安装。

> 📖 **提示** pip3 命令用于在 Python 3 版本下安装和管理第三方库，使用方法与 pip 命令相同。

### 8.4.3 Python 常用的第三方库

Python 的第三方库应用于数据分析、文本处理、Web 开发、数据可视化等方面。表 8-8 列出了 Python 常用的第三方库的用途和安装命令。

**表 8-8 Python 常用的第三方库的用途和安装命令**

| 库　名 | 用　途 | pip 安装命令 |
| --- | --- | --- |
| numpy | 矩阵运算、矢量处理、线性代数、傅里叶变换等 | pip install numpy |
| matplotlib | 2D&3D 绘图库、数学运算、绘制图表 | pip install matplotlib |
| PIL | 通用的图像处理库 | pip install pillow |
| requests | 网页内容抓取 | pip install requests |
| jieba | 中文分词 | pip install jieba |
| BeautifulSoup 或 bs4 | HTML 和 XML 解析 | pip install beautifulsoup4 |
| Wheel | Python 文件打包 | pip install wheel |
| sklearn | 机器学习和数据挖掘 | pip install sklearn |
| pyinstaller | Python 源文件打包 | pip install pyinstaller |
| Django | 支持快速开发的开源 Web 框架 | pip install django |
| Scrapy | 网页爬虫框架 | pip install scrapy |
| Flask | 轻量级 Web 开发框架 | pip install flask |
| WeRoBot | 微信机器人开发框架 | pip install werobot |
| scipy | 依赖于 numpy 库的科学计算库 | pip install scipy |
| pandas | 高效数据分析 | pip install pandas |
| PyQt5 | 专业级 GUI 开发框架 | pip install pyqt5 |
| PyOpenGL | 多平台 OpenGL 开发接口 | pip install pyopengl |
| PyPDF2 | PDF 文件内容提取及处理 | pip install pypdf2 |
| Pygame | 多媒体开发和游戏软件开发 | pip install pygame |

使用 pip 命令安装第三方库，需要注意以下两个问题。

- 应在命令行窗口安装，而不是在 IDLE 中。部分库会依赖其他函数库，pip 会自动安装这些库；部分库下载后需要一个安装过程，pip 会自动执行。
- 库名是第三方库常用的名字，pip 安装用的文件名和库名不一定完全相同，通常采用小写字符。

### 8.4.4 使用 pyinstaller 库打包文件

pyinstaller 是用于源文件打包的第三方库，它能够在 Windows、Linux、macOS X 等操作系统下将 Python 源文件打包。打包后的 Python 文件可以在没有安装 Python 的环境中运行，也可以作为一个独立文件进行传递和管理。

### 1．pyinstaller 库的安装

在命令行窗口中用 pip 工具安装 pyinstaller 库，具体命令如下。

```
C:\Users\Administrator> pip install pyinstaller
```

pip 命令会自动安装 pyinstaller 库，同时安装 pyinstaller 需要的第三方库。所有的第三方库均在 Lib\site-packages 目录下，可以直接使用。

> 📖 **提示**　本书使用的 pip 命令默认的目录如下，与第三方库目录不同。
> C:\Users\Administrator\AppData\Local\Programs\Python\Python312\Scripts。

### 2．用 pyinstaller 打包文件

使用 pyinstaller 命令打包文件十分简单。假设 Python 源文件 computing.py 存在于 e:\python312\目录中，打包命令如下。

```
d:\python> pyinstaller e:\python312\computing.py
```

该命令执行完毕，将在 d:\python 目录下生成 dist 和 build 两个目录。其中，build 目录用于存放 pyinstaller 的临时文件，可以安全删除。最终的打包程序在 dist 内的 computing 目录下，可执行文件 computing.exe 是生成的打包文件，其他文件是动态链接库。

如果在 pyinstaller 命令中使用参数-F，可将 Python 源文件编译成一个独立的可执行文件。代码如下。

```
d:\python> pyinstaller e:\python312\computing.py -F
```

上面的命令将在 d:\python 目录下的 dist 目录中生成 computing.exe 文件。上面的示例中，命令提示符前的路径提示符是 d:\python，生成的打包文件的位置与 ">" 提示符前的路径是一致的。

使用 pyinstaller 命令打包文件，需要注意以下问题。

- 文件路径中不能出现空格或英文句号（.），如果存在，需要修改 Python 源文件的名字。
- 源文件必须是 UTF-8 编码。采用 IDLE 编写的源文件均保存为 UTF-8 格式，可以直接使用。

### 3．pyinstaller 的参数

合理使用 pyinstaller 的参数可以实现更强大的打包功能，pyinstaller 的常用参数如表 8-9 所示。

**表 8-9　pyinstaller 的常用参数**

| 参　　数 | 功　　能 |
|---|---|
| -h、--help | 查看帮助信息 |
| -v、--version | 查看 pyinstaller 的版本号 |
| --clean | 清理打包过程中的临时文件 |
| -D、--onedir | 默认值，生成 dist 目录 |
| -F、--onefile | 在 dist 目录中只生成独立的打包文件 |
| -p DIR、--paths DIR | 添加 Python 文件使用的第三方库路径，DIR 是第三方库路径 |
| -i <.ico or .exe、ID or .icns><br>--icon <.ico or.exe、ID or .icns> | 指定打包程序使用的图标（icon）文件 |

使用 pyinstaller 命令打包文件时，不需要在 Python 源文件中添加任何代码，只使用打包命令即可。-F 参数应用较多，常用于生成独立的打包文件。如果 Python 源文件引用了第三方库，可以使用-p 命令添加第三方库所在路径；当第三方库由 pip 工具安装，并且在 Python 的安装目录中时，也可以省略-p 参数。

练习

（1）在命令行窗口中，使用 pip 命令安装用于图像处理的 PIL 库（库名为 pillow），并查看 PIL 库的详细信息。

（2）在 IDLE 中导入 PIL 库，使用 dir()函数查看 PIL 库属性或方法；再导入 PIL 库的 Image 子库，查看 Image 库的属性和方法。

## 8.5 turtle 库的应用

turtle 库是用于绘制图形的标准库。turtle 是海龟的意思，turtle 绘图可以描述为由海龟爬行轨迹形成绘制的图形，图形绘制的过程十分直观。turtle 库保存在 Python 安装目录的 Lib 目录下，导入后才能使用。

下面首先介绍 turtle 的绘图坐标系，然后介绍用于画笔控制、图形绘制的 turtle 库的常用函数。

### 1．绘图坐标系

turtle 的绘图画布上，默认的坐标原点(0,0)是画布中心，在坐标原点上的一只面朝 x 轴正方向的"小海龟"就是画笔，"小海龟"在坐标系中"爬行"，有"前进""后退""旋转"等动作，对坐标系的探索也通过"前进方向""后退方向""左侧方向""右侧方向"等"小海龟"调整自身角度方位的命令来完成。

结合下面的代码，分析图 8-7 所示的 turtle 的绘图坐标系。

```
from turtle import *
turtle.setup(500,300,200,200)
```

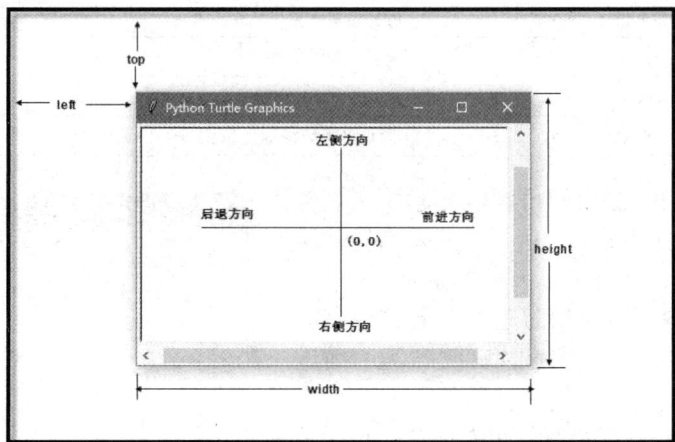

图 8-7　turtle 的绘图坐标系

turtle.setup()函数用于设置绘图窗口的大小和位置，语法格式如下。

```
turtle.setup(width,height,top,left)
```

其中，参数 width 和 height 表示绘图窗口的宽度和高度。如果参数是整数，则单位是

px；如果参数是小数，则表示与屏幕的比例。参数 top 和 left 表示窗口上边界和左边界与屏幕边界的距离，如果值是 None，则表示窗口位于屏幕中央。

### 2．turtle 的画笔控制函数

turtle 的画笔控制函数主要设置画笔的状态，如画笔的抬起和落下状态，以及设置画笔的宽度、颜色等。turtle 的画笔控制函数如表 8-10 所示。

表 8-10　turtle 的画笔控制函数

| 函　　数 | 功　　能 |
| --- | --- |
| turt1e.penup()，turtle.pu()，turtle.up() | 提起画笔，用于移动画笔位置，与 pendown()配合使用 |
| turtle.pendown()，turtle.pd()，turtle.down() | 放下画笔，移动画笔将绘制图形 |
| turtle.pensize()，turtle.width() | 设置画笔的宽度，若为空，则返回当前画笔的宽度 |
| turtle.pencolor(colorstring)，turtle.pencolor((r,g,b)) | 设置画笔颜色，若无参数，则返回当前画笔的颜色 |

在 turtle.pencolor(colorstring)函数中，colorstring 表示颜色的字符串。例如，"purple""red" "blue"等，也可以使用(r,g,b)元组形式表示颜色值，其中 r、g、b 每个分量的取值范围都是 [0,255]。

### 3．turtle 的图形绘制函数

turtle 通过一组函数完成图形绘制，这种绘制是通过控制画笔的行进动作完成的，所以 turtle 的图形绘制函数也叫运动控制函数。这些函数控制画笔的前进、后退、方向等，如表 8-11 所示。

表 8-11　turtle 的图形绘制函数

| 函　　数 | 功　　能 |
| --- | --- |
| turtle.fd(distance)，turtle.foward(distance) | 控制画笔沿当前行进方向前进 distance 距离，distance 的单位是 px，当值为负数时，表示向相反方向前进 |
| turtle.seth(angle)，turtle.setheading(angle) | 改变画笔绘制方向，angle 是绝对方向的角度值 |
| turtle.circle(radius, extents) | 用来绘制一个弧形，根据半径 radius 绘制 extents 角度的弧形 |
| turtle.left(angle) | 向左旋转 angle 角度 |
| turtle.right(angle) | 向右旋转 angle 角度 |
| turtle.setx(x) | 将当前 x 轴移动到指定位置，x 单位是 px |
| turtle.sety(y) | 将当前 y 轴移动到指定位置，y 单位是 px |

图 8-8 是 turtle 绘图的角度坐标系。在该坐标系中，以正东向为绝对 0°，这是画笔的默认方向，正西向为绝对 180°。该坐标系是 turtle 的绝对坐标系，与画笔当前的前进方向无关。因此，可以利用这个绝对坐标系随时更改画笔的前进方向。

turtle.circle()是图形绘制的重要函数，该函数根据半径 radius 绘制 extents 角度的弧形，其格式如下。

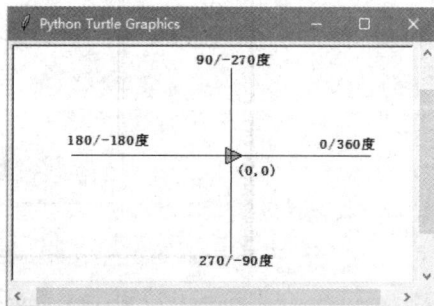

图 8-8　turtle 绘图的角度坐标系

```
turtle.circle(radius, extents)
```

其中，radius 是弧形半径，当值为正数时，弧形在画笔左侧，当值为负数时，弧形在

画笔右侧。extents 是绘制弧形的角度，当不设置参数或参数设置为 None 时，绘制整个圆形。

**例 8-11**　绘制图案为紫色正方形螺旋。

```
1    # ex0811.py
2    '''绘制图案为紫色正方形螺旋'''
3    import turtle
4    turtle.setup(400,360)
5    turtle.pensize(2)              # 设置画笔宽度为 2px
6    turtle.pencolor("purple")      # 设置画笔颜色为紫色
7    turtle.shape("turtle")         # 设置画笔形状为"海龟"
8    turtle.speed(10)               # 设置绘图速度为 10
9    a = 5                          # 起始移动长度 a 为 5px
10   for i in range(40):           # 循环 40 次
11       a = a + 6                 # 移动长度 a，每次增加 6px
12       turtle.left(90)          # 画笔每次移动旋转 90°
13       turtle.fd(a)             # 画笔向前移动 a px
14   turtle.hideturtle()           # 隐藏画笔
15   turtle.done()                 # 结束绘制
```

在例 8-11 中，第 3～8 行完成了绘图的初始化工作，如设置窗口的大小、画笔的宽度、画笔的颜色等。第 10～13 行使用 for 循环绘制正方形。每笔绘制完成后，画笔的长度增加 6px，画笔的方向左转 90°。程序运行后的效果如图 8-9 所示。

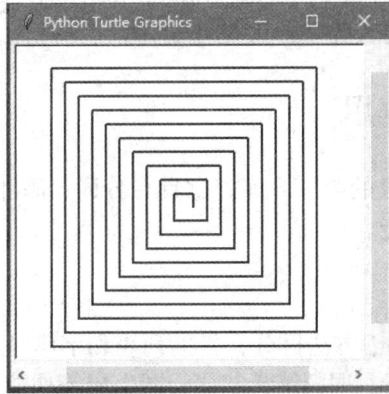

图 8-9　例 8-11 的绘图效果

**例 8-12**　心形图标的绘制。

```
1    # ex0812.py
2
3    import turtle
4
5    def gxy():                    # 绘制 200 个点，每点的画笔方向右转 1°
6        for i in range (200):
7            turtle.right(1)       # 调整画笔前进方向，右转 1°
8            turtle.forward(1)
9
10   turtle.setup(400,300)
11   turtle.color('red','pink')
12   turtle.pensize(2)
13   turtle.speed(30)
14   turtle.goto(0,-100)
15
16   turtle.begin_fill()
17   turtle.left(140)              # 调整画笔前进方向，左转 140°
18   turtle.forward(112)
```

```
19    gxy()
20    turtle.left(120)
21    gxy()
22    turtle.forward(112)
23    turtle.end_fill()
24    # 绘制文字
25    turtle.up()
26    turtle.seth(180)                # 调整画笔方向左转180°
27    turtle.fd(100)
28    turtle.write("I Love Python")
29    turtle.hideturtle()             # 隐藏画笔
```

在例 8-12 中，第 5～8 行是绘制心形圆弧的函数，心形由每次右转 1° 的 200 个点组成；第 10～13 行完成画笔的初始化工作；第 14 行重置画笔的起始点；第 16～23 行是心形的绘制过程，心形由两条旋转一定角度的线段和两个圆弧组成；最后，在心形的左下方输出文字 "I Love Python"，程序运行后，显示的结果如图 8-10 所示。

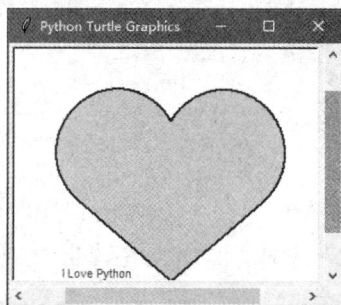

图 8-10　例 8-12 的绘图效果

练习

编写程序，使用 turtle 库的 turtle.fd()函数和 turtle.seth() 函数，用 for 循环绘制一个边长为 100px 的正方形。

## 8.6　jieba 库的应用

jieba 是用于中文单词拆分的第三方库，它具有分词、添加用户词典、提取关键词和词性标注等功能。

### 8.6.1　jieba 库简介

英文字符串可以使用 split()方法拆分，借助列表和字典等组合数据类型，可进一步完成高频词分析、词频统计、词云图生成等功能。下面代码用 split()方法将英文句子中的单词拆分到列表中。

```
>>> str1 = "put the people First"
>>> str1.split()
['put', 'the', 'people', 'First']
```

如果是一段中文文本（可以包括英文单词），例如，"Python 是一种优美简洁的计算机语言"，要想拆分其中的中文单词是十分困难的，因为英文文本可以通过空格或者标点符号分隔，而中文文字或单词之间缺少分隔符，这是中文及类似语言独有的 "分词" 问题。下面代码使用 jieba 库中的 lcut()函数实现中文单词的拆分。

```
>>> import jieba
>>> str1 = "AIGC技术的发展带来了无限可能，让未来触手可及"
>>> jieba.lcut(str1)
Building prefix dict from the default dictionary ...
Loading model from cache C:\Users\ Administrator\AppData\Local\Temp\jieba.cache
Loading model cost 1.093 seconds.
Prefix dict has been built successfully.
['AIGC', '技术', '的', '发展', '带来', '了', '无限', '可能', '，', '让', '未来', '触手
可及']
```

jieba 库是第三方库，不是 Python 安装包自带的，因此需要通过 pip 命令安装，命令如下。

```
C:\Users\Administrator> pip install jieba
```

jieba 库的分词原理是利用一个中文词库，将待分词的文本与分词词库进行比对，通过图结构和动态规划方法找到最大概率的词组。

jieba 库支持的 3 种分词模式如下。

- 精确模式：试图将句子精确地切开，适用于文本分析。
- 全模式：把句子中所有的可以成词的词语都扫描出来，速度快，但是不能解决歧义问题。
- 搜索引擎模式：在精确模式的基础上，对长词再次切分，提高召回率，适合用于搜索引擎分词。

### 8.6.2 jieba 库的分词函数

jieba 库提供了分词功能，为提高分词的准确程度，我们可以自定义分词词典。jieba 库常用的分词函数如表 8-12 所示。例 8-13 是 jieba 库的分词应用。

表 8-12　jieba 库常用的分词函数（共 6 个）

| 函　　数 | 功 能 描 述 |
|---|---|
| jieba.cut(s) | 精确模式，返回一个可迭代的数据类型 |
| jieba.cut(s,cut_all=True) | 全模式，输出文本 s 中所有可能的单词 |
| jieba.cut_for_search (s) | 搜索引擎模式，搜索建立索引的分词结果 |
| jieba.lcut(s) | 精确模式，返回一个列表类型 |
| jieba.lcut(s,cut_all=True) | 全模式，返回一个列表类型 |
| jieba. lcut_for_search (s) | 搜索引擎模式，返回一个列表类型 |

例 8-13　jieba 库的分词应用。

```
>>> import jieba
>>> str1 = "实施科教兴国战略，强化现代化建设人才支撑"
>>> seg_list = jieba.cut(str1)
>>> seg_list
<generator object Tokenizer.cut at 0x05AD6AB0>
>>> for s in seg_list:print(s,end=',')
实施,科教兴国,战略,，,强化,现代化,建设,人才,支撑,
>>> jieba.lcut(str1)
['实施', '科教兴国', '战略', '，', '强化', '现代化', '建设', '人才', '支撑']
>>> jieba.lcut(str1,cut_all=True)
['实施', '科教', '科教兴国', '兴国', '战略', '，', '强化', '现代', '现代化', '建设', '人才', '支撑']
>>> jieba.lcut_for_search(str1)
['实施', '科教', '兴国', '科教兴国', '战略', '，', '强化', '现代', '现代化', '建设', '人才', '支撑']
```

jieba.lcut(s)函数返回精确模式，输出的分词能够完整且不多余地组成原始文本。

jieba.lcut(s,cut_all=True)函数返回全模式，输出原始文本中可能产生的所有分词，冗余性大。

jieba.lcut_for_search(s)函数返回搜索引擎模式，该模式首先执行精确模式，然后对其中的长词进一步加以切分。由于列表类型通用且灵活，建议使用上述 3 种能够返回列表类型的分词函数。

### 8.6.3 添加单词和自定义词典

默认情况下，表 8-12 中的 jieba.cut()等分词函数能够较高概率地识别一些新词，如名字或缩写，即使类似姓名的一些词不在词典中，分词函数也能够根据中文字符间的相关性

完成识别。

对于无法识别的分词，我们也可以向分词库中添加新词；对于一些相对集中或专业的应用，我们还可以定义自己的词典或调整词典，相关函数如下。

- jieba.add_word(word, freq=None, tag=None)：向词典添加单词。
- jieba.del_word(word)：删除词典中的单词。
- jieba.suggest_freq(segment, tune=True)：调节单个词语的词频，使其能（或不能）被拆分。

**例8-14**　向分词库添加单词。

```
>>> import jieba
>>> jieba.lcut("创造性与分析性思维，好奇力与学习能力等通识素养是未来最需要培养的技能")
['创造性', '与', '分析', '性', '思维', '，', '好奇', '力', '与', '学习', '能力', '等', '通识', '素养', '是', '未来', '最', '需要', '培养', '的', '技能']
>>> jieba.add_word("分析性")
>>> jieba.add_word("好奇力")
>>> jieba.lcut("创造性与分析性思维，好奇力与学习能力等通识素养是未来最需要培养的技能")
['创造性', '与', '分析性', '思维', '，', '好奇力', '与', '学习', '能力', '等', '通识', '素养', '是', '未来', '最', '需要', '培养', '的', '技能']
```

我们可以指定自己定义的词典，以便包含 jieba 词库里没有的词。虽然 jieba 库有新词识别能力，但是添加新词到词典可以保证更高的正确率。jieba.load_userdict(file_name)方法用于添加词典，其中，file_name 为文件类对象或自定义词典的路径。

**例8-15**　用户自定义词典的应用。

```
>>> import jieba
>>> jieba.lcut("张林一是创新办主任也是云计算方面的专家 ")
['张林', '一是', '创新', '办', '主任', '也', '是', '云', '计算', '方面', '的', '专家', ' ']
>>> jieba.load_userdict('dict1.txt')
>>> jieba.lcut("张林一是创新办主任也是云计算方面的专家 ")
['张林一', '是', '创新办', '主任', '也', '是', '云计算', '方面', '的', '专家', ' ']
>>> print('/'.join(jieba.cut('如果放到post中将出错。')))
如果/放到/post/中将/出错/。
>>> jieba.suggest_freq(('中', '将'), True)
494
>>> print('/'.join(jieba.cut('如果放到post中将出错。', HMM=False)))
如果/放到/post/中/将/出错/。
```

用户自定义词典的文件格式是每个单词占 1 行，每行分 3 个部分：词语、词频（可省略）、词性（可省略），用空格隔开，顺序不可颠倒。通常的字典文件的编码格式为 UTF-8。下面是例 8-15 的字典文件 dict1.txt 的结构。

```
云计算 5
创新办 4
张林一 2 nr
创新办 3 i
easy_install 3 eng
好用 300
```

### 8.6.4　基于 TF-IDF 算法的关键词抽取

TF-IDF 是一种用于信息检索与文本挖掘的加权技术，用来评估一个单词在一个文件中的重要程度。jieba.analyse 模块中的 extract_tags()方法用于在指定文本中完成基于 TF-IDF 算法的关键词抽取。其语法格式如下。

```
jieba.analyse.extract_tags(sentence, topK=20, withWeight=False, allowPOS=())
```

其中，sentence 为待提取的文本；topK 为返回 TF-IDF 权重最大关键词的数量，默认值为 20；withWeight 表示是否一并返回关键词权重值，默认值为 False；allowPOS 仅包括指定词性的词，默认值为空，即不筛选。

**例 8-16** 基于 TF-IDF 算法的关键词抽取的应用。

```
>>> import jieba.analyse
>>> import jieba
>>> content = '''教育、科技、人才是全面建设社会主义现代化国家的基础性、战略性支撑。必须坚持科技是第一生产力、人才是第一资源、创新是第一动力，深入实施科教兴国战略、人才强国战略、创新驱动发展战略，开辟发展新领域新赛道，不断塑造发展新动能新优势。'''
>>> tags = jieba.analyse.extract_tags(content, topK=4)
>>> tags
['人才', '战略', '第一', '科教兴国']
```

jieba 库还有更丰富的分词功能，这涉及自然语言处理领域，本节不再深入介绍。

### 8.6.5 中文文本的词频统计

统计中文词频，首先要使用 jieba 库完成分词功能，然后采用与英文词频统计一样的方法即可。编写中文文本词频统计程序的思路如下。

（1）将中文文本保存到一个字符串变量 article 中，使用 jieba.lcut()函数实现分词功能，解析后的分词保存在列表 words 中。

如果统计一个文件中的中文词频，可以使用 open()函数读取文件到变量 article 中。

（2）先定义一个空的字典 word_freq，再逐个读取列表 words 中的汉字单词，重复下面的操作。

- 如果字典 word_freq 的 key 中没有这个单词，向字典中添加元素，key 是这个单词，value 值是 1；如果字典的 key 中存在这个单词，字典的 value 值加 1。
- 当列表中的单词全部读取结束后，每个单词出现的次数被存在字典 word_freq 中，word_freq 的 key 是单词，word_freq 的 value 值是单词出现的次数。

（3）为了得到比较好的输出结果，将字典转换为列表后，排序，输出。

**例 8-17** 《新一代人工智能发展规划》中的高频词统计。

2017 年，国务院发布《新一代人工智能发展规划》，该规划明确提出了在中小学阶段设置人工智能相关课程的要求，为人工智能教育的发展奠定了政策基础。下面来统计该文件（ai2017.txt）中的高频词。

```
1   # ex0817.py
2   '''
3   使用jieba库分解中文文本，并使用字典实现词频统计
4   '''
5   import jieba
6
7   # 读文件和解析文件
8   article = open("ai2017.txt", encoding='utf-8').read()
9   words = jieba.lcut(article)
10
11  # 统计词频
12  word_freq = {}
13  for word in words:
14      if len(word) == 1:
15          continue
16      else:
17          word_freq[word] = word_freq.get(word, 0) + 1
18  # 排序
19  freq_word = []
```

```
20      for word, freq in word_freq.items():
21          freq_word.append((word, freq))
22      freq_word.sort(key=lambda x: x[1], reverse=True)
23      max_number = int(input("显示《新一代人工智能发展规划》前多少个高频词？ "))
24      # 输出
25      for word, freq in freq_word[:max_number]:
26          print(word, freq, end="\t")
```

程序运行结果如下。

```
>>>
显示《新一代人工智能发展规划》前多少个高频词？   30
人工智能 369    智能 232    技术 115    发展 107    应用 85    创新 66    系统 66    建设 59    平台 58
研究 58    重点 56    计算 56    社会 54    领域 50    产业 49    加强 49    研发 49    理论 46    建立 45
智能化 43    协同 43    数据 43    国家 42    体系 42    学习 42    服务 42    支撑 40    形成 40
知识 40    企业 40
>>>
```

为保证程序的通用性，程序的第 14～15 行排除了单个汉字的分词结果，保证如"的""在"","等一些无关的单字词或标点不出现在统计结果中。

观察运行结果，如果只统计高频词中与"新一代人工智能发展"密切相关的词语出现次数，可以采用排除非相关词语的策略。为提高程序的可扩展性，我们将需要排除的单词存入文本文件中，将来如果需要增加排除的单词，只要修改文本文件即可。用于排除单词的文本文件命名为 excludewords.txt，文件中被排除的每个单词占一行。基于上例的结果，排除的单词包括"系统""社会""建立""形成"等。

**例 8-18** 引用了排除单词文件的高频词统计。

```
1   # ex0818.py
2   '''
3   使用 jieba 库分解中文文本，并使用字典实现词频统计，统计结果中排除
4   部分单词，被排除单词保存在文件 excludewords.txt 中
5   '''
6   import jieba
7
8   stopwords = [line.strip() for line in open('excludewords.txt', 'r', \
9                                 encoding='utf-8').readlines()]
10  stopwords.append(' ')
11
12  article = open("ai2017.txt", encoding='utf-8').read()
13  words = jieba.cut(article, cut_all=False)
14
15  word_freq = {}
16  for word in words:
17      if (word in stopwords) or len(word) == 1:
18          continue
19      if word in word_freq:
20          word_freq[word] += 1
21      else:
22          word_freq[word] = 1
23
24  freq_word = []
25  for word, freq in word_freq.items():
26      freq_word.append((word, freq))
27  freq_word.sort(key=lambda x: x[1], reverse=True)
28  max_number = int(input("显示《新一代 AI 发展规划》前多少个高频词？ "))
29  for word, freq in freq_word[:max_number]:
30      print(word, freq, end="\t")
```

程序运行结果如下。

```
>>>
显示《新一代 AI 发展规划》前多少个高频词？  30
AI 369    智能 232    技术 115    发展 107    应用 85    创新 66    建设 59    平台 58    研究 58
重点 56    计算 56    产业 49    加强 49    研发 49    理论 46    智能化 43    协同 43    数据 43    体系 42
支撑 40    知识 40    企业 40    科技 39    自主 39    重大 38    感知 38    支持 34    经济 33
实现 33    基础 33
>>>
```

观察运行结果可以看出，文件 excludewords.txt 中的单词被排除了，但又增加了一些词频高的不必要的单词，这时就需要继续调整 excludewords.txt 中的排除单词，直到结果符合用户的要求。

### 8.6.6　使用词云实现文本数据可视化

词云是一种可视化的数据展示方法，它根据词语在文本中出现的频率设置词语在词云中的大小、颜色和显示层次。词云使用第三方库 wordcloud 库实现，它以词语为基本单位，直观和艺术地展示文本，安装命令是"pip install worldcloud"。

对于党的二十大报告文档"reports20.txt"，生成的词云如图 8-11 所示。

图 8-11　程序的运行效果

生成词云图的大致步骤如下：首先读取文本文件，并利用 jieba 库分词，根据需要排除无关的词语；然后生成词云对象，可以通过参数，利用图片遮罩控制词云图的形状和改变词云图的颜色；最后使用第三方库 matplotlib.pyplot 来显示图片，或者保存图片。

下面详细分析程序的实现过程。

（1）读取文本文件

以读取文本文件 reports20.txt 为例，读者可以根据需要选择想要生成词云图的文件。

```
txt = ''
with open(r'reports20.txt', 'r', encoding="utf-8") as f:
    txt = f.read()
```

（2）使用第三方库 jieba 分词，并删除冗余或无关的词语

为了让词云图尽可能地显示关键词语，可以利用 jieba 库的 del_word()方法删除冗余的词语。然后使用 jieba.lcut()方法分词，并删除单字词。

```
import jieba
exclusion = ['一个', '一些', '一切', '具有', '不少', '反对', '方面', '着力', '的', '更
加', '形成']
for word in exclusion:
    jieba.del_word(word)
words = jieba.lcut(txt)
# 删除单字词
for word in words:
```

```
        if len(word) == 1:
            del words[words.index(word)]

cuted = ' '.join(words)
print(cuted)                    #测试输出前100个字符
```

（3）生成词云对象和词云图片

```
from wordcloud import WordCloud
# wordcloud 默认不支持中文显示，需要先添加一个中文字体文件
# 安装的中文字体文件通常情况在 C:\Windows\Fonts 目录下
fontpath = r'C:\Windows\Fonts\FZKTJW.TTF'
wcloud = WordCloud(font_path=fontpath,        # 设置字体
                background_color="white",     # 背景颜色
                max_words=600,                # 词云显示的最大词数
                max_font_size=400,            # 字号最大值
                min_font_size=10,             # 字号最小值
                random_state=42,              # 随机数
                collocations=False,           # 避免重复词语
                width=800, height=500, margin=1,  # 设置图像宽高和边距
                )
wcloud.generate(cuted)
wcloud.to_file("test2.png")
```

（4）在屏幕上显示生成的图片

```
import matplotlib.pyplot as plt
plt.figure(dpi=150)    # 设置图片可以放大或缩小
plt.imshow(wcloud)
plt.axis("off")        # 隐藏坐标
plt.show()
```

**例 8-19**　使用 jieba、wordcloud、matplotlib 等第三方库实现文本可视化。
完整的程序代码如下。

```
1    # ex0819.py
2    txt = ''
3    with open(r'reports20.txt', 'r', encoding="utf-8") as f:
4        txt = f.read()
5    # print(txt[:100])
6
7    import jieba
8
9    # exclusion = ['一个', '一些', '一切', '具有', '不少', '反对', '方面', '着力', '的
', '更加', '形成']
10   # for word in exclusion:
11   #     jieba.del_word(word)
12   words = jieba.lcut(txt)
13   # 删除单字词
14   for word in words:
15       if len(word) == 1:
16           del words[words.index(word)]
17
18   cuted = ' '.join(words)
19   print(cuted[:100])
20
21   from wordcloud import WordCloud
22
23   # wordcloud 默认不支持中文显示，需要先添加一个中文字体文件
24   # 安装的中文字体文件通常情况在 C:\Windows\Fonts 目录下
25   fontpath = r'C:\Windows\Fonts\FZKTJW.TTF'
26   wcloud = WordCloud(font_path=fontpath,        # 设置字体
27               background_color="white",         # 背景颜色
28               max_words=600,                    # 词云显示的最大词数
```

```
29                      max_font_size=400,      # 字号最大值
30                      min_font_size=10,       # 字号最小值
31                      random_state=42,        # 随机数
32                      collocations=False,     # 避免重复词语
33                      width=800, height=500, margin=1,  # 设置图像宽高和边距
34                      )
35   wcloud.generate(cuted)
36   wcloud.to_file("test2.png")
37   # 以下代码显示图片
38   import matplotlib.pyplot as plt
39
40   plt.figure(dpi=150)     # 设置图片可以放大或缩小
41   plt.imshow(wcloud)
42   plt.axis("off")          # 隐藏坐标
43   plt.show()
```

## 8.7 利用 AI 工具辅助使用第三方库*

Python 编程需要大量使用第三方库。如果是在 IDLE 下编程，使用 pip 命令安装第三方库后，在程序中使用 import 语句导入即可。如果使用集成开发环境开发规模较大的程序，如 PyCharm，那么该如何安装第三方库呢？可以用 AI 工具咨询。

**例 8-20** 利用 DeepSeek，咨询如何在 PyCharm 中安装第三方库。

USER：PyCharm 环境下，如何安装第三方库到项目中？

AI：在 PyCharm 环境下，安装第三方库到项目中是一个常见的需求，以下提供几种常用方法。

一、内部安装

打开 PyCharm 并加载项目：首先，确保你已经打开了 PyCharm 并且加载了想要安装第三方库的项目。

访问设置：单击顶部菜单栏的"File"选项，然后选择"Settings"（在 Mac 系统中可能是"PyCharm"->"Preferences"）。

定位到 Python 解释器：在设置窗口中，找到并单击"Project: [你的项目名]"下的"Python Interpreter"选项。这里会显示当前项目所使用的 Python 解释器以及已经安装的包列表。

搜索并安装第三方库：在"Python Interpreter"窗口中，单击右下角的"+"按钮，进入包搜索页面。在搜索框中输入你想要安装的库的名称，PyCharm 会自动搜索并显示相关结果。找到你想要安装的库后，单击右侧的"Install Package"按钮。等待安装完成，新安装的库将出现在已安装的包列表中。

二、终端安装

打开 PyCharm 终端：在 PyCharm 的底部区域，通常有一个"Terminal"标签页，单击它可以打开终端。如果没有，可以通过单击底部的终端图标或者使用快捷键（如 Alt + F12，具体快捷键可能因 PyCharm 版本或设置而异）来打开。

使用 pip 安装：在终端中输入"pip install 库名"命令，其中"库名"是你想要安装的第三方库的名称。例如，要安装 numpy 库，就输入 pip install numpy。然后按下 Enter 键，等待安装完成。PyCharm 会自动下载并安装所需的库。

三、下载 wheel 文件安装

（其他回答略）

此外，我们还可以要求 AI 工具使用第三方库进行编程。

**例 8-21**　利用 DeepSeek，编写使用第三方库的程序，生成英文文本的词云图。

> USER：编写 Python 程序，使用第三方库 wordcloud 生成英文文本的词云图。
>
> AI：为了生成英文文本的词云图，你可以使用 Python 的 wordcloud 库。以下是一个简单的示例程序，展示了如何生成并显示一个词云图。
>
> 首先，你需要安装 wordcloud 和 matplotlib 库（如果你还没有安装它们的话）。接下来，你可以使用以下 Python 代码来生成词云图：
>
> ```python
> from wordcloud import WordCloud
> import matplotlib.pyplot as plt
> # 示例英文文本
> text = """
> Python is an interpreted high-level general-purpose programming language. Python's
> design philosophy emphasizes code readability with its notable use of significant
> indentation. Its language constructs and object-oriented approach aim to help
> programmers write clear, logical code for small and large-scale projects.
> """
> # 创建词云对象
> wordcloud = WordCloud(width=800, height=400, background_color='white',
> colormap='viridis').generate(text)
> # 显示词云图
> plt.figure(figsize=(10, 5))
> plt.imshow(wordcloud, interpolation='bilinear')
> plt.axis('off')  # 关闭坐标轴
> plt.show()
> ```
>
> （代码解释略）

# 习　题　8

**1. 选择题**

（1）下列导入模块的语句中，**不正确**的是哪一项？（　　　）

A. import numpy as np
B. from numpy import * as np
C. from numpy import *
D. import matplotlib.pyplot

（2）下列关于包的说法中，**不正确**的是哪一项？（　　　）

A. 包的外层目录必须包含在 Python 的搜索路径中
B. 包的所有下级子目录都需要包含一个 __init__.py 文件
C. 包由模块、类和函数等组成
D. 包的扩展名是.py

（3）下列哪个是 Python 的标准库？（　　　）

A. turtle　　　　B. jieba　　　　C. PIL　　　　D. pyintaller

（4）下列选项中，哪一个**不是** pip 命令的参数？（　　　）

    A. list          B. show         C. install        D. change

（5）模块文件 m1.py 如下。

```
# 模块文件: m1.py
x = 1
def testm():
    print("This is a test,in function testm()")
type(x)
print("module output test1")
print("module output test2")

if __name__ == "__main__":
    testm()
```

在 IDLE 交互模式下，执行 import m1 语句后的结果是哪一项？（　　　）

    A.  1/module output test1/module output test2

    B.  &lt;class 'int'&gt;/module output test1/module output test2

    C.  module output test1/module output test2

    D.  This is a test,in function testm()/module output test1/module output test2

（6）Python 中能够处理图像的第三方库是哪一项？（　　　）

    A. PIL          B. pyserial       C. requests      D. pyinstaller

（7）Python 中用于数据分析的第三方库是哪一项？（　　　）

    A. Django       B. flask         C. pandas        D. PIL

（8）Python 中**不属于**图形用户界面开发的第三方库是哪一项？（　　　）

    A. wxpython     B. PyQt5       C. turtle        D. pygtk

（9）以下关于 turtle 库的描述，**不正确**的是哪一项？（　　　）

    A.  seth(x)是 setheading(x)函数的别名，让画笔旋转 $x$ 角度

    B.  home()函数设置当前画笔位置到原点，方向朝上

    C.  可以使用 import turtle 语句导入 turtle 库

    D.  在导入 turtle 库之后，可以用 turtle.circle()函数画一个圆

（10）turtle 画图结束后，让画面停顿，不立即关掉窗口的是哪一项？（　　　）

    A. turtle.clear()    B. turtle.setup()    C. turtle.penup()    D. turtle.done()

**2．简答题**

（1）Python 导入模块时一般采用什么搜索顺序？

（2）Python 的内置属性__name__有什么作用？

（3）Python 的第三方库如何安装？如何查看当前计算机中已经安装的第三方库？

（4）简述用 Python 的第三方库 pyinstaller 打包文件的过程和注意事项。

（5）模块和包有什么区别？它们之间的关系是什么？

（6）举例说明 random 库中 5 种函数的功能。

（7）turtle.setup()函数的功能是什么？

（8）使用 jieba 库的什么函数可以实现精确分词，并返回一个列表？

**3．阅读程序**

（1）使用 turtle 库的 turtle.fd()函数和 turtle.seth()函数绘制一个边长为 100px 的正八边

形，如图 8-12 所示。完善程序，补充【代码 1】和【代码 2】处的内容。

```
import turtle
turtle.pensize(2)
d = 0
for i in range(1, 【代码1】):
    turtle.fd(100)
    d += 【代码2】
    turtle.seth(d)
```

（2）使用 turtle 库的 turtle.fd()方法和 turtle.seth()方法绘制一个每方向边长为 100px 的十字形，如图 8-13 所示。完善程序，补充【代码 1】和【代码 2】处的内容。

```
import turtle
for i in range(4):
    turtle.fd(100)
    【代码1】(-100)
    【代码2】((i+1)*90)
```

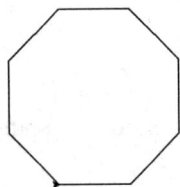

图 8-12　正八边形

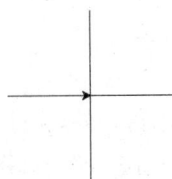

图 8-13　十字形

### 4．编程题

（1）使用 random 库，产生 10 个 100～200 的随机数，并求其最大值、平均值、标准差和中位数。

（2）使用 datetime 库，对某一个日期（含时间）数据，输出不少于 8 种日期格式。

（3）使用 turtle 库绘制一个叠加三角形，如图 8-14 所示。

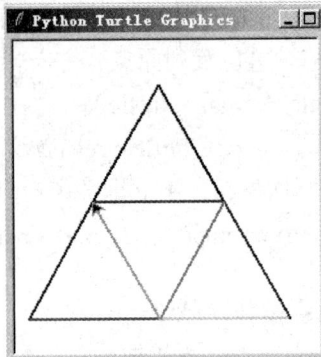

图 8-14　叠加三角形的效果

（4）编写程序统计《三国演义》中出场最多的前 10 位人物。

# 第9章 Python 的文件操作

文件被广泛应用于用户和计算机之间的数据交换。Python 程序可以从文件读取数据，也可以向文件写入数据。我们在处理文件过程中，不仅可以操作文件内容，也可以管理文件目录。本章介绍 Python 的文件操作，重点包括文件的概念、文件的打开与关闭、文件的读写操作及文件的目录操作等内容。

## 9.1 文件的概念

文件是数据的集合，以文本、图像、音频、视频等形式存储在计算机的外部介质中。存储文件可以使用本地存储、移动存储或网络存储等形式，最典型的存储介质是磁盘。根据存储格式不同，文件通常分为文本文件和二进制文件两种形式。

### 1．文本文件和二进制文件

文本文件由字符组成，这些字符按 ASCII 码、UTF-8 或 Unicode 等格式进行编码。Windows 记事本创建的.txt 格式的文件就是典型的文本文件，以.py 为扩展名的 Python 源文件、以.html 为扩展名的网页文件等也都是文本文件。文本文件可以被多种编辑软件创建、修改和阅读，常见的编辑软件有记事本、Notepad++等。

二进制文件存储的是由 0 和 1 组成的二进制编码。二进制文件内部数据的组织格式与文件用途有关。典型的二进制文件包括.bmp 格式的图像文件、.avi 格式的视频文件、各种计算机语言编译后生成的文件等。

文本文件和二进制文件的主要区别在于编码格式，二进制文件只能按字节处理，文件读/写的是字节字符串。

无论是文本文件还是二进制文件，都可以用"文本文件方式"和"二进制文件方式"打开，但打开后的操作是不同的。

### 2．文件的编码方式

编码就是用数字来表示符号和文字，它是符号、文字存储和显示的基础。我们经常可以接触到的用密码对文件加密，然后进行传输和破译的过程，就是一种编码和解码的过程。

计算机有很多种编码方式。ASCII 码（美国标准信息交换码）是最早的编码，仅对 10 个数字、26 个大写英文字符、26 个小写英文字符及其他一些常用符号进行了编码。ASCII 码采用 8 位（1 字节）编码，最多只能表示 256 个字符。

为了满足汉语、日语、阿拉伯语等不同语系的文字编码的需要，于是又有了 GB 2312、GBK、UTF-8 等格式的编码。不同的编码方式意味着把同一字符存入文件时，写入的内容可能不同。Python 程序读取文件时，一般需要指定读取文件的编码方式，否则程序运行时可能出现异常。

Unicode 是国际统一的字符编码标准，它是编码转换的基础。编码转换时，先把一种编码的字符串转换成 Unicode 编码的字符串，然后转换成其他编码的字符串。

UTF-8 编码是 Unicode 标准的具体实现，是国际通用的编码方式，用 8 位（1 字节）表示英语（兼容 ASCII 码），以 24 位（3 字节）表示中文及其他语言。如果文件使用 UTF-8 编码格式，在任何平台下（中文操作系统、英文操作系统、日文操作系统等）都可以显示不同国家的文字。Python 语言源文件默认的编码方式是 UTF-8。

UTF-16 编码和 UTF-32 编码也是 Unicode 标准的具体实现。

GB 2312 编码是中国国家标准简体中文字符集，用 1 字节表示英文字符，用 2 字节表示汉字字符。GBK 是对 GB 2312 的扩充。

需要注意的是，采用不同的编码方式，写入文件的内容可能是不同的。就汉字编码而言，GBK 编码的 1 个汉字占 2 个字节空间，UTF-8 编码的 1 个汉字占 3 个字节空间。

### 3．文件指针的概念

文件指针是文件操作的重要概念，Python 用指针表示当前位置。在文件的读写过程中，指针的位置是自动移动的，我们可以使用 tell()方法测试文件指针的位置，使用 seek()方法移动指针的位置。以只读方式打开文件时，指针会指向文件开头；向文件中写入数据或追加数据时，指针会指向文件末尾。通过设置指针的位置，可以实现文件的定位读写。

## 9.2 文件的打开与关闭

微课视频

无论是文本文件还是二进制文件，在进行文件的操作前，都需要先打开文件，操作结束后再关闭文件。打开文件是指将文件从外部介质读取到内存中，文件被当前程序占用，其他程序不能操作这个文件。在某些写文件的模式下，打开不存在的文件可以创建文件。

文件操作完成之后需要关闭文件，释放程序对文件的控制，将文件内容存储到外部介质后，其他程序才能够操作这个文件。

### 1．打开文件

内置函数 open()用来打开文件，并创建一个文件对象。open()函数的基本格式如下。

```
myfile = open(filename[,mode])
```

其中，myfile 为引用文件的变量；filename 为用字符串描述的文件名，可以包含文件的存储路径；mode 为文件打开模式，用于指明将要对文件采取的读或写操作。文件打开模式及说明如表 9-1 所示。

表 9-1　文件打开模式及说明

| 打 开 模 式 | 说　　　明 |
|---|---|
| r | 以只读模式打开（默认值）。该模式打开的文件必须存在，如果不存在，将报异常 |
| r+ | 以读/写模式打开。该模式打开的文件必须存在，如果不存在，将报异常 |
| w | 以写模式打开。如果文件存在，清空内容后重新创建文件 |
| w+ | 以读/写模式打开。如果文件存在，清空内容后重新创建文件 |
| a | 以追加的方式打开，写入的内容追加到文件尾。如果以该模式打开的文件已经存在，则不会清空，否则新建一个文件 |
| rb | 以二进制读模式打开，文件指针将会放在文件的开头 |
| wb | 以二进制写模式打开 |

| 打 开 模 式 | 说　　明 |
|---|---|
| ab | 以二进制追加模式打开 |
| rb+ | 以二进制读/写模式打开 |
| wb+ | 以二进制读/写模式打开。如果该文件已存在，则将其覆盖；如果该文件不存在，则会创建新文件 |
| ab+ | 以二进制读/写模式打开。如果该文件已存在，文件指针将会放在文件的末尾；如果该文件不存在，则会创建新文件用于读/写 |

**例 9-1**　以不同模式打开文件。

```
# 默认以只读模式打开，文件不存在时报告异常
>>> file1 = open("readme.txt")
Traceback (most recent call last):
  File "<pyshell#5>", line 1, in <module>
    file1=open("readme.txt")
FileNotFoundError: [Errno 2] No such file or directory: 'readme.txt'

# 以只读模式打开
>>> file2 = open("s1.py",'r')
# 以读/写模式打开，指明文件路径
>>> file3 = open("e:\\python312\\test.txt","w+")
# 以二进制读/写模式打开文件
>>> file4 = open("tu3.jpg","ab+")
```

**2．关闭文件**

close()方法用于关闭文件。Python 操作文件时，通常使用内存缓冲区缓存文件数据。关闭文件时，Python 将缓存的数据写入文件，然后关闭文件，并释放对文件的引用。file 是已经打开的文件，使用下面的代码将关闭文件。

```
file.close()
```

使用 flush()方法可将缓存的数据写入文件，但不关闭文件。

```
file.flush()
```

## 9.3　文件的读写操作

当文件被打开后，根据文件的访问模式可以对文件进行读写操作。如果文件是以文本文件方式打开的（默认），程序会按照当前操作系统的编码方式来读写文件，我们也可以指定编码方式来打开文件。如果文件是以二进制文件方式打开的，则程序会按字节流方式读写文件。表 9-2 给出了读写文件的常用方法及说明。

**表 9-2　读写文件的常用方法及说明**

| 方　　法 | 说　　明 |
|---|---|
| read([size]) | 读取文件全部内容。如果给出参数 size，读取 size 长度的字符或字节 |
| readline([size]) | 读取文件一行内容。如果给出参数 size，读取当前行 size 长度的字符或字节 |
| readlines([hint]) | 读取文件的所有行，返回行所组成的列表。如果给出参数 hint，读入 hint 行 |
| write(str) | 将字符串 str 写入文件 |
| writelines(seq_of_str) | 写多行到文件中，参数 seq_of_str 为可迭代的对象 |

### 9.3.1　读取文件数据

Python 提供了一组读取文件数据的方法。本节使用当前目录下的文本文件 test.txt，该

文件内容是关于党的二十大报告的一个简述，内容如下。

党的二十大报告对过去一段时间的工作进行了全面总结。
报告对未来发展的规划和展望,体现了党在新时代的使命和责任,也为全党全军全国各族人民指明了前进的方向。

### 1. read()方法

**例 9-2** 使用 read()方法读取文本文件的内容。

```
1   # ex0902.py
2   f = open("test.txt", "r",encoding="utf-8")
3   str1 = f.read(10)
4   print(str1)
5   str2 = f.read()
6   print(str2)
7   f.close()
```

上述代码的运行结果如下。

```
>>>
党的二十大报告对过去        # 读取 10 个字符
一段时间的工作进行了全面总结。
报告对未来发展的规划和展望,体现了党在新时代的使命和责任,也为全党全军全国各族人民指明了前进的方向。
```

程序以只读方式打开文件，先读取 10 个字符到变量 str1 中，输出 str1 值；接着，第 5 行的 f.read()命令读取从文件当前指针处开始的全部内容。可以看出，随着文件的读取，文件指针在变化。下面的代码也将显示文件的全部内容，从文件开头到文件结尾进行文件读取。

```
f = open("test.txt", "r",encoding="utf-8")
str2 = f.read()
print(str2)
f.close()
```

### 2. readlines()方法和 readline()方法

使用 readlines()方法可一次性读取文件中所有的行，如果文件很大，会占用大量的内存空间，读取的时间也会较长。

**例 9-3** 使用 readlines()方法读取文本文件的内容。

```
1   # ex0903.py
2   f = open("test.txt","r",encoding="utf-8")
3   flist = f.readlines()        # flist 是包含文件内容的列表
4   print(flist)
5   for line in flist:
6       print(line)             # print(line,end="")语句将不显示文件中的空行
7   f.close()
```

第 4 行代码的输出结果如下。

```
['党的二十大报告对过去一段时间的工作进行了全面总结。\n', '报告对未来发展的规划和展望,体现了党在新时代的使命和责任, 也为全党全军全国各族人民指明了前进的方向。']
```

第 5、6 行代码的输出结果如下。

```
党的二十大报告对过去一段时间的工作进行了全面总结。

报告对未来发展的规划和展望,体现了党在新时代的使命和责任,也为全党全军全国各族人民指明了前进的方向。
```

程序将文本文件 test.txt 的全部内容读取到列表 flist 中，这是第 1 部分的显示结果；为了更清晰地显示文件内容，用 for 循环遍历列表 flist，这是第 2 部分的显示结果。因为原来文本文件有换行符"\n"，用 print()语句打印时，也包含了换行，所以，第 2 部分代码运行时，行之间增加了空行。

使用 readline()方法可以逐行读取文件内容，在读取过程中，文件指针逐行后移。

**例 9-4** 使用 readline()方法读取文本文件的内容。

```
1   # ex0904.py
2   f = open("test.txt", "r",encoding="utf-8")
3   str1 = f.readline()
4   while str1 != "":  # 判断文件是否结束
5       print(str1)
6       str1 = f.readline()
7   f.close()
```

**3．遍历文件**

Python 将文件看作由行组成的序列，我们可以通过迭代方式逐行读取文本文件内容。

**例 9-5** 以迭代方式读取文本文件的内容。

```
1   # ex0905.py
2   f = open("test.txt", "r",encoding="utf-8")
3   for line in f:
4       print(line, end="")
5   f.close()
```

📖 **提示** 文本文件 test.txt 的编码方式是 UTF-8，所以打开文件的代码是 open("test.txt", "r",encoding="utf-8")。如果文件是 ANSI 编码方式，则打开文件的代码可以是 open("test.txt", "r")。Python 源文件采用的编码方式是 UTF-8。

### 9.3.2 向文件中写数据

write()方法用于向文件中写入字符串，同时文件指针后移；writelines()方法用于向文件中写入字符串序列，这个序列可以是列表、元组或集合等。使用该方法写入序列时，不会自动增加换行符。

**例 9-6** 向文件中写入字符串。

```
1   # ex0906.py
2   fname = input("请输入追加数据的文件名：")
3   f1 = open(fname, "w+")
4   f1.write("向文件中写入字符串\n")
5   f1.write("继续写入")
6   f1.close()
```

程序运行后，根据提示输入想写入文件的文件名，并向该文件中写入两行数据；如果该文件不存在，将自动建立文件，然后写入内容。

**例 9-7** 使用 writelines()方法向文件中写入序列。

```
1    # ex0907.py
2    f1 = open("e:\\python312\\data7.dat", "a")
3    lst = ["innovation", "development", "revitalization"]
4    tup1 = ('2024', '2020', '2012')
5    m1 = {"创新":"innovation", "发展":"development"}
6    f1.writelines(lst)
7    f1.writelines('\n')
8    f1.writelines(tup1)
9    f1.writelines('\n')
10   f1.writelines(m1)
11   f1.close()
```

程序运行后，将在 e:\\python312\\目录下生成文件 data7.dat，该文件可以用记事本打开，内容如下。

```
innovationdevelopmentrevitalization
202420202012
创新发展
```

### 9.3.3 文件的定位读写

在前面的章节中，文件的读写是按顺序逐行进行的。在实际应用中，如果需要读取某个位置的数据，或向某个位置写入数据，需要定位文件的读写位置，包括获取文件的当前位置，以及定位到文件的指定位置。下面介绍这两种定位方式。

#### 1．获取文件的当前读写位置

文件的当前位置就是文件指针的位置。tell()方法用于返回文件的当前位置。

下面示例使用的 test.txt 文件内容如下，该文件存放在当前目录（e:\\python312\\）下。

党的二十大报告对过去一段时间的工作进行了全面总结。
报告对未来发展的规划和展望，体现了党在新时代的使命和责任，也为全党全军全国各族人民指明了前进的方向。

**例 9-8** 使用 tell()方法获取文件的当前读写位置。

```
>>> file = open("e:\\python312\\test.txt","r+",encoding="utf-8")
>>> str1 = file.read(7)          # 读取 7 个字符
>>> print(str1)
'\党的二十大报告
>>> file.tell()                  # 文件当前位置
21
>>> print(file.readline())       # 从当前位置读取本行信息
对过去一段时间的工作进行了全面总结。
>>> file.tell()                  # 文件当前位置
77
>>> file.readlines()
['报告对未来发展的规划和展望，体现了党在新时代的使命和责任，也为全党全军全国各族人民指明了前进的
方向。']
>>> file.tell()                  # 文件长度为 227 字节
227
>>> file.close()
```

#### 2．移动文件的当前位置

在读写文件过程中，指针位置会自动移动。调用 seek()方法可以手动移动指针位置，语法格式如下。

```
file.seek(offset[,whence])
```

其中，offset 是移动的偏移量，单位为字节。offset 值为正数时，向文件尾方向移动文件指针；值为负数时，向文件头方向移动文件指针。whence 指定从何处开始移动，值为 0 时，从起始位置移动；值为 1 时，从当前位置移动；值为 2 时，从结束位置移动。

**例 9-9** 使用 seek()方法移动文件指针的位置。

```
>>> file = open("e:\\python312\\test.txt","r+",encoding="utf-8")
>>> file.seek(6)
6
>>> str1 = file.read(5)
>>> print(str1)
二十大报告
>>> file.tell()
21
>>> file.seek(0)
0
>>> file.readline()
党的二十大报告对过去一段时间的工作进行了全面总结。
```

### 9.3.4 读写二进制文件

读写文本文件的 read()方法和 write()方法同样适用于二进制文件，但二进制文件只能

读写字节字符串。默认情况下，二进制文件是顺序读写的，可以使用 seek()方法和 tell()方法移动和查看文件的当前位置。

### 1. 读写字节字符串

传统字符串加前缀"b"或"B"构成了字节对象，即字节字符串，可以写入二进制文件。如果要将整型、浮点型、序列等数据类型写入二进制文件，需要先将其转换为字符串，再使用 bytes()方法转换为字节字符串，最后写入文件。

**例 9-10** 向二进制文件读写字节字符串。

```
>>> fileb = open(r"e:\python312\ch9a\mydata.dat",'wb')    # 以'wb'模式打开二进制文件
>>> fileb.write(b"Hello Python")                          # 写入字节字符串
12
>>> n = 123
>>> fileb.write(bytes(str(n),encoding = 'utf-8'))         # 将整数转换为字节字符串写入文件
3
>>> fileb.write(b"\n3.14")
5
>>> fileb.close()
#以'rb'模式打开二进制文件
>>> file = open(r"e:\python312\ch9a\mydata.dat",'rb')
>>> print(file.read())
b'Hello Python123\n3.14'
>>> file.close()
# 以'r'模式打开二进制文件
>>> filec = open(r"e:\python312\ch9a\mydata.dat",'r')
>>> print(filec.read())
Hello Python123
3.14
>>> filec.close()
```

### 2. 读写 Python 对象

如果直接用文本文件格式或二进制文件格式存储 Python 中的各种对象，通常需要进行烦琐的转换，我们可以使用 Python 的标准模块 pickle 对文件中对象进行读和写操作。

用文件存储程序中的对象称为**对象的序列化**。pickle 是 Python 的一个标准模块，可以实现基本的数据序列化和反序列化。pickle 模块的 dump()函数用于序列化操作，能够将程序中运行的对象信息保存到文件中，永久存储；而 pickle 模块的 load()函数可用于反序列化操作，能够从文件中读取保存的对象。

**例 9-11** 使用 pickle 模块的 dump()函数和 load()函数读写 Python 对象。

```
>>> lst1 = ["read","write","tell","seek"]                 # 列表对象
>>> dict1 = {"type1":"TextFile","type2":"BinaryFile"}      # 字典对象
>>> fileb = open(r"e:\python312\ch9a\mydata.dat",'wb')
# 写入数据
>>> import pickle
>>> pickle.dump(lst1,fileb)
>>> pickle.dump(dict1,fileb)
>>> fileb.close()
# 读取数据
>>> fileb = open(r"e:\python312\ch9a\mydata.dat",'rb')
>>> fileb.read()
b'\x80\x03]q\x00(X\x04\x00\x00\x00readq\x01X\x05\x00\x00\x00writeq\x02X\x04\x00\
x00\x00tellq\x03X\x04\x00\x00\x00seekq\x04e.\x80\x03}q\x00(X\x05\x00\x00\x00type1q\x
01X\x08\x00\x00\x00TextFileq\x02X\x05\x00\x00\x00type2q\x03X\n\x00\x00\x00BinaryFile
q\x04u.'
>>> fileb.seek(0)                                          # 将文件指针移动到开始位置
0
>>> x = pickle.load(fileb)
```

```
>>> y = pickle.load(fileb)
>>> x,y
(['read', 'write', 'tell', 'seek'], {'type1': 'TextFile', 'type2': 'BinaryFile'}
)
```

练习

（1）用于读文件的 read()和 readline()方法的区别是什么？

（2）下面代码中的变量 c，表示的是一个字符还是一行？

```
fname = "e:/pfile/myfile.txt"
file = open(fname)
for c in file:
    print(c)
file.close()
```

## 9.4 文件和目录操作

前面介绍的文件读写操作主要是对文件内容的操作，而查看文件属性、复制和删除文件、创建和删除目录等都属于文件和目录的操作范畴。

### 9.4.1 常用的文件操作函数

os.path 模块和 os 模块提供了大量的文件操作函数。

1. os.path 模块常用的文件处理函数

表 9-3 给出了 os.path 模块常用的文件处理函数，参数 path 是文件名或目录名，操作文件的保存位置是 e:\\python312，文件名是 test.txt。

**表 9-3　os.path 模块常用的文件处理函数**

| 函 数 名 | 说　　明 | 示　　例 |
|---|---|---|
| abspath(path) | 返回 path 的绝对路径 | >>> os.path.abspath('test.txt')<br>'e:\\python312\\test.txt' |
| dirname(path) | 返回 path 的目录。与 os.path.split(path)的第一个元素相同 | >>> os.path.dirname('e:\\python312\\test.txt')<br>'e:\\ python312' |
| exists(path) | 如果 path 存在，则返回 True；否则返回 False | >>> os.path.exists('e:\\python312')<br>True |
| getatime(path) | 返回 path 所指向的文件或者目录的最后存取时间 | >>> os.path.getatime('e:\\python312')<br>1518846173.556209 |
| getmtime(path) | 返回 path 所指向的文件或者目录的最后修改时间 | >>> os.path.getmtime('e:\\python312\\test.txt')<br>1729131523.9438467 |
| getsize(path) | 返回 path 的文件的大小（字节） | >>> os.path.getsize('e:\\python312\\test.txt')<br>120 |
| isabs(path) | 如果 path 是绝对路径，则返回 True | >>> os.path.isabs('e:\\ python312')<br>True |
| isdir(path) | 如果 path 是一个存在的目录，则返回 True，否则返回 False | >>> os.path.isdir('e:\\python312')<br>True |
| isfile(path) | 如果 path 是一个存在的文件，则返回 True，否则返回 False | >>> os.path.isfile('e:\\python312')<br>False |
| split(path) | 将 path 分割成目录和文件名二元组返回 | >>> os.path.split("e:\\python312\\test.txt")<br>('e:\\python312', 'test.txt') |
| splitext(path) | 分离文件名与扩展名；默认返回（fname, fextension）元组，可做分片操作 | >>> os.path.splitext('e:\\python312\\test.txt')<br>("e:\\python312\\test", '.txt') |

## 2. os 模块常用的文件处理函数

表 9-4 给出了 os 模块常用的文件处理函数，参数 path 是文件名或目录名。

**表 9-4　os 模块常用的文件处理函数**

| 函　数　名 | 功　能　说　明 |
| --- | --- |
| os.getcwd() | 当前 Python 脚本工作的路径 |
| os.listdir(path) | 返回 path 目录下的所有文件和目录名 |
| os.remove(file) | 删除参数 file 指定的文件 |
| os.removedirs(path) | 删除目录 path |
| os.rename(old,new) | 将文件 old 重命名为 new |
| os.mkdir(path) | 创建 path 目录 |
| os.stat(path) | 获取文件属性 |

### 9.4.2　文件的复制、删除及重命名操作

#### 1. 文件的复制

无论是二进制文件还是文本文件，文件的读和写都是以字节为单位的。在 Python 中，复制文件可以使用 read() 与 write() 方法来实现，也可以使用 shutil 模块中的函数来实现。shutil 模块是管理文件、目录的接口，该模块的 copyfile() 函数用于文件的复制。

**例 9-12**　使用 shutil.copyfile() 函数复制文件。

```
>>> import shutil
>>> shutil.copyfile("test.txt",'testb.py')
'testb.py'
```

执行上面的代码时，如果被复制的文件不存在，将报告异常。

#### 2. 文件的删除

文件的删除可以使用 os 模块的 remove() 函数实现，编程时可以使用 os.path.exists() 函数来判断删除的文件是否存在。

**例 9-13**　删除文件的程序。

```
1    # ex0913.py
2    import os, os.path
3    fname = input("请输入需要删除的文件名:")
4    if os.path.exists(fname):
5        os.remove(fname)
6    else:
7        print("{}文件不存在".format(fname))
```

#### 3. 文件的重命名

文件的重命名可以通过 os 模块的 rename() 函数实现。例 9-14 首先提示输入要重命名的文件，如果这个文件不存在，将退出程序；如果这个文件已经存在，需要输入重命名后的文件名，然后退出程序。

**例 9-14**　文件重命名的程序。

```
1    # ex0914.py
2    import os, os.path, sys
3    fname = input("请输入需要更名的文件:")
4    gname = input("请输入更名后的文件名:")
5    if not os.path.exists(fname):
6        print("{}文件不存在".format(fname))
7        sys.exit(0)
8    elif os.path.exists(gname):
```

```
 9        print("{}文件已存在".format(gname))
10        sys.exit(0)
11   else:
12        os.rename(fname, gname)
13   print("rename success")
```

### 9.4.3 文件的目录操作

目录即文件夹，是操作系统用于组织和管理文件的逻辑对象。在 Python 程序中，常用的目录操作包括创建目录、重命名目录、删除目录和查看目录中的文件等。

**例 9-15** 常用的目录操作命令。

```
>>> import os
>>> os.getcwd()             # 查看当前目录
'E:\\python312'
>>> os.listdir()            # 查看当前目录中的文件
['1.txt', 'afile.dat', 'afile2.dat', 'afile3.dat.npy', 'ch10', 'ch12', 'ch1a', '
ch2a', 'ch4a', 'ch5a', 'ch6a', 'ch7a', 'ch8', 'ch8a', 'ch9', 'ch9a', 'data7.dat', 'g
etpass1.py', 'linenumber.py', 'others', 'output.txt', 'program.txt', 'program2.txt',
'randomseq.py', 'line.py']
>>> os.mkdir('myforder')                        # 创建目录
>>> os.makedirs('yourforder\\f1\\f2')           # 创建多级目录
>>> os.rmdir('myforder')                        # 删除目录（目录必须为空）

>>> os.removedirs('yourforder\\f1\\f2')         # 直接删除多级目录
>>> os.makedirs('aforder\\ff1\\ff2')            # 创建多级目录
>>> import shutil
>>> shutil.rmtree('yourforder')                 # 删除存在内容的目录
```

## 9.5 使用 CSV 文件格式读写数据

CSV（comma-separated values，逗号分隔值）格式是一种通用的、相对简单的文本文件格式，通常用于在程序之间转移表格数据，被广泛应用于商业和科学领域。

微课视频

### 9.5.1 CSV 文件介绍

#### 1．CSV 文件的概念和特点

CSV 文件是一种文本文件，由任意数量的行组成，一行被称为一条记录。记录间以换行符分隔；每条记录由若干数据项组成，这些数据项被称为字段。字段间的分隔符通常是逗号，也可以是制表符或其他符号。通常，所有记录都有相同的字段序列。

CSV 格式存储的文件一般采用.csv 为扩展名，可以通过 Excel 或记事本打开，也可以在其他操作系统平台上用文本编辑工具打开。Excel 等表格处理工具可以将数据另存为或导出为 CSV 格式，以便在不同应用程序间交换数据。

CSV 文件的特点如下。

- 读取出的数据一般为字符类型，如果要获得数值类型，需要用户进行转换。
- 以行为单位读取数据。
- 列之间以半角逗号或制表符进行分隔，通常是半角逗号。
- 每行开头不留空格，第 1 行是属性，数据列之间用分隔符隔开，无空格，行之间无空行。

## 2．CSV 文件的建立

CSV 文件是纯文本文件，可以使用记事本按照 CSV 文件的规则来建立，或使用 Excel 录入数据，另存为 CSV 文件即可。本节使用的 score.csv 文件保存在用户的工作目录中，文件内容如下。

```
Name, DEP, Eng, Math, Chinese
Rose, 法学, 89, 78, 65
Mike, 历史, 56, , 44
John, 数学, 45, 65, 67
```

## 3．Python 的 csv 库

Python 提供了一个读写 CSV 文件的标准库，可以通过 import csv 语句导入，csv 库包含了操作 CSV 格式文件最基本的功能，典型的函数是 csv.reader() 和 csv.writer()，分别用于读和写 CSV 文件。

因为 CSV 文件格式相对简单，我们可以自行编写操作 CSV 文件的方法。

### 9.5.2　读写 CSV 文件

#### 1．数据的维度描述

CSV 文件主要用于数据的组织和处理。根据数据表示的复杂程度和数据间关系的不同，可以将数据划分为一维数据、二维数据、多维数据和高维数据等类型。

一维数据即线性结构，也称线性表，表现为 $n$ 个数据项组成的有限序列，这些数据项之间体现为线性关系，即除了序列中的第 1 个元素和最后 1 个元素，序列中的其他元素都有 1 个前驱和 1 个后继。在 Python 中，可以用列表、元组等描述一维数据。例如，下面是对一维数据的描述。

```
lst1 = ['a','b', '1',100]
tup1 = (1,3,5,7,9)
```

二维数据也称关系，与数学中的矩阵类似，可用表格方式组织。用列表和元组描述一维数据时，如果一维数据中的数据项也是序列时，就构成了二维数据。例如，下面是用列表描述的二维数据。

```
lst2 = [[1,2,3,4],['a','b','c'],[-9,-37,100]]
```

更典型的二维数据可用表来描述，如表 9-5 所示。

**表 9-5　用二维表描述的数据**

| Name | DEP | Eng | Math | Chinese |
|------|-----|-----|------|---------|
| Rose | 法学 | 89 | 78 | 65 |
| Mike | 历史 | 56 | | 44 |
| John | 数学 | 45 | 65 | 67 |

二维数据可以理解为特殊的一维数据，适合用 CSV 格式文件存储。

多维数据是二维数据的扩展，通常用列表或元组来组织，通过索引来访问。下面是用元组组织的多维数据。

```
tup2 = (((1,2,3),(-1,-2,-3),('a','b','c')),((-100,-200),('ab','bc')))
```

高维数据由键值对类型的数据构成，采用对象方式组织，属于维度更高的数据组织方式。用键值对表示的高维数据"成绩单"如下。

```
{"成绩单":[
        {"姓名":"Rose",
         "专业":"法学",
         "score":"78"
```

```
       },
       {"姓名":"Mike",
        "专业":"历史",
        "score":"78"
       },
       {"姓名":"John",
        "专业":"数学",
        "score":"90"
       }
     ]
}
```

其中，数据项 score 可以进一步用键值对形式描述，形成更复杂的数据结构。

## 2．向 CSV 文件中写入和读取一维数据

用列表变量保存一维数据，可以使用字符串的 join()方法构成逗号分隔的字符串，再使用 write()方法保存到 CSV 文件中。读取 CSV 文件中的一维数据，即读取一行数据，使用 read()方法读取即可，也可以将文件的内容读取到列表中。

**例 9-16**　将一维数据写入 CSV 文件，并读取。

```
1    # ex0916.py
2    lst1 = ["name", "age", "school", "address"]
3    filew = open('asheet.csv', 'w')
4    filew.write(",".join(lst1))
5    filew.close()
6
7    filer = open('asheet.csv', 'r')
8    line = filer.read()
9    print(line)
10   filer.close()
```

## 3．向 CSV 文件中写入和读取二维数据

csv 模块中的 reader()和 writer()函数用于创建 csv.writer 对象和 csv.reader 对象，csv.writer 对象的 writerow()方法可以将一行数据写入 CSV 文件，也可以使用 csv.writer 对象的 writerows()方法将一个二维列表写入 CSV 文件。

**例 9-17**　CSV 文件中二维数据的读/写。

```
1    # ex0917.py
2    # 使用内置 csv 模块写入和读取二维数据
3    datas = [['Name', 'DEP', 'Eng', 'Math', 'Chinese'],
4            ['Rose', '法学', 89, 78, 65],
5            ['Mike', '历史', 56, '', 44],
6            ['John', '数学', 45, 65, 67]
7            ]
8    import csv
9
10   filename = 'bsheet.csv'
11   with open(filename, 'w', newline="") as f:
12       writer = csv.writer(f)
13       # writer.writerows(datas);
14       for row in datas:
15           writer.writerow(row)
16   ls = []
17   with open(filename, 'r') as f:
18       reader = csv.reader(f)
19       # print(reader)
20       for row in reader:
21           print(reader.line_num, row)   # 行号从 1 开始
22           ls.append(row)
23       print(ls)
```

在例 9-17 中，文件操作使用了 with 上下文管理语句，文件处理完毕后，将会自动关闭。在打开文件向 CSV 文件写入数据时，指定 newline=""选项，可以防止向文件中写入空行。

程序的运行结果如下，第 1 部分是打印在屏幕上的二维数据，并显示了行号；第 2 部分打印的是列表。

```
>>>
1 ['Name', 'DEP', 'Eng', 'Math', 'Chinese']
2 ['Rose', '法学', '89', '78', '65']
3 ['Mike', '历史', '56', '', '44']
4 ['John', '数学', '45', '65', '67']
[['Name', 'DEP', 'Eng', 'Math', 'Chinese'], ['Rose', '法学', '89', '78', '65'],
['Mike', '历史', '56', '', '44'], ['John', '数学', '45', '65', '67']]
>>>
```

上面的显示结果中包括了列表的符号，也包括了数据项外面的引号，下面进一步进行处理。

**例 9-18** 处理 CSV 文件的数据输出格式。

```
1    # ex0918.py
2    # 使用内置 csv 模块写入和读取二维数据
3    datas = [['Name', 'DEP', 'Eng', 'Math', 'Chinese'],
4             ['Rose', '法学', 89, 78, 65],
5             ['Mike', '历史', 56, '', 44],
6             ['John', '数学', 45, 65, 67]
7            ]
8    import csv
9    filename = 'bsheet.csv'
10   str1 = ''
11   with open(filename, 'r') as f:
12       reader = csv.reader(f)
13       # print(reader)
14       for row in reader:
15           for item in row:
16               str1 += item + '\t'        # 增加数据项间距
17           str1 += '\n'                   # 增加换行
18           print(reader.line_num, row)    # 行号从 1 开始
19       print(str1)
```

程序运行结果如下。第 1 部分（前 4 行）是以列表形式显示的结果，第 2 部分（后 4 行）显示的是清晰的二维数据。

```
>>>
1 ['Name', 'DEP', 'Eng', 'Math', 'Chinese']
2 ['Rose', '法学', '89', '78', '65']
3 ['Mike', '历史', '56', '', '44']
4 ['John', '数学', '45', '65', '67']
Name DEP Eng Math Chinese
Rose 法学 89 78 65
Mike 历史 56    44
John 数学 45 65 67
>>>
```

练习

（1）Python 内置的读写 CSV 文件的标准库是什么？包括哪些主要方法？

（2）下面程序的功能是什么？

```
import csv
datas = [x ** 2 for x in range(1, 21)]
print(datas)
```

```
file = open("datas.csv", 'w', encoding="utf-8")
mywriter = csv.writer(file)
mywriter.writerow(datas)
file.close()
```

## 9.6 文件操作的应用

本节将通过示例来介绍文件操作的应用，包括为文本文件添加行号、建立日志文件和对 CSV 文件中的数据进行排序。

### 1．为文本文件添加行号

本书中的多数示例代码之前都加上了行号。为文本文件添加行号的基本思路是遍历文件的每一行，然后使用 enumerate()函数为文本文件添加行号。enumerate()函数的功能是将一个可遍历的数据对象（如列表、元组或字符串）组合为一个索引序列，同时列出数据和索引，通常应用在 for 循环中。读取一行，并添加行号后，再写入新文件中。

**例 9-19**　使用 enumerate()函数遍历文本文件并添加行号。

```
1   # ex0919.py
2   filename = input("请输入要添加行号的文件名：")
3   filename2 = input("请输入新生成的文件名：")
4   sourcefile = open(filename, 'r', encoding="utf-8")
5   targetfile = open(filename2, 'w', encoding="utf-8")
6   linenumber = ""
7   for (num, value) in enumerate(sourcefile):
8       if num < 9:
9           linenumber = str(num + 1)+" "
10      else:
11          linenumber = str(num + 1)
12      str1 = linenumber + "   " + value
13      # print(str1)
14      targetfile.write(str1)
15  sourcefile.close()
16  targetfile.close()
```

### 2．建立日志文件

**例 9-20**　使用交互方式建立日志文件。

```
1   # ex0920.py
2   from datetime import datetime
3
4   filename = input("请输入日志文件名：")
5   file = open(filename, 'a')
6   print("请输入日志，exit 结束")
7   s = input("log:")
8   while s.lower() != "exit":
9       file.write("\n" + s)
10      file.write("\n----------------------\n")
11      file.flush()
12      s = input("log:")
13  file.write("\n=====" + str(datetime.now()) + "=====\n")
14  file.close()
```

运行程序，系统会提示我们输入日志文件名。然后，显示输入日志提示，当输入"exit"后，结束本次日志输入，退出 while 循环，在日志末尾添加本次日志输入的日期和时间。为使日志显示清晰，向文件中写入数据时加入了换行符"\n"。

某一次的运行结果如下。

```
>>>
请输入日志文件名: mylog.txt
请输入日志, exit 结束
log:日志记录中
log:exit
>>>
```

将生成的日志文件用记事本打开，最新添加的日志显示在文本文件中，如图 9-1 所示。

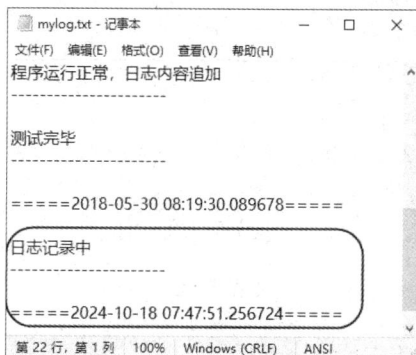

图 9-1  生成的日志文件

### 3．对 CSV 文件中的数据进行排序

score.csv 文件记录了学生的 Name、DEP、Eng、Math、Chinese 等信息，分别表示姓名、专业和三门课程的成绩信息，内容如下。

```
Name, DEP, Eng, Math, Chinese
Rose, 法学, 89, 78, 65
Mike, 历史, 56, 1, 44
John, 数学, 45, 65, 67
Kelen, 数学, 83, 79, 87
```

编写程序，读取 score.csv 文件，输出按平均成绩降序排列的学生信息。要点如下。

（1）读取 CSV 文件。

（2）定义空字典 dicts，将 score.csv 文件内容以课程为关键字写入 dicts。字典 dicts 的 key 是 Name，value 是三门课程的平均成绩。

（3）注意需要跳过表头（表的第 1 行），代码中使用变量 i 控制不处理表头。

（4）将字典转化为列表，排序输出。

**例 9-21**　读取 CSV 文件，按成绩降序输出学生信息。

```
1   # ex0921.py
2   file = open("score.csv", encoding="utf-8")
3   dicts = {}
4   i = 0
5   for line in file:
6       if i == 0:
7           pass
8       else:
9           items = line.strip().split(",")
10          avgscore = (int(items[2]) + int(items[3]) + int(items[4])) / 3
11          dicts[items[0]] = avgscore
12      i = i + 1
13  # print(dicts)
14  lst = list(dicts.items())
15  lst.sort(key=lambda x: x[1], reverse=True)
16  for i in range(len(lst)):
17      name, score = lst[i]
18      print("姓名:{}, 平均成绩:{:.3f}".format(name, score))
```

## 9.7 利用 AI 工具学习文件编码方式*

理解文件的编码方式是学习文件操作的基础。文件编码涉及 Unicode、UTF-8、UTF-16、GB 2312、GBK 等概念。我们可以利用 AI 工具进行查询并加以分析。根据学习中遇到的常见问题，我们可以提出以下问题。

（1）Unicode 编码方案有哪些优点和缺点？

（2）Unicode 编码方案与 UTF-8 是什么关系？

（3）GB 2312 与 Unicode 是什么关系？

（4）"""Unicode 是一种 2 字节的计算机字符编码"""，这句话正确吗？

下面仅以（2）为例进行展示。

**例 9-22** 利用 DeepSeek 查询文件编码相关的知识。

> USER：Unicode 编码方案与 UTF-8 是什么关系？
>
> AI：Unicode 编码方案与 UTF-8 之间的关系可以概括为 Unicode 是一个字符编码标准，而 UTF-8 是 Unicode 字符集的一种具体编码实现方式。以下是它们之间关系的详细解释：
>
> 一、Unicode 编码方案
>
> 定义：Unicode 是一个国际标准，用于为世界上几乎所有的字符和文本符号提供一个唯一的数字标识。
>
> 特点：
>
> 每个字符都有一个唯一的码点（code point），确保了字符的唯一性。
>
> 提供了统一的字符集，可以表示世界上大多数语言的文本。
>
> （其他略）
>
> 二、UTF-8 编码
>
> 定义：UTF-8（Unicode Transformation Format-8 bits）是一种变长字节表示的 Unicode 字符编码方式，使用 1 到 4 个字节来表示一个字符。
>
> 特点：
>
> 可变长度：根据字符的码点大小来确定使用多少个字节来表示该字符。ASCII 字符集中的字符只需要一个字节来表示，而较大的 Unicode 字符则需要更多的字节来表示（英文占用一个字节，中文占用三个字节）。
>
> 兼容性：UTF-8 编码与 ASCII 码兼容，因此在处理 ASCII 字符时，可以直接使用 ASCII 码对应的字节表示。
>
> （其他略）
>
> 三、Unicode 与 UTF-8 的关系
>
> 抽象与实现：Unicode 是一个字符编码标准，它定义了字符与码点的对应关系；而 UTF-8 则是这种抽象关系的一种实现方式，它在实际应用中提供了具体的编码规则和字节序列。
>
> 应用场景：虽然 Unicode 和 UTF-8 都是为了实现全球文本的统一表示，但它们的应用场景有所不同。Unicode 更多地被用作字符编码标准的参考和依据，而 UTF-8 则在实际应用中广泛使用，特别是在网络传输、文件存储和跨平台文本处理等方面。
>
> 综上所述，Unicode 编码方案与 UTF-8 之间的关系是标准与实现的关系。Unicode 为字符提供了一个全球统一的编码标准，而 UTF-8 则是这个标准的一种高效、灵活的编码实现方式。

# 习 题 9

**1．选择题**

（1）当文件不存在时，在使用 open()函数打开文件时会报异常的是哪一项？（    ）

    A．'r'　　　　　　　B．'a'　　　　　　　C．'w'　　　　　　　D．'w+'

（2）file 是文本文件对象，用于读取文件的一行的是哪一项？（    ）

    A．file.read()　　　　　　　　　　　B．file.readline(80)

    C．file.readlines()　　　　　　　　　D．file.readline()

（3）用于获取文件当前目录的是哪一项？（    ）

    A．os.mkdir()　　　　　　　　　　　B．os.listdir()

    C．os.getcwd()　　　　　　　　　　 D．os.mkdir(path)

（4）下列代码可以成功执行，则 myfile.data 文件的保存目录是哪一项？（    ）

```
open("myfile.data","ab")
```

    A．C 盘根目录下　　　　　　　　　 B．由 path 路径指明

    C．Python 安装目录下　　　　　　　 D．与程序文件在相同的目录下

（5）下列说法中，**不正确**的是哪一项？（    ）

    A．以'w'模式打开一个可读/写的文件，如果文件存在，会被覆盖

    B．使用 write()方法写入文件时，数据会追加到文件的末尾

    C．使用 read()方法可以一次性读取文件中的所有数据

    D．使用 readlines()方法可以一次性读取文件中的所有数据

（6）执行下列语句后，文件 1.dat 中的内容是哪一项？（    ）

```
fo = open("1.dat",'w')
x = ["open",' ',"read",'' ,"write"]
fo.write("".join(x))
fo.close()
```

    A．["open",' ',"read",'' ,"write"]　　 B．open read write

    C．"open" "read" "write"　　　　　　 D．open,read,write

（7）在读写 CSV 文件时，最**不可能**使用的字符串处理方法是哪一项？（    ）

    A．join()　　　　　B．index()　　　　　C．strip()　　　　　D．split()

（8）给出如下代码，以下哪一项是**不正确**的选项？（    ）

```
name = input("请输入要打开的文件: ")
fi = open(name)
for line in fi.readlines():
    print(line)
fi.close()
```

    A．fi.readlines()的内容是一个序列，可以使用 type(fi.readlines())查看其类型

    B．用户输入文件名称，以文本文件方式读入文件的内容并逐行输出

    C．通过 fi.readlines()方法将文件的全部内容读入一个字典 fi 中

    D．代码 for line in fi.readlines()可以写为 for line in fi

（9）使用 open()函数打开 Windows 操作系统的文件，路径名**不正确**的是哪一项？（    ）

    A．open(r"d:\Python\a.txt",'w')　　　 B．open("d:\Python\a.txt",'w')

    C．open("d:/Python/a.txt",'w')　　　　 D．open("d:\\Python\\a.txt",'w')

（10）文件 exam.txt 与下面的程序在同一目录，其内容是一段文本：Learning Python，以下最可能的输出结果是哪一项？（    ）

```
fo = open("exam.txt")
print(fo)
fo.close()
```

    A．Learning Python               B．exam.txt

    C．exam                            D．< _io.TextIOWrapper …>

## 2．简答题

（1）常用的文本文件的编码方式有哪几种？汉字在不同的编码方式中各占几个字节？

（2）请列出任意 4 种文件访问模式，并说明其含义。

（3）文本文件和二进制文件在读写时有什么区别？请举例说明。

（4）使用 readlines()方法和 readline()方法读取文本文件时，主要的区别是什么？

（5）文件写操作主要使用哪两个方法？

（6）os 模块的 getcwd()函数功能是什么？

（7）如何创建 CSV 文件？

（8）高维数据有什么特点？

## 3．阅读程序

（1）下面程序的功能是将文件 thispro.py 删除指定单词后，再复制到文件 f2.txt 中。完善程序，在【代码 1】【代码 2】处补充合适的内容。

```
fi = open("thispro.py",'r')
fo = open("f2.txt",'w')
deleteword = input("请输入要删除的单词: ")
for line in fi:
    line1=【代码1】
    【代码2】
fi.close()
fo.close()
```

（2）给出一文本文件 vote.txt，内容是校园歌手投票数据，如下所示。一行只有一个校园歌手姓名的投票才是有效票；一行有多个校园歌手姓名时，姓名之间用空格分隔，均为无效选票。下面的程序用于统计有效票数，请在【代码 1】【代码 2】处补充合适的内容。

文本文件 vote.txt 内容如下。

```
杨雨
朱丽
陆寒
陆寒
陆寒    孙妮
杨雨
孙妮
朱丽
孙妮 杨雨
……
```

程序代码如下。

```
f = open("vote.txt")
names = f.readlines()
f.close()
n = 0
for name in 【代码1】:
    num =【代码2】
    if num == 1:
        n+ = 1
print("有效票{}张".format(n))
```

（3）下面的程序运行时，要求通过键盘输入某班每个同学就业的行业名称，行业名称之间用空格间隔（回车结束输入）。程序的功能是统计各行业就业的学生数量，按数量从高到低排序输出。

例如，输入内容如下。

交通 计算机　通信 计算机 网络 网络 交通 计算机

输出内容如下。

计算机：3
网络：2
交通：2
通信：1

完善程序，请在【代码1】【代码2】处补充合适的内容。

```
names = input("请输入就业行业名称，用空格间隔（回车结束输入）：")
t = names.split()
d = {}
for c in range(len(t)):
    d[t[c]]= 【代码1】
ls = list(d.items())
ls.sort(【代码2】)              # 按照数量排序
for k in range(len(ls)):
    zy,num = ls[k]
    print("{}:{}".format(zy,num))
```

4．编程题

（1）将一文本文件中的所有英文字母转换成大写，复制到另一个文件中。

（2）将一文本文件中的指定单词删除后，复制到另一个文件中。

（3）接收用户从键盘输入的文件名，然后判断该文件是否存在于当前目录。若存在，则输出以下信息：文件是否可读和可写、文件的大小、文件是普通文件还是目录。

（4）将一文本文件加密后输出，规则如下：大写英文字符 A 变换为 C，B 变换为 D，…，Y 变换为 A，Z 变换为 B，小写英文字符规则同上，其他字符不变。

# 第 10 章  异常处理

程序在运行过程中发生错误是不可避免的，这种错误就是异常（Exception）。我们在开发一个完整的应用系统时，应提供处理异常的方法。

Python 中包含了丰富的异常处理措施。Python 的异常处理机制使得程序运行时出现的问题可以用统一的方式进行处理，增加了程序的稳定性和可读性，规范了程序的设计风格，提高了程序的质量。本章将详细介绍 Python 的异常处理方法，包括用户自定义的异常。

## 10.1  异常处理概述

### 10.1.1  异常的概念

微课视频

**异常**就是程序在运行过程中，由于硬件故障、软件设计错误、运行环境不满足等发生的程序错误事件，如除 0 溢出、引用序列中不存在的索引、文件找不到等，这些事件的发生将阻止程序的正常运行。为了保证程序的健壮和容错，我们在进行程序设计时，通常应考虑到可能发生的异常并做出相应的处理。

Python 通过面向对象的方法来处理异常，一段代码运行时如果发生了异常，则会生成代表该异常的一个对象，并把它交给 Python 解释器，解释器寻找相应的代码来处理这一异常。

Python 异常处理方法有以下优点。

- 引入异常处理机制后，异常处理代码和正常执行的程序代码被分隔开，程序的结构更加清晰，程序的流程更加合理。
- 可以对产生的各种异常事件进行分类处理，也可以对多个异常进行统一处理，具有较高的灵活性。
- 发生异常后，可以从 try…except 之间的代码段中快速定位异常出现的位置，异常处理的效率得到了提高。

### 10.1.2  异常示例

下面代码是访问列表中元素的例子。

**例 10-1**  通过索引访问列表中的元素。

```
1    # ex1001.py
2    weekday = ["Mon", "Tues", "Wednes", "Thurs", "Fri", "Satur", "Sun"]
3    print(weekday[2])
4    print(weekday[7])
```

程序运行结果如下。

```
>>>
Wednes
Traceback (most recent call last):
  File "E:\python312\ch10a\ex1001.py", line 4, in <module>
    print(weekday[7])
IndexError: list index out of range
```

程序的前 3 行语句正常执行，输出"Wednes"；第 4 行语句执行时产生异常，报告的异常信息包括：Python 源文件的名字及路径、异常的行号、异常的类型及描述。其中，异常的类型及描述如下。

```
IndexError: list index out of range
```

该行语句提示我们，这是列表索引越界的异常。为什么会出现这个异常呢？这是因为程序中的语句 print(weekday[7])要求输出列表中索引值为 7 的元素，而这个程序中索引值的最大值是 6，所以产生了异常。

为了使程序更健壮，可以捕获前面程序中的异常。修改后的程序如下。

```
try:
    weekday = ["Mon","Tues","Wednes","Thurs","Fri","Satur","Sun"]
    print(weekday[2])
    print(weekday[7])
except IndexError:
    print("列表索引可能超出范围")
```

程序运行结果如下。

```
>>>
Wednes
列表索引可能超出范围
```

可以看出，系统捕获了程序中的异常"IndexError"。为了准确处理异常，我们应当掌握 IndexError、NameError、ZeroDivisionError 等常用的异常类。

### 10.1.3　Python 的异常类

Python 中常规的异常类都是 Exception 的子类。Exception 类定义在 exceptions 模块中，该模块是 Python 的内置模块，用户可以直接使用。

在上一节中，程序在执行过程中遇到错误时引发了异常。如果没有捕获这个异常对象，Python 解释器找不到处理异常的方法，程序就会终止执行，并打印异常的名称（IndexError）、原因和产生异常的行号等信息。

异常的名称实际上就是异常类，下面介绍 Python 中常见的异常类。

#### 1. NameError

尝试访问一个未声明的变量，会引发 NameError 异常。例如，在 IDLE 交互窗口中执行下面的代码。

```
>>> print(sid)
Traceback (most recent call last):
  File "<pyshell#0>", line 1, in <module>
    print(sid)
NameError: name sid is not defined
>>>
```

代码执行的结果表明，异常的类型是 NameError，原因是 Python 解释器没有找到变量 sid。

## 2．ZeroDivisionError

当除数为 0 时，会引发 ZeroDivisionError 异常。例如，在 IDLE 交互窗口中执行下面的代码。

```
>>> temp = 9
>>> print(temp/0)
Traceback (most recent call last):
  File "<pyshell#4>", line 1, in <module>
    print(temp/0)
ZeroDivisionError: division by zero
```

代码执行的结果表明，引发了名为 ZeroDivisionError 的异常，解释信息是 division by zero。事实上，任何数值被 0 除都会导致上述异常。

## 3．IndexError

当引用序列中不存在的索引时，会引发 IndexError 异常。例 10-1 已经展示了列表的索引值超出范围的异常处理。下面的代码展示了字符串索引超过范围的异常情况。

```
>>> str1 = "hi,Python"
>>> for i in range(len(str1)):
...         print(str1[i+1],end="")
#输出结果
i,Python Traceback (most recent call last):
  File "<pyshell#10>", line 2, in <module>
    print(str1[i+1],end="")
IndexError: string index out of range
>>>
```

## 4．KeyError

当引用字典（映射）中不存在的键时，会引发 KeyError 异常。例如下面的代码。

```
>>> student = {"sname":"Rose","sid":201}
>>> student["sname"]
'Rose'
>>> student["semail"]
Traceback (most recent call last):
  File "<pyshell#12>", line 1, in <module>
    student["semail"]
KeyError: 'semail'
>>>
```

在上述代码中，字典变量 student 只有 sname 和 sid 两个键，获取 semail 键对应的值时，显示异常信息。提示信息表明，代码访问了字典中没有的键 semail。

## 5．AttributeError

当尝试访问未知的对象属性时，会引发 AttributeError 异常。例 10-2 访问了对象不存在的属性，运行结果显示异常。

**例 10-2** AttributeError 异常示例。

```
1    # ex1002.py
2    class Person:
3        sid = "01"
4        def display(se):
5            pass
6
7    if __name__ == "__main__":
8        p1 = Person()
9        p1.sname = "Rose"
10       print(p1.sid)
```

```
11      print(p1.sname)
12      print(p1.semail)
```
程序运行结果如下。

```
>>>
01
Rose
Traceback (most recent call last):
  File "E:/pytyon312/ch10a/ex1002.py", line 12, in <module>
    print(p1.semail)
AttributeError: 'Person' object has no attribute 'semail'
>>>
```

在例 10-2 中，Person 类定义了一个成员变量 sid 和一个方法 display()。第 8 行创建了 Person 类的对象 p1 后，第 9 行动态地给 Person 对象 p1 添加了 sname 属性，然后访问它的 sid、sname、semail 属性，显示异常信息。

程序的运行结果表明，在 Person 类的对象 p1 中定义的 sid 和 sname 属性是可以访问的，而在访问没有定义的 semail 属性时就会报告异常。

### 6. SyntaxError

解释器发现语法错误时会引发 SyntaxError 异常。例如，下面的代码。

```
>>> alis t= ["one","two","three"]
>>> for item in alist
    print(item)
SyntaxError: invalid syntax
```

在上述代码中，由于 for 循环的后面缺少冒号，导致程序出现错误信息。这种错误实际上是语法错误，在 Python 中也算一类异常。SyntaxError 异常是唯一不在运行时发生的异常，该异常在编译时发生，解释器无法把脚本转换为字节代码，使得程序无法运行。

### 7. FileNotFoundError

试图打开不存在的文件时，会引发 FileNotFoundError 异常。例如，下面的代码。

```
>>> filename = "readme.txt"
>>> open(filename)
Traceback (most recent call last):
  File "<pyshell#22>", line 1, in <module>
    open(filename)
FileNotFoundError: [Errno 2] No such file or directory: 'readme.txt'
>>>
```

在上述代码中，使用 open()方法打开名为 readme.txt 的文件，因为文件不存在，将会显示异常信息，表明没有找到名称为 readme.txt 的文件。

FileNotFoundError 异常发生时，代码本身没有任何错误，只是由于外部原因，如文件丢失、IO 设备错误等引发的异常。这类异常通常应当在程序中捕获并处理，保证程序的健壮，类似的异常还有 IOError、InterruptedError 等。而对于 NameError、ZeroDivisionError、IndexError、KeyError 这些异常，用户通过提高自身的编程能力一般可以避免，不一定要捕获。

练习

（1）在 IDLE 环境下运行下面代码，输入不同的数据后，可能报告什么类型的异常？

```
>>> x = int(input("请输入数值, 输入-999退出程序: "))
```

（2）在 IDLE 环境下运行下面代码，将报告什么类型的异常？

```
>>> student = {"sname":"Rose","sid":201}
>>> student["sName"]
```

## 10.2 异常处理机制

在了解异常的基本概念和类型后，下面学习 Python 如何处理异常。异常处理过程可以概括为以下步骤。

（1）程序执行过程中如果出现异常，会自动生成一个异常对象，该异常对象被提交给 Python 解释器，这个过程称为抛出异常。抛出异常也可以由用户在程序中自行定义。

（2）当解释器接收到异常对象时，会寻找处理这一异常的代码并处理，这一过程称为捕获异常。

（3）如果解释器找不到可以处理异常的方法，则运行时系统终止，应用程序退出。

下面介绍如何在程序中捕获异常。

### 10.2.1 try…except 语句

异常处理包括捕获异常和处理异常两个环节。try…except 语句用来捕获和处理异常，帮助我们准确定位异常发生的位置和原因，其语法格式如下。

```
try:
    语句块
except ExceptionName1:
    异常处理代码1
except ExceptionName2:
    异常处理代码2
...
```

例 10-3 使用 try…except 语句实现基本的异常处理。程序的功能是接收键盘输入的一个整数，计算 2024 除以这个数的商，并输出结果。程序对从键盘输入的数据进行异常处理。

**例 10-3** 基本的异常处理结构。

```
1    # ex1003.py
2    try:
3        x = int(input("请输入数据:"))
4        print(100 / x)
5    except ZeroDivisionError:
6        print("异常信息：除数不能为 0")
7    except ValueError:
8        print("异常信息：输入数据必须是阿拉伯数字")
```

下面来分析这个程序，了解异常处理的基本过程。

（1）try 语句

捕获异常时，先用 try 语句指定捕获异常的范围，由 try 所限定的代码块中的语句在执行过程中，可能会生成异常对象并抛出。

（2）except 语句

except 语句用于处理 try 代码块中生成的异常。except 语句后的参数指明它能够捕获的异常类型。except 块中包含的是异常处理的代码。

例 10-3 中使用了两个 except 语句进行异常捕获。

- 执行程序时，如果输入非零的数字 16，程序正常运行，输出结果为 8.0。
- 执行程序时，如果输入数字 0，程序进行异常处理，并输出异常报告"异常信息：除数不能为 0"。
- 执行程序时，如果输入字符，程序进行异常处理，并输出异常报告"异常信息：输入数据必须是阿拉伯数字"。

从上面的运行结果可以看出，Python 进行异常处理后，程序的适应能力得到增强。除前面提到的常见异常类型外，其他的异常类型请查看 Python 的帮助文档。

### 10.2.2　else 语句和 finally 语句

try…except 语句是异常处理的基本结构，完整的异常处理结构还包括 else 语句和 finally 语句。其语法格式如下。

```
try:
    语句块
except ExceptionName:
    异常处理代码
...                              # except 选项可以有多个
else:
    无异常发生时的语句块
finally:
    一定执行的语句块
```

下面重点介绍 else 语句和 finally 语句。

#### 1. else 语句

异常处理中的 else 语句与循环中的 else 语句类似，当 try 语句没有捕获到异常信息时，将不执行 except 语句块，而是执行 else 语句块。下面的代码改进了例 10-3，当无异常发生时，将会输出提示信息。

**例 10-4**　else 语句的应用。

```
1    # ex1004.py
2    '''
3    从键盘输入一个整数，求 100 除以它的商，并显示。
4    对从键盘输入的数进行异常处理，若无异常发生，打印提示信息。
5    '''
6    try:
7        x = int(input("请输入数据"))
8        print(100 / x)
9    except ZeroDivisionError:
10       print("异常信息：除数不能为 0")
11   except ValueError:
12       print("异常信息：输入数据必须是阿拉伯数字")
13   else:
14       print("程序正常结束，未捕获到异常")
```

程序输出结果如下。

```
>>>
请输入数据: 16
8.0
程序正常结束，未捕获到异常
```

程序运行时，如果 try 语句中有异常发生，会选择一个 except 语句块执行；如果没有异常发生，程序正常结束，执行 else 语句块。

#### 2. finally 语句

finally 语句为异常处理提供了统一的出口，使得在控制流转到程序的其他部分以前，能够对程序的状态进行统一的管理。不论在 try 语句块中是否发生了异常，finally 语句块都会被执行。

else 语句和 finally 语句都是任选的，但 try 语句后至少要有一条 except 语句或 finally 语句。finally 语句块中的内容经常用于做一些资源的清理工作，如关闭打开的文件、断开数据库连接等。

**例 10-5**  finally 语句的应用。

```
1    # ex1005.py
2    fname = "ex1005.py"
3    try:
4        file = open(fname, "r", encoding="utf-8")
5        for line in file:
6            print(line, end="")
7    except FileNotFoundError:
8        print("您要读取的文件不存在，请确认")
9    else:
10       print("文件读取正常结束")
11   finally:
12       print("文件正常关闭")
13       if file != None:
14           file.close()
```

上述代码应用了 finally 语句，用于关闭打开的文件。程序在第 4 行使用 UTF-8 编码方式打开当前的 Python 源文件，之后在屏幕上输出。在 finally 语句块中，程序首先输出提示信息，然后判断文件对象是否存在，如果存在，则关闭文件。

### 10.2.3  捕获所有的异常

如果我们编写的程序质量低，程序可能存在多处错误，逐一捕捉这些异常会非常烦琐，而且没有必要。为解决这类问题，可以在 except 语句中不指明异常类型，这样就可以处理任何类型的异常了。

为了让读者更好地理解如何捕获所有异常，例 10-6 中可能会出现 IndexError、ZeroDivisonError、SyntaxError 等异常，通过在 except 语句中不指明类型来实现异常捕捉。

**例 10-6**  通过 except 语句捕获所有的异常。

```
1    # ex1006.py
2    numbers = [0, 0, 0]
3    try:
4        numbers[0] = int(input("请输入第 1 个数:"))
5        numbers[1] = int(input("请输入第 2 个数:"))
6        print(numbers[0] / numbers[1])
7    except:
8        print("程序出现异常")
```

在例 10-6 中，except 语句没有标明异常的类型，该语句统一处理了程序可能会出现的所有错误。

运行程序，在控制台输入第 1 个数为 16，第 2 个数为 4，无异常产生，运行结果如下。

```
>>>
请输入第 1 个数:16
请输入第 2 个数:4
4.0
```

再次运行程序，在控制台输入第 1 个数为 16，第 2 个数为字符 a，产生异常，运行结果如下。

```
>>>
请输入第 1 个数:16
请输入第 2 个数:a
程序出现异常
```

继续运行程序，在控制台输入第 1 个数为 4，第 2 个数为 0，产生异常，运行结果如下。

```
>>>
请输入第 1 个数:4
请输入第 2 个数:0
```

从以上 3 次运行结果可以看出，当有异常发生时，提示信息都是一样的，这就是捕获所有异常的一种情况。但这种方式不能很好地查找异常的类型和位置，只适合在程序设计初期使用，之后应不断细化异常，以方便我们调试和修改程序。

为了能区分来自不同语句的异常，还有一种捕捉所有异常的方法，就是在 except 语句后使用 Exception 类。由于 Exception 类是所有异常类的父类，因此可以捕获所有的异常。同时，定义一个 Exception 类的对象 result（对象名是任意合法的标识符）作为异常处理对象，可以输出异常信息。因为程序已经捕获了异常信息，所以不会再出现因为异常而退出的情况。

**例 10-7** 使用 Exception 类的对象捕获所有的异常。

```
1    # ex1007.py
2    numbers = [0, 0, 0]
3    try:
4        numbers[0] = int(input("请输入第 1 个数:"))
5        numbers[1] = int(input("请输入第 2 个数:"))
6        print(numbers[0] / numbers[1])
7    except Exception as result:
8        print("程序出现异常: ", result)
```

运行程序，在控制台输入第 1 个数为 16，第 2 个数为 0，运行结果如下。

```
>>>
请输入第 1 个数:16
请输入第 2 个数:0
程序出现异常: division by zero
```

可以看出，输出结果中显示了异常信息。

练习

阅读如下代码，如果 tryThis()函数抛出 ValueError 异常，输出结果是什么？

```
try:
    print("This is a test")
    tryThis()
except IndexError:
    print("exception 1")
except:
    print("exception 2")
finally:
    print("finally")
```

## 10.3 抛出异常

在 Python 中，除了程序运行出现错误时会引发异常，还可以使用 raise 语句主动抛出异常，抛出异常的主要应用场景是用户自定义异常。本节介绍在程序中抛出并处理异常的方法。

### 10.3.1 raise 语句

try…except 语句是在程序运行期间引发异常，raise 语句能显式地抛出异常。其语法格式如下。

```
raise 异常类或异常类对象        # 抛出异常，创建异常对象
```

上面的格式会触发异常并创建异常类对象，raise 语句后指定异常类时，会直接创建一

个异常类的对象，然后引发异常。例如，下面的代码将引发 NameError 异常。

```
>>>
>>> raise NameError
```

代码的执行结果如下。

```
>>>
Traceback (most recent call last):
  File "<pyshell#15>", line 1, in <module>
    raise NameError
NameError
```

也可以显式地创建异常类的对象，直接使用该对象来引发异常。例如，创建一个 NameError 类的对象 nerror，然后使用 raise nerror 语句抛出异常，代码如下。

```
>>> nerror = NameError()
>>> raise nerror
```

代码的执行结果如下。

```
>>>
Traceback (most recent call last):
  File "<pyshell#17>", line 1, in <module>
    raise nerror
NameError
```

当使用 raise 语句抛出异常时，还可以给异常类指定描述信息。例如，下面的代码在抛出异常类时传入了自定义的描述信息。

```
>>> raise IndexError("索引超出范围")
```

代码运行结果如下。

```
>>>
Traceback (most recent call last):
  File "<pyshell#18>", line 1, in <module>
    raise IndexError("索引超出范围")
IndexError: 索引超出范围
```

### 10.3.2  抛出异常示例

用户的应用程序中也可以抛出异常，但需要生成异常对象。生成异常对象一般都是通过 raise 语句实现的。例 10-8 模拟现金支付功能，当支付额度大于 5000 元时，抛出 ValueError 异常，当支付额度小于或等于 5000 元时，按照额度的 10%扣税。

**例 10-8**  抛出异常的应用。

```
1    # ex1008.py
2    def payOut(amount):
3        if (amount > 5000):
4            raise ValueError("The amount out of bounds!")
5        else:
6            return amount - amount * 0.1
7
8    if __name__ == '__main__':
9        pay = payOut(4000)
10       print("实际支出金额是: ", pay)
11       pay = payOut(5200)
12       print("实际支出金额是: ", pay)
```

程序运行结果如下。

```
>>>
实际支出金额是:  3600.0
Traceback (most recent call last):
  File "E:/pytyon312/ch10a/ex1008.py", line 10, in <module>
    pay = payOut(5200)
```

```
    File "E:/pytyon312/ch10a/ex1008.py", line 4, in payOut
        raise ValueError("The amount out of bounds!")
ValueError: The amount out of bounds!
```

例 10-8 中实现的仅仅是抛出异常，并没有捕获异常。如果需要捕获异常，可以修改程序代码，具体如下。

```
try:
    pay = payOut(4000)
    print("实际支出金额是: ",pay)
    pay = payOut(5200)
    print("实际支出金额是: ",pay)
except Exception:
    print("支出额度不合要求")
```

## 10.4 断言与上下文管理

断言与上下文管理是两种特殊的异常处理方法，在形式上比异常处理结构简单，能够满足简单的异常处理和条件确认，并且可以和标准的异常处理结构结合使用。

### 10.4.1 断言

assert 语句又称断言语句。在 assert 语句中设定一个条件，当条件不满足时（条件为假时），会触发 AssertionError 异常，所以 assert 语句可以当作条件式的 raise 语句。assert 语句的格式如下。

```
assert <boolCondition>,[description]
```

其中，boolCondition 是一个逻辑表达式，相当于条件。description 是可选的，通常是一个字符串。当 boolCondition 的结果为 False 时，description 作为异常的描述信息使用。下面是一个简单的断言示例。

```
>>> flag = True
>>> assert flag == False,"flag 初始值错误"
```

在上述代码中，定义了变量 flag 的值为 True，然后使用 assert 断言 flag 的值等于 False，断言错误，所以程序的运行结果如下。

```
>>>
Traceback (most recent call last):
  File "<pyshell#14>", line 1, in <module>
    assert flag==False,"flag 初始值错误"
AssertionError: flag 初始值错误
```

assert 语句主要用于收集定义的约束条件，并不是捕捉内在的程序设计错误。程序设计错误由 Python 解释器收集，当出现错误时自动引发异常。

为了更好地理解断言的应用场景，下面通过例 10-9 来说明。

**例 10-9** assert 语句的应用。

```
1    # ex1009.py
2    '''输入两个数,计算两数之间的所有质数'''
3    try:
4        x = int(input("请输入第 1 个数:"))
5        y = int(input("请输入第 2 个数:"))
6        assert x>2 and y>2,"x 和 y 必须为大于 2 的正整数"
7        if x>y:
8            x,y = y,x
9        num = []
10       i = x
```

```
11          for i in range(x,y+1):
12              for j in range(2,i):
13                  if I % j == 0:
14                      break
15              else:
16                  num.append(i)
17          print("{}和{}之间的质数为{}".format(x,y,num))
18  except Exception as result:
19      print("异常信息: ",result)
```

在例 10-9 中，通过 try…except 语句处理异常，具体步骤如下。

（1）第 4 行和第 5 行从键盘获取了 int 类型的两个数值 x 和 y。

（2）第 6 行通过断言语句限定 x 和 y 的值必须都大于 2。

（3）第 7 行和第 8 行比较 x、y 的值，如果 x 比 y 的值大，就互换 x 和 y 的值。

（4）第 11 行，外循环遍历每一个数。

（5）第 12～16 行，内循环判断每一个数是否是质数，如果是，添加到列表 num 中。

（6）第 18 行和第 19 行在 except 语句中使用 Exception 捕捉所有的异常，并获取异常对应的描述信息。

运行程序，在控制台输入的第 1 个数为 5，第 2 个数为 23，具体结果如下。

```
>>>
请输入第 1 个数:5
请输入第 2 个数:23
5 和 23 之间的质数为[5, 7, 11, 13, 17, 19, 23]
```

在控制台再次输入的第 1 个数为-6，第 2 个数为 9，运行结果如下。

```
>>>
请输入第 1 个数:-6
请输入第 2 个数:9
异常信息: assert 报告: x 和 y 必须为大于 2 的正整数
```

### 10.4.2  上下文管理

使用上下文管理语句 with 可以自动管理资源，代码块执行完毕后，自动还原该代码块执行之前的现场或上下文。不论程序因何种原因跳出 with 语句块，也不论是否发生异常，with 语句总能保证资源被正确释放，简化了编程工作。with 语句多用于打开文件、连接网络、连接数据库等场景。

with 语句的语法格式如下，其中，expression 是一个表达式，将 expression 的值传递给变量 variable。

```
with expression [as variable]:
    with 语句块
```

例如，下面的代码在文件操作时使用了 with 语句，当 with 语句块中内容执行完成时，文件将自动关闭。

```
fname = "e:\\python312\\test.txt"
with open(fname) as file:
    for line in file:
        print(line,end="")
```

上述代码使用 with 语句打开文件，如果文件存在且可以打开，则将文件对象赋值给变量 file，然后遍历这个文件。文件操作结束后，with 语句会关闭文件。即使代码在运行过程中产生了异常，with 语句也会正常关闭文件。

## 10.5 自定义异常类

前面介绍的异常主要用于处理系统中可以预见的、较常见的运行错误，对于某个具体应用中的运行错误，则需要我们根据程序的逻辑创建自定义的异常类和异常对象。

自定义异常类主要用于处理程序中可能产生的逻辑错误，使得这种错误能够被系统及时识别并处理，而不致扩散产生更大的影响，从而使用户程序具有更好的容错性能，并使整个系统更加安全稳定。

创建自定义异常类时，一般需要完成如下工作。

（1）声明一个新的异常类，使之以 Exception 类或其他某个已经存在的系统异常类或用户异常类为父类。

（2）为新的异常类定义属性和方法，或重载父类的属性和方法，使这些属性和方法能够描述该类的错误信息。

应用系统通过自定义异常类识别特定的错误，并及时地控制和处理运行错误。例 10-10 的功能是模拟支出金额大于 5000 元时（amount>5000），抛出用户自定义异常。程序代码包括 3 部分：第 1 部分是异常类的定义，该类继承了 Exception 类；第 2 部分是自定义异常的业务逻辑，当支出金额大于 5000 元时，报告异常；第 3 部分是测试代码。

**例 10-10** 自定义异常类的应用。

```python
1   # ex1010.py
2   class UserDefinedException(Exception):
3       def __init__(self, eid, message):  # 异常描述
4           self.eid = eid
5           self.message = message
6
7   class ExceptionDemo:  # 业务逻辑
8       def draw(self, amount):
9           print("called compute(" + str(amount) + ")");
10          if (amount > 5000 or amount <= 0):
11              raise UserDefinedException(101, "amount out of bounds")
12          else:
13              print("normal exit")
14
15  if __name__ == '__main__':  # 功能测试
16      myobject = ExceptionDemo()
17      try:
18          myobject.draw(1250)
19          myobject.draw(10000)
20      except UserDefinedException as e:
21          print("Exception caught,id:{},message:{}".format(e.eid, e.message))
```

例 10-10 定义了一个异常类 UserDefinedException，该类继承了 Exception 类，其中包括描述数据异常信息的 eid 和 message 属性。在 ExceptionDemo 类中，依据变量 amount 的取值来决定是否抛出异常并提交给 UserDefinedException 类来处理。程序运行结果如下。

```
>>>
called compute(1250)
normal exit
called compute(10000)
Exception caught,id:101,message:number out of bounds
```

**利用 AI 工具辅助分析程序中的错误\***

编写和运行程序时经常会遇到出错的情况，处理程序中的错误需要一定的知识储备和经验，我们可以将存在错误的程序代码或 Python 解释器报告的异常信息输入 AI 工具，让 AI 工具分析原因或给出解决方法，供我们参考。

**例 10-11** 利用 DeepSeek，分析生成词云图代码中的错误。

> USER：下面 Python 程序的功能是生成词云图，分析代码中的错误。
>
> ```
> ###
> from wordcloud import WordCloud
> import numpy as plt
> text = """
> Python is an interpreted, high-level and general-purpose programming language.
> Python's design philosophy emphasizes code readability with its notable use of
> significant indentation. Its language constructs and object-oriented approach aim to
> help programmers write clear, logical code for small and large-scale projects.
> """
> wordcloud =
> WordCloud(width=800, height=400, background_color='white').generate(text)
>  # 显示词云图
> plt.figure(figsize=(10, 5))
> plt.imshow(wordcloud, interpolation='bilinear')
> plt.axis('off')  # 关闭坐标轴
> plt.show()
> ###
> ```
>
> AI：在您提供的 Python 程序中，存在一个关键的错误：错误地将 matplotlib.pyplot 模块导入为 numpy 的别名 plt。实际上，numpy 是一个用于科学计算的库，而 matplotlib.pyplot 是用于绘图的库。此外，虽然 numpy 在生成词云图的过程中可能不是必需的（除非您进行了一些需要它的预处理），但正确地导入 matplotlib.pyplot 模块是显示词云图所必需的。
>
> 以下是修改后的正确代码：
>
> ```
> import matplotlib.pyplot as plt # 正确导入 matplotlib.pyplot
> from wordcloud import WordCloud # 导入 wordcloud 的 WordCloud 类
>
> text = """
> ......
> ```
>
> （后续回答略）

**例 10-12** 利用 AI 工具分析文件复制程序中的错误。

> USER：下面 Python 程序实现文件复制功能，分析其中的错误。
>
> ```
> """
> source = target = None
>     source = open("copyfile.py")
>     target = open("tempb.txt", "w+")
>     target.write(source.read())
> if source != None:
>     source.close()
> if target != None:
>     target.close()
> """
> ```
>
> AI：在您提供的代码片段中存在几个错误和潜在的问题，这些问题会导致代码无法

正确执行或达到预期的文件复制功能。以下是对代码的分析和修正建议：

缩进错误：Python 对缩进非常敏感，因为缩进用于定义代码块。在您的代码中，source =open("copyfile.py") 和 target = open("tempb.txt", "w+") 等语句的缩进不正确，它们应该与 if 语句处于同一级别或完全取消缩进，但在这个上下文中，它们应该直接位于函数或脚本的顶层（如果没有函数封装的话）。不过，由于这里看起来并没有函数封装，我们应该直接取消这些行的缩进。

逻辑错误：if source != None: 和 if target != None: 的检查是多余的，因为在前面的代码中已经明确地为 source 和 target 赋值了。除非在赋值和关闭文件之间有可能将它们设置为 None（在您的代码中没有这种情况），否则这些检查是不必要的。

文件关闭：更好的做法是使用 with 语句来打开文件，这样可以确保文件在使用完毕后会被正确关闭，即使发生异常也是如此。

代码组织：通常，我们会将文件操作封装在函数或脚本的顶层，而不是在条件语句或循环中（除非有特定的逻辑需求）。

下面是修正后的代码：
（后续回答略）

# 习 题 10

## 1．选择题

（1）下列关于异常处理的描述中，**不正确**的是哪一项？（　　　）

    A．程序运行产生的异常由用户或者 Python 解释器进行处理

    B．使用 try…except 语句捕获异常

    C．使用 raise 语句抛出异常

    D．捕获到的异常只能在当前方法中处理，而不能在其他方法中处理

（2）下列关于 try…except…finally 语句的描述中，正确的是哪一项？（　　　）

    A．try 语句后面的程序段将给出处理异常的语句

    B．except 语句在 try 语句的后面，该语句可以不接异常名称

    C．except 语句后的异常名称与异常类的含义是相同的

    D．finally 语句后面的代码段不一定总是被执行的，如果抛出异常，该代码不执行

（3）下列关于创建用户自定义异常的描述中，**不正确**的是哪一项？（　　　）

    A．用户自定义异常需要继承 Exception 类或其他异常类

    B．在方法中声明抛出异常关键字是 throw 语句

    C．捕捉异常的方法是使用 try…except…else…finally 语句

    D．使用异常处理会使整个系统更加安全和稳健

（4）给定以下代码：

```python
def problem():
    raise NameError

def method1():
    try:
        print("a")
        problem()
    except NameError:
        print("b")
```

```
        except Exception:
            print("c")
    finally:
        print("d")
    print("e")

method1()
```

执行 method1 ()函数后，输出结果是哪一项？（　　　）

    A．acd          B．abd          C．abde          D．a

（5）下列选项中，**不会**在运行时发生的异常是哪一项？（　　　）

    A．ZerodivisionError          B．NameError

    C．SyntaxError          D．KeyError

（6）当 try 语句块中没有任何错误信息时，一定**不会**执行的语句是哪一项？（　　　）

    A．try          B．else          C．finally          D．except

（7）如果程序试图打开不存在的文件，解释器将在运行时抛出哪类异常？（　　　）

    A．NameError          B．FileNotFoundError

    C．SyntaxError          D．ZeroDivisionError

（8）在 Python 程序中，假设有表达式 123 + xyz，则解释器将抛出哪类异常？（　　　）

    A．NameError          B．FileNotFoundError

    C．SyntaxError          D．TypeError

（9）执行下面代码：s=[1,23,2];prit(s[3])，解释器将抛出哪类异常？（　　　）

    A．NameError          B．IndexError

    C．SyntaxError          D．ZeroDivisionError

（10）执行下面代码：d={'1':'male','2':'female'};print(d[3])，解释器将抛出哪类异常？（　　　）

    A．NameError          B．IndexError          C．SyntaxError          D．KeyError

## 2．简答题

（1）什么是异常？简述 Python 的异常处理机制。

（2）除本章列出的 7 种常见异常外，查 Python 文档，请列举 3 种其他的内置异常类。

（3）如何创建用户自定义异常？

（4）异常处理结构中的 else 语句有什么作用？

（5）使用哪个 Python 语句可以显式地抛出异常？

（6）断言语句的格式是：assert <boolCondition>,[description]，当 boolCondition 的值为 True 时，将触发异常。这种说法正确吗？

## 3．阅读程序

（1）已知学生类 Students 及年龄异常类 AgeException 如下，分析程序的执行结果。

```
class AgeException(Exception):
    def __init__(self,description):
        self.description = description

class Students:
    def __init__(self,strname,age):
        self.strname = strname
        self.age = age
        if (age < 0 or age > 200):
            raise AgeException("年龄错误")
        else:
            print(age)
```

```
try:
    s1 = Students("zh3",19)
    s2 = Students("Lisi",-20)
except AgeException as e:
    print(e.description)
```

（2）执行如下程序，如果在当前文件夹中找不到文本文件 test.txt，输出结果是什么？

```
try:
    myfile=open("test.txt")
    print("success")
except FileNotFoundError:
    print("Location 1")
finally:
    print("Location 2")
print("Location 4")
```

## 4. 编程题

（1）编程实现索引超出范围异常（异常类型为 IndexError）。产生异常的代码如下。

```
chars = ['a','b',100,-37,2]
chars[5] = 'k'          # 产生 IndexError 异常
```

（2）设计一个描述一元二次方程的类，并为这个类添加异常处理。

（3）定义一个 Circle 类，其中有求面积的方法，当半径小于 0 时，抛出一个用户自定义异常。

（4）从键盘输入一个整数，求 100 除以它的商，并显示输出。要求对从键盘输入的数值进行异常处理。

# 第 **11** 章　tkinter GUI 编程

开发图形用户界面应用程序是 Python 的重要应用之一。图形用户界面（Graphical User Interface，GUI）可以接收用户的输入并展示程序运行的结果，更友好地实现用户与程序的交互。Python 实现图形用户界面可以使用标准库 tkinter，还可以使用功能强大的 wxPython、PyGObject、PyQt 等扩展库。本章学习如何使用 tkinter 库来创建 Python 的 GUI 应用程序。

## **11.1**　tkinter 编程概述

tkinter 库随着 Python 解释器一起安装，是 Python 的标准库。使用 tkinter 库编写的 GUI 程序是跨平台的，可在 Windows、UNIX、Linux 以及 Macintosh OS X 等多种操作系统中运行，具有与操作系统的布局和风格一致的外观。用户可以自行扩展 tkinter 库，也可以使用 tkinter 的扩展库，如 ttk（Tk 界面组件库，Python 标准库）、Tix（界面组件库，Python 标准库）、Pmw（界面组件库）等。

### 11.1.1　第一个 tkinter GUI 程序

在 GUI 编程中，组件和容器是两个最基本的概念。**组件**是指标签、按钮、列表框等对象，需要将其放在容器中显示。**容器**是指可放置其他组件或容器的对象，如窗口或 Frame（框架）。容器也可以叫作容器组件。Python 的 GUI 程序默认有一个主窗口，在这个主窗口上可以放置其他组件。

例 11-1 是一个 tkinter GUI 程序，从中可以了解 tkinter GUI 程序的基本结构。

**例 11-1**　带有标签和按钮的 tkinter GUI 程序。

```
1   # ex1101.py
2   import tkinter                              # 导入 tkinter 模块
3   win = tkinter.Tk()                          # 创建主窗口对象
4   label1 = tkinter.Label(win,text="Hello,Python")   # 创建标签对象
5   btn1 = tkinter.Button(win,text="click")    # 创建按钮对象
6   label1.pack()        # 打包对象，使其显示在父容器中
7   btn1.pack()
8   win.mainloop()       # 启动事件循环
```

tkinter GUI 程序一般包括以下部分。

（1）导入 tkinter 库。可以使用下面两种形式之一。

```
import tkinter
from tkinter import *
```

（2）创建主窗口对象作为容器。该行可以省略，如果没有创建主窗口对象，tkinter 将

以默认的顶层窗口作为主容器，该容器是当前组件的容器。

（3）创建标签、按钮、输入文本框、列表框等组件对象。

（4）打包组件，将组件显示在其父容器中。

（5）启动事件循环，GUI 窗口启动，等待响应用户操作。

例 11-1 的运行结果如图 11-1 所示。在 GUI 程序中，如果需要实现复杂的窗口界面，还要设置窗口的布局；如果需要窗口响应用户的操作，还要完成事件处理功能。

图 11-1　例 11-1 的运行结果

此外，Python 的 GUI 程序除了可以保存为以.py 为扩展名的文件，还可以用.pyw 作为扩展名。.pyw 格式的文件是用来保存 Python 的纯图形界面程序的，运行（双击）.pyw 程序时不显示控制台窗口。建议将 Python 的 GUI 程序保存为.py 格式，运行时显示控制台窗口，以方便查看程序运行的提示信息。

### 11.1.2　设置窗口和组件的属性

在编写 GUI 程序的过程中，可以设置窗口的标题和大小，也可以设置组件的属性，经常使用的方法有 title()方法、geometry()方法和 config()方法，下面逐一进行介绍。

**1．title()方法和 geometry()方法**

在创建主窗口对象后，可以使用 title()方法设置窗口的标题，使用 geometry()方法设置窗口的大小。

**例 11-2**　设置窗口的标题和大小的 GUI 程序。

```
1   # ex1102.py
2   from tkinter import *
3   win = Tk()
4   label = Label(win,text="Hello,Python")
5   btn1 = Button(win,text="click")
6   label.pack()
7   btn1.pack()
8   win.title("设置窗口的标题和大小")        # title()方法
9   win.geometry("300x200")               # geometry()方法
10  win.mainloop()
```

📖 **提示**　geometry()方法中的参数用于指定窗口大小，格式为"宽度 x 高度"，其中的 x 不是乘号，而是字母 x。

例 11-2 进一步完善了例 11-1，使用 from 语句导入 tkinter 库，并且设置了窗口的标题和大小，运行结果如图 11-2 所示。

**2．config()方法**

config()方法用于设置组件文本、对齐方式、前景色、背景色、字体等属性。例 11-3 设置了组件的 text、fg、bg 等属性。

图 11-2　例 11-2 的运行结果

**例 11-3**　使用 config()方法设置组件的属性。

```
1   # ex1103.py
2   from tkinter import *
3   win = Tk()
4   label = Label()
5   label.config(text="Hello Python")        # 设置文本属性
6   label.config(fg="white",bg="blue")       # 设置前景和背景属性
```

```
7    label.pack()
8    btn1 = Button()
9    btn1['text']="click"              # 设置文本属性的另一种方法
10   btn1.pack()
11   win.title("设置组件属性")           # title()方法
12   win.geometry("300x200")           # geometry()方法
13   win.mainloop()
```

## 11.2  tkinter GUI 的布局管理

开发 GUI 程序，需要将组件放入容器中，主窗口就是一种容器。向容器中放入组件是很烦琐的，不仅需要调整组件自身的大小，还要设计该组件和其他组件之间的相对位置。实现组件布局的方法被称为**布局管理器**或几何管理器，tkinter 可使用 3 种方法来实现布局功能：pack()、grid()、place()，下面分别进行介绍。

此外，Frame（框架）也是一种容器，需要显示在主窗口中。Frame 作为中间层的容器组件，可以分组管理组件，从而实现复杂的布局。

### 11.2.1  使用 pack()方法的布局

pack()方法以块的方式布局组件。前面的示例中已经使用了 pack()方法，该方法将组件显示在默认位置，是最简单、直接的用法。

pack()方法的常用参数如表 11-1 所示。

**表 11-1  pack()方法的常用参数**

| 参　　数 | 说　　明 |
|---|---|
| side | 表示组件在容器中的位置，取值为 TOP、BOTTOM、LEFT、RIGHT |
| expand | 表示组件可拉伸，取值为 YES 或 NO。当值为 YES 时，side 选项无效，参数 fill 用于指明组件的拉伸方向 |
| fill | 取值为 X、Y 或 BOTH，填充 X 或 Y 方向上的空间，当参数 side=TOP 或 BOTTOM 时，填充 X 方向；当参数 side= LEFT 或 RIGHT 时，填充 Y 方向 |
| anchor | 表示组件在容器中的定位点，取值为 N、S、W、E、SW、NE、SE、NW 和 CENTER 等。默认值为 CENTER |
| padx 和 pady | 组件外部的预留空白宽度 |
| ipadx 和 ipady | 组件内部的预留空白宽度 |

例 11-4 和例 11-5 分别测试了 pack()方法的 side、expand、fill、anchor 等参数，运行结果如图 11-3 和图 11-4 所示。

**例 11-4**  使用 pack()方法的 side 参数设置组件的布局。

```
1    # ex1104.py
2    from tkinter import *
3    win = Tk()
4    label1 = Label(win,text="Top 标签",fg="white",bg="blue")
5    label2 = Label(win,text="Left 标签",fg="white",bg="blue")
6    label3 = Label(win,text="Bottom 标签",fg="white",bg="blue")
7    label4 = Label(win,text="Right 标签",fg="white",bg="blue")
8    label1.pack(side=TOP)
9    label2.pack(side=LEFT)
10   label3.pack(side=BOTTOM)
11   label4.pack(side=RIGHT)
```

```
12    win.title("pack()方法")         # title()方法
13    win.geometry("200x150")         # geometry()方法
14    win.mainloop()
```

**例 11-5**  使用 pack()方法的 anchor 参数设置组件的布局。

```
1     # ex1105.py
2     from tkinter import *
3     win = Tk()
4     label1 = Label(win,text="窗口上部的标签",fg="white",bg="blue")
5     label1.pack(anchor=NW,padx=5)
6     label2 = Label(win)
7     label2.config(text="中部可扩展的标签",fg="white",bg="grey")    # 配置文本属性
8     label2.pack(expand=YES,fill=BOTH,padx=5)
9     btn= Button()
10    btn['text'] = "确认"                    # 配置文本属性的另一种方法
11    btn.pack()
12
13    win.geometry("300x200")                # geometry()方法
14    win.mainloop()
```

图 11-3  例 11-4 的运行结果

图 11-4  例 11-5 的运行结果

## 11.2.2  使用 grid()方法的布局

使用 grid()方法的布局被称为网格布局,它按照二维表格的形式,将容器划分为若干行和若干列,组件的位置由行和列所在的位置确定。grid()方法和 pack()方法在使用上类似,表 11-2 给出了 grid()方法的常用参数。

表 11-2  grid()方法的常用参数

| 参　　数 | 说　　明 |
| --- | --- |
| row 和 column | 组件所在行和列的位置 |
| rowspan 和 columnspan | 组件从所在位置起跨的行数和列数 |
| sticky | 组件所在位置的对齐方式 |
| padx 和 pady | 组件外部的预留空白宽度 |
| ipadx 和 ipady | 组件内部的预留空白宽度 |

📖 提示  在同一容器中,只能使用 pack()方法或 grid()方法中的一种布局方式。

grid()方法通过参数设置组件所在的列。row 和 column 的默认开始值为 0,依次递增。row 和 column 的序号的大小表示相对位置,数字越小表示位置越靠前。

**例 11-6**　使用 grid()方法设置组件布局。

```
1   # ex1106.py
2   from tkinter import *
3   win = Tk()
4   label1 = Label(win,text="请选择下列操作",fg="green")
5   label1.grid(row=0,column=0,columnspan=4)
6
7   btn1 = Button(text="copy")
8   btn2 = Button(text="cut")
9   btn3 = Button(text="paste")
10  btn4 = Button(text="delete")
11  btn1.grid(row=2,column=0,padx=2)
12  btn2.grid(row=2,column=1,padx=2)
13  btn3.grid(row=2,column=2,padx=2)
14  btn4.grid(row=2,column=3,padx=2)
15
16  win.title("grid()布局")        # title()方法
17  win.geometry("200x150")        # geometry()方法
18  win.mainloop()
```

程序运行结果如图 11-5 所示。从图 11-5 中可以看出，使用 gird()方法的布局比使用 pack()方法的布局能更有效控制组件在容器中的位置。

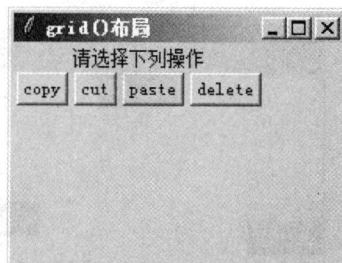

图 11-5　例 11-6 的运行结果

### 11.2.3　使用 place()方法的布局

使用 place()方法的布局可以更精确地控制组件在容器中的位置。但如果容器大小发生了变化，可能会出现布局不适应的情况。表 11-3 给出了使用 place()方法布局的常用参数。

**表 11-3　使用 place()方法布局的常用参数**

| 参　　数 | 说　　明 |
|---|---|
| x 和 y | 用绝对坐标指定组件的位置，默认单位为 px |
| height 和 width | 指定组件的高度和宽度，默认单位为 px |
| relx 和 rely | 按容器高度和宽度的比例来指定组件的位置，取值范围为 0.0～1.0 |
| relheight 和 relwidth | 按容器高度和宽度的比例来指定组件的高度和宽度，取值范围为 0.0～1.0 |
| anchor | 表示组件在容器中的定位点，默认为左上角（NW） |
| bordermode | 组件被指定在计算某位置时，是否包含容器边界宽度。默认为 INSIDE，表示计算容器边界，OUTSIDE 表示不计算容器边界 |

**例 11-7**　使用 place ()方法的布局。

```
1   #ex1107.py
2   from tkinter import *
3   win = Tk()
4   label1 = Label(win,text="place()方法",fg="black")
5   label1.place(x=140,y=50,anchor=N)      # 使用 place()方法布局
6   btn1 = Button(text="place()按钮")
7   btn2 = Button(text="grid()按钮")
8   btn1.place(x=140,y=80,anchor=N)        # 使用 place()方法布局
9   btn2.grid(row=2,column=1)              # 使用 grid()方法布局
10  win.title("测试")
11  win.geometry ("300x200")
12  win.mainloop()
```

上述代码使用 place ()方法实现了组织组件布局。程序运行结果如图 11-6 所示。

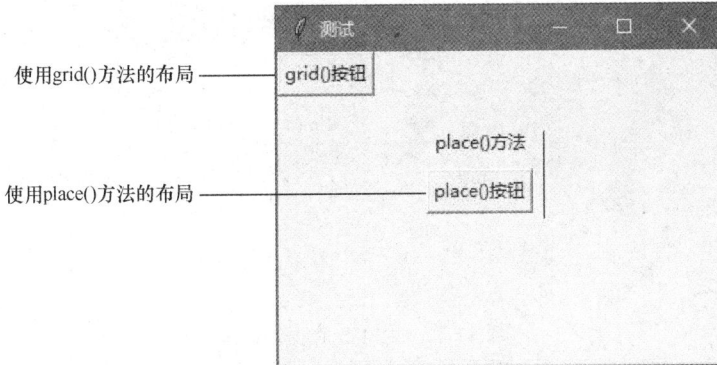

图 11-6　例 11-7 的运行结果

### 11.2.4　使用框架的复杂布局

框架( Frame )是一个容器组件，通常用于对组件进行分组，从而实现复杂的布局。Frame 的常用属性如表 11-4 所示。

表 11-4　Frame 的常用属性

| 属　　性 | 说　　明 |
| --- | --- |
| bd | 指定边框宽度 |
| relief | 指定边框样式，取值为 FLAT（扁平，默认值）、RAISED（凸起）、SUNKEN（凹陷）、RIDGE（脊状）、GROOVE（凹槽）和 SOLID（实线） |
| width 和 height | 设置宽度或高度，如果忽略，容器通常会根据内容组件的大小调整 Frame 大小 |

例 11-8　使用 Frame 实现的复杂布局。

```
1   # ex1108.py
2   from tkinter import *
3   win = Tk()
4   frma = Frame()        # 框架 frma
5   frmb = Frame()        # 框架 frmb
6   frma.pack()
7   frmb.pack()
8   lblUname = Label(frma,text="UserName",width=10,fg="black")
9   etyUname = Entry(frma,width=20)
10  lblUname.grid(row=1,column=1)
11  etyUname.grid(row=1,column=2)
12  lblPwd = Label (frma,text="PassWord",width=10,fg="black")
13  etyPwd = Entry(frma,width=20)
14  lblPwd.grid(row=2,column=1)
15  etyPwd.grid(row=2,column=2)
16  #向容器中用 grid()方法添加两个按钮
17  btnReset = Button(frmb,text="ReSet",width=10)
18  btnSubmit = Button(frmb,text="Submit",width=10)
19  btnReset.grid(row=1,column=1)
20  btnSubmit.grid(row=1,column=2)
21  win.title("使用框架的布局")
22  win.geometry("300x200")
23  win.mainloop()
```

上述代码使用 Frame 组件实现了复杂布局，运行结果如图 11-7 所示。用户名和密码的两对标签和输入框置于 frma 框架中，添加的两个按钮置于 frmb 框架中。

图 11-7　例 11-8 的运行结果

练习

（1）在 tkinter 的布局管理方法中，可以精确定义组件位置的方法是什么？
（2）Frame 组件在布局中的作用是什么？

## **11.3** tkinter 的常用组件

tkinter 的各种组件构造了窗口中的对象，常用的组件包括 Label（标签）、Button（按钮）、Entry（输入框）、Checkbutton（复选框）等。

### 11.3.1　Label 组件

Label 是用于创建标签的组件，主要用于显示不可修改的文本、图片或者图文混排的内容。Label 组件的常用属性如表 11-5 所示。

表 11-5　Label 组件的常用属性

| 属　　性 | 说　　明 |
|---|---|
| text | 设置标签显示的文本 |
| bg 和 fg | 指定组件的背景色和前景色 |
| width 和 height | 指定组件的宽度和高度（通常以字符为单位） |
| padx 和 pady | 设置组件内文本的左右和上下的预留空白宽度，默认值为 1（px） |
| anchor | 设置文本在组件内部的位置，取值为 N、S、W、E、NW、SW、NE、SE |
| justify | 设置文本的对齐方式，取值为 LEFT（左对齐）、RIGHT（右对齐）或 CENTER（居中对齐） |
| font | 设置字体 |

需要说明的是，tkinter 库中的组件大部分属性都相同，Label 组件的常用属性可用于大多数组件，表 11-5 中的属性在后面章节中也经常使用。

font 属性是一个复合属性，用于设置字体名称、字体大小和字体特征等。font 属性通常表示为一个三元组，它的基本格式为（family, size, special）。family 表示字体名称的字符串，size 表示字体大小的整数，special 表示字体特征的字符串。size 为正整数时，字体大小单位为 pt；size 为负整数时，字体大小单位为 px。在 special 字符串中，可使用关键字表示字体特征：normal（正常）、bold（粗体）、italic（斜体）、underline（下画线）、overstrike（删除线）。

**例 11-9** 测试标签的属性。

```
1   # ex1109.py
2   from tkinter import *
3
4   win = Tk()
5   str = '标签 width、height、anchor 等属性测试'
6   mylabel = Label(win, text=str, bg="white")
7   mylabel.config(justify=CENTER)          # 设置文本居中对齐
8   mylabel.config(width=20, height=5)      # 设置标签的宽和高，单位为字符数
9   mylabel.config(bd=1, relief=SOLID)      # 设置边框宽度
10  mylabel.config(wraplength=120)          # 设置文字回卷宽度为 120px
11  mylabel.config(anchor=E)                # 设置内容在标签内部的右侧
12  mylabel.config(font=('宋体', 12))        # 设置字体和字大小
13  mylabel.pack(side=BOTTOM)               # 设置标签在窗口的底部
14  win.geometry("300x200")
15  win.mainloop()
```

上述代码测试了标签的 width、height、anchor、justify、font 等属性，运行结果如图 11-8 所示。

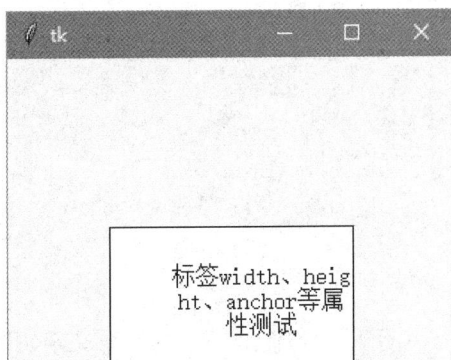

图 11-8　例 11-9 的运行结果

### 11.3.2　Button 组件

微课视频

Button 组件用于创建按钮，通常用于响应用户的单击操作，即单击按钮时将执行指定的函数。Button 组件的 command 属性用于指定响应函数，其他属性大部分与 Label 组件相同。

**例 11-10**　单击 Button 按钮计算 1～100 的累加值。

```
1   # ex1110.py
2   from tkinter import *
3   win = Tk()
4   win.title("Button 组件")
5   win.geometry("300x200")
6   label1 = Label(win,text='此处显示计算结果 ')
7   label1.config(font=('宋体',12))
8   label1.pack()
9   def computing():
10      sum = 0
11      for i in range(100+1):
12          sum += i
13      result = "累加结果是: " + str(sum)
14      label1.config(text=result)
```

```
15    str1 = '计算从 1 到 100 累加值'
16    mybutton = Button(win,text=str1)
17    mybutton.config(justify=CENTER)              # 设置按钮文本居中
18    mybutton.config(width=20,height=3)           # 设置标签的宽和高
19    mybutton.config(bd=3,relief=RAISED)          # 设置边框的宽度和样式
20    mybutton.config(anchor=CENTER)               # 设置内容在按钮内部居中
21    mybutton.config(font=('隶书',12,'underline'))
22    mybutton.config(command=computing)
23    mybutton.config(activebackground='yellow')
24    mybutton.config(activeforeground='red')
25    mybutton.pack()
26    win.mainloop()
```

上述代码测试了 Button 按钮的属性，其中，activebackground、activeforeground 属性是单击按钮时前景和背景的变化，运行结果如图 11-9 所示。单击按钮时，会调用 computing() 函数在标签上显示计算所得的数值。

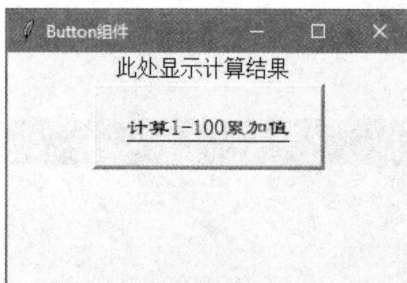

图 11-9　例 11-10 的运行结果

### 11.3.3　Entry 组件

Entry 组件即输入组件，用于显示和输入简单的单行文本，Entry 组件的部分属性与 Label 组件相同，其他常用属性和方法如表 11-6 所示。

**表 11-6　Entry 组件的常用属性和方法**

| 属性/方法 | 说　明 |
| --- | --- |
| state | 设置组件状态。取值为 normal、disabled 和 readonly。取值为 readonly 时，组件为只读状态，不接收数据输入 |
| validate | 设置执行 validatecommand 校验函数的时间 |
| validatecommand | 设置校验函数 |
| textvariable | 获取组件内容的变量 |
| get() | 返回组件中的全部字符 |
| delete(first,last=None) | 删除从 first 开始到 last 之间的字符，如果省略 last，则删除 first 到末尾的全部字符。组件中第一个字符的位置为 0。删除全部字符可使用 delete(0,END)方法 |

除了表 11-6 中的方法，Entry 组件还提供 select 系列方法用于选择输入组件中的字符，如 select_clear()、select_from(index)、select_range(start,end)等；另外提供 insert 系列方法用于插入字符操作，这里不再赘述，请读者查看相关文档。

**例 11-11**　输入数据并计算累加和。

```
1    # ex1111.py
2    from tkinter import *
3    def computing():
4        sum = 0
```

```
5        n = int(number.get())
6        for i in range(n+1):
7            sum += i
8        result = "累加结果是: " + str(sum)
9        label3.config(text=result)
10   win = Tk()
11   win.title("Entry组件")
12   win.geometry("300x200")
13   label1 = Label(win,text='请输入计算数据: ')
14   label1.config(width=16,height=3)
15   label1.config(font=('宋体',12))
16   label1.grid(row=0,column=0)
17   number = StringVar()
18   entry1 = Entry(win,textvariable = number,width=16)
19   entry1.grid(row=0,column=1)
20   label2 = Label(win,text='请单击确认: ')
21   label2.config(width=14,height=3)
22   label2.config(font=('宋体',12))
23   label2.grid(row=1,column=0)
24   button1 = Button(win,text="计算")
25   button1.config(justify=CENTER)              # 设置按钮文本居中
26   button1.config(width=14,height=2)           # 设置按钮的宽和高
27   button1.config(bd=3,relief=RAISED)          # 设置边框的宽度和样式
28   button1.config(anchor=CENTER)               # 设置内容在按钮内部居中
29   button1.config(font=('隶书',12))
30   button1.config(command=computing)
31   button1.grid(row=1,column=1)
32   label3 = Label(win,text='显示结果 ')
33   label3.config(width=16,height=3)
34   label3.config(font=('宋体',12))
35   label3.place(x=50,y=130)
36   win.mainloop()
```

　　上述代码使用 Entry 组件输入数据，然后调用 computing()函数计算累加和。其中，代码 number = StringVar()的作用是声明 number 是字符串变量，所以在 computing()函数中，执行语句 n=int(number.get())将字符串转换为整型数据。在 Entry 组件中输入计算数据 101，并单击"计算"按钮，运行结果如图 11-10 所示。

　　类似 StringVar()形式的变量被称为**控制变量**。控制变量是一种特殊对象，它和组件相关联。例如，控制变量与 Entry 组件相关联时，控制变量的值和 Entry 组件中的文本会关联变化。将控制变量与 Radiobutton 组件（单选按钮组）关联时，改变单选按钮，控制变量的值会随之改变；反之，改变控制变量的值，对应值的单选按钮会被选中。

图 11-10　例 11-11 的运行结果

　　tkinter 模块提供了布尔型、双精度、整数和字符串 4 种控制变量，创建方法如下。

```
myvar = BooleanVar()
myvar = StringVar()
myvar = IntVar()
myvar = DoubleVar()
```

　　如果将例 11-11 中的代码 number = StringVar()替换为 number = IntVar()，则代码 n = int(number.get())可以用 n = number.get()方法替换，请读者注意体会不同类型的控制变量在使用方法上的区别。

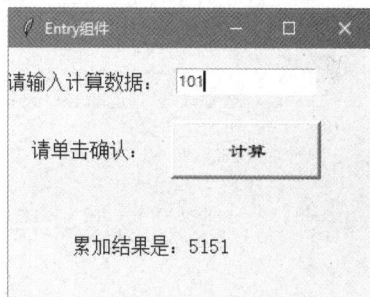

### 11.3.4 Listbox 组件

Listbox 组件用于创建列表框，可以显示多个列表项，每项为一个字符串。列表框允许用户一次选择一个或多个列表项。Listbox 组件与 Label 组件的部分属性相同，其他常用属性和方法如表 11-7 所示。

表 11-7　Listbox 组件的常用属性和方法

| 属性/方法 | 说　　明 |
| --- | --- |
| listvariable | 关联一个 StringVar 类型的控制变量，该变量关联列表框全部选项 |
| selectmode | 设置列表项选择模式，参数可设置为 BROWSE（默认值，只能选中一项，可拖动）、SINGLE（只能选中一项，不能拖动）、MULTIPLE（通过鼠标单击可选中多个列表项）、EXTENDED（通过鼠标拖动可选中多个列表项） |
| xscrollcommand | 关联一个水平滚动条 |
| yscrollcommand | 关联一个垂直滚动条 |
| activate(index) | 选中 index 对应的列表项 |
| cursection() | 返回包含选中项的元组，无选中时返回空元组 |
| insert(index, relements) | 在 index 位置插入一个或多个列表项 |
| get(first,last=None) | 返回包含[first,last]范围内的列表项的文本元组，省略 last 参数时只返回 first 对应的项的文本 |
| size() | 返回列表项的个数 |
| delete(first,last=None) | 删除[first,last]范围内的列表项，省略 last 参数时只删除 first 的对应项 |

Listbox 组件的部分方法将列表项索引（index）作为参数。Listbox 组件中第一个列表项的 index 值为 0，最后一个列表项的 index 值可以使用常量 tkinter.END 来表示。当前选中列表项的 index 值用常量 tkinter.ACTIVE 表示（选中多项时，对应最后一个选项）。

**例 11-12**　列表框的应用。

```
1   # ex1112.py
2   from tkinter import *
3
4   win = Tk()
5   listbox = Listbox(win)
6   # 初始化列表框
7   items = ["HTML5", "CSS3", "JavaScript", "Jquery"]
8   for item in items:
9       listbox.insert(END, item)
10  listbox.pack(side=LEFT, expand=1, fill=Y)
11
12  def additem():                          # 向列表框中填加选项
13      str = entry1.get()
14      if not str == '':
15          index = listbox.curselection()
16          if len(index) > 0:
17              listbox.insert(index[0], str)      # 有选中项时，在选中项前面添加一项
18          else:
19              listbox.insert(END, str)           # 无选中项时，添加到最后
20
21  def removeitem():   # 在列表框中删除选项
22      index = listbox.curselection()
23      if len(index) > 0:
24          if len(index) > 1:
25              listbox.delete(index[0], index[-1])   # 删除选中的多项
26          else:
```

```
27          listbox.delete(index[0])              # 删除选中的一项
28
29   entry1 = Entry(width=20)
30   entry1.pack(anchor=NW)
31   bt1 = Button(text='添加', command=additem)
32   bt1.pack(anchor=NW)
33   bt2 = Button(text='删除', command=removeitem)
34   bt2.pack(anchor=NW)
35   mainloop()
```

上述示例首先将列表项内容保存在 items 列表中，通过 for 循环初始化列表框；然后为两个命令按钮添加事件函数，单击"添加"按钮，向列表框中增加列表项，单击"删除"按钮，删除列表框中选中的选项。运行结果如图 11-11 所示。

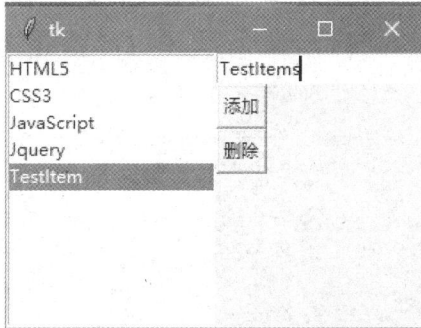

图 11-11　例 11-12 的运行结果

### 11.3.5　Radiobutton 组件

Radiobutton 组件用于创建单选按钮组。单选按钮组由多个单选按钮组成，选中单选按钮组中的一项时，其他选项会被取消选中。Radiobutton 组件的部分属性和 Label 组件相同，其他常用属性和方法如表 11-8 所示。

表 11-8　Radiobutton 组件常用的属性和方法

| 属性/方法 | 说　　明 |
| --- | --- |
| command | 设置改变单选按钮状态时执行的函数 |
| indicator | 设置单选按钮样式。默认值为 1，单选按钮为默认样式；值为 0 时，单选按钮外观为按钮样式 |
| value | 当 value 值与关联控制变量的值相等时，选项被选中。关联控制变量为 IntVar 类型时，单选按钮的 value 值应为整数；关联控制变量为 StringVar 类型时，单选按钮的 value 值应为字符串 |
| variable | 单选按钮组的关联控制变量的值可以是 IntVar 或 StringVar 类型。如果多个单选按钮关联到一个控制变量时，这些单选按钮属于一个功能组，一次只能选中一项 |
| deselect() | 取消选项的方法 |
| select() | 选中选项的方法 |

**例 11-13**　单选按钮组的应用。

```
1   # ex1113.py
2   from tkinter import *
3
4   win = Tk()
5   label1 = Label(win,text='请为您最喜欢的体育项目投票')
6   label1.grid(row=1,column=1,columnspan=2)
7
8   s_items = IntVar()
```

```
9      s_items.set(2)
10
11     frame1 = Frame(bd=2,relief=RIDGE)
12     frame1.grid(row=2,column=1)
13
14     frame2 = Frame(bd=0,relief=RIDGE)
15     frame2.grid(row=2,column=2)
16
17     radio1 = Radiobutton(frame1,text='足球',variable=s_items,value=1,width=8)
18     radio1.grid(row=1,column=1)
19     radio2 = Radiobutton(frame1,text='排球',variable=s_items,value=2)
20     radio2.grid(row=2,column=1)
21     radio3 = Radiobutton(frame1,text='篮球',variable=s_items,value=3)
22     radio3.grid(row=3,column=1)
23
24     num1 = IntVar()
25     entry1 = Entry(frame2,textvariable=num1,width=10,state = 'readonly')
26     entry1.grid(row=1,column=1,pady=4)
27     num2 = IntVar()
28     entry2 = Entry(frame2,textvariable=num2,width=10,state = 'readonly')
29     entry2.grid(row=2,column=1,pady=4)
30     num3 = IntVar()
31     entry3 = Entry(frame2,textvariable=num3,width=10,state = 'readonly')
32     entry3.grid(row=3,column=1,pady=4)
33
34     def voting():
35         global num1,num2,num3
36         temp = s_items.get()
37         if temp == 2:
38             num2.set(num2.get() + 1)
39         elif temp == 1:
40             num1.set(num1.get() + 1)
41         else:
42             num3.set(num3.get() + 1)
43
44     btn1 = Button(win,text="请投票",command=voting)
45     btn1.grid(row=3,column=1,columnspan=2,pady=5)
46
47     win.geometry("300x200")
48     mainloop()
```

例 11-13 窗体用 grid() 方法实现布局管理，实现的是体育项目的投票功能，多个体育项目之间组成了一个单选按钮组，这些选项之间是具有排他性的。选中一个单选项后，单击"请投票"按钮，该选项的计数器加 1。为禁止用户输入投票数，可设置 Entry 组件的 state 属性为 readonly（只读）。程序运行结果如图 11-12 所示。

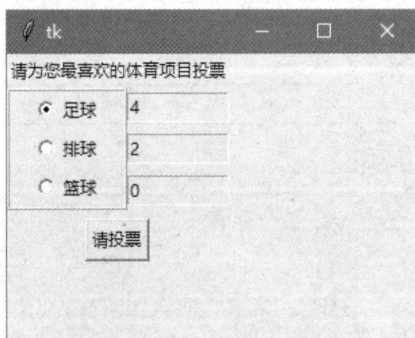

图 11-12　例 11-13 的运行结果

### 11.3.6 Checkbutton 组件

Checkbutton 组件用于创建复选框，用来标识是否选定某个选项。用户单击复选框左侧的方框，当方框中出现"√"时，表示该选项被选中。Checkbutton 组件与 Radiobutton 组件的功能类似，但 Radiobutton 组件实现的是单选功能，而 Checkbutton 在系列选项中可以选择 0 个或多个，实现复选功能。

Checkbutton 组件常用的属性和方法与 Radiobutton 组件的也基本相同，如表 11-9 所示。

表 11-9  Checkbutton 组件常用的属性和方法

| 属性/方法 | 说　　明 |
|---|---|
| command | 设置改变复选框状态时执行的函数 |
| indicator | 设置复选框样式。默认值为 1，复选框为默认样式；值为 0 时，复选框外观为按钮样式 |
| variable | 复选框的关联控制变量，值为 IntVar 类型的变量，复选框被选中时，值为 1，否则值为 0 |
| deselect() | 取消选项的方法 |
| select() | 选中选项的方法 |

**例 11-14**　Checkbutton 组件的应用。

```
1   # ex1114.py
2   from tkinter import *
3   win = Tk()
4   label1 = Label(win,text='Checkbutton按钮测试')
5   label1.config(font=('宋体',18),justify=CENTER)
6   label1.grid(row=1,column=1,columnspan=2)
7   choice1 = IntVar()
8   choice1.set(0)
9   choice2 = IntVar()
10  choice2.set(0)
11  frame1 = Frame(bd=0,relief=RIDGE)
12  frame1.grid(row=2,column=1)
13  check1 = Checkbutton(frame1,text='粗体',variable=choice1,width=8,pady=10)
14  check1.grid(row=1,column=1)
15  check2 = Checkbutton(frame1,text='斜体',variable=choice2,width=8)
16  check2.grid(row=1,column=2)
17  def changeFont():
18      #temp = choice1.get()
19      if choice1.get() == 1 and choice2.get() == 1:
20          label1.config(font=('宋体',18,"bold italic"))
21      elif choice1.get() == 1 and choice2.get() == 0:
22          label1.config(font=('宋体',18,"bold"))
23      elif choice1.get() == 0 and choice2.get() == 1:
24          label1.config(font=('宋体',18,"italic"))
25      else:
26          label1.config(font=('宋体',18))
27  check1.config(command=changeFont)
28  check2.config(command=changeFont)
29  win.geometry("240x150")
30  mainloop()
```

例 11-14 的窗体布局为 2 行 2 列，其中的第 1 行跨行。上述代码通过复选框来控制标签上文本的风格是否显示为粗体和斜体。初始状态下，两个复选框都未选中，当选中一个或两个复选框时，执行 changeFont()函数，并根据复选框的状态（值），控制标签文本的显示风格。运行结果如图 11-13 所示。

### 11.3.7　Text 组件

Text 组件用于显示和编辑多行文本。tkinter 的 Text 组件可以实现多种功能，可以显示图片、网页链接、HTML 页面、CSS 样式，还可以用作简单的文本编辑器，甚至是网页浏览器。

图 11-13　例 11-14 的运行结果

Text 组件的部分属性与 Label 组件相同，其他常用的属性和方法如表 11-10 所示。

**表 11-10　Text 组件常用的属性和方法**

| 属性/方法 | 说　　明 |
| --- | --- |
| INSERT | 光标所在的位置，Tkinter.INSERT 或字符串"insert" |
| CURRENT | 鼠标当前位置所对应的字符位置，Tkinter.CURRENT 或字符串"current" |
| END | Text buffer 的最后 1 个字符，Tkinter.END 或字符串"end" |
| SEL_FIRST | 选中文本区域的第 1 个字符，如果没有选中区域，则引发异常，Tkinter.SEL_FIRST 或字符串"sel.first" |
| SEL_LAST | 选中文本区域的最后 1 个字符，如果没有选中区域，则引发异常，Tkinter.SEL_ LAST 或字符串"sel.last" |
| get(index1, index2) | 获取 Text 组件的文本，起始位置在 index1，终止位置在 index2 |
| insert(index, text) | 在 index 位置插入 text 字符 |
| delete(index1, index2) | 删除选中内容 |

下面的代码将构建一个文本编辑器。

**例 11-15**　使用 Text 组件构建文本编辑器。

```
1   # ex1115.py
2   from tkinter import *
3   win = Tk()
4
5   frame1 = LabelFrame(relief=GROOVE,text='工具栏: ')
6   frame1.pack(anchor=NW,fill=X)
7   bt1 = Button(frame1,text='复制')
8   bt1.grid(row=1,column=1)
9   bt2 = Button(frame1,text='剪切')
10  bt2.grid(row=1,column=2)
11  bt3 = Button(frame1,text='粘贴')
12  bt3.grid(row=1,column=3)
13
14  text1 = Text()
15  text1.pack(expand=YES,fill=BOTH)
16
17  def docopy():
18      data = text1.get(SEL_FIRST,SEL_LAST)           # 获得选中内容
19      text1.clipboard_clear()                         # 清除剪贴板
20      text1.clipboard_append(data)                    # 将内容写入剪贴板
21  def docut():
22      data = text1.get(SEL_FIRST,SEL_LAST)
23      text1.delete(SEL_FIRST,SEL_LAST)                # 删除选中内容
24      text1.clipboard_clear()
25      text1.clipboard_append(data)
26  def dopaste():
27      text1.insert(INSERT,text1.clipboard_get())      # 插入剪贴板中的内容
28
29  def doclear():
```

```
30        text1.delete('1.0',END)                        # 删除全部内容
31
32    bt1.config(command=docopy)
33    bt2.config(command=docut)
34    bt3.config(command=dopaste)
35
36    mainloop()
```

在例 11-15 中，第 5~12 行代码使用标签框架构建了一个工具栏，其中内置了复制、剪切、粘贴 3 个按钮；第 14 行和第 15 行使用 Text 组件构建了一个文本编辑区。程序的运行结果如图 11-14 所示。

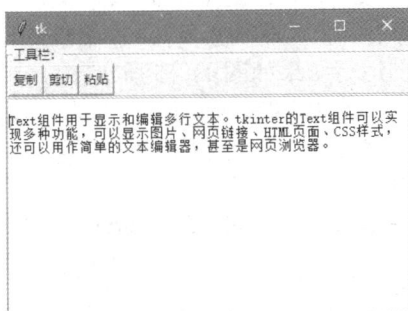

图 11-14　例 11-15 的运行结果

### 11.3.8　Spinbox 组件

Spinbox 是用于创建在一组选项或一定范围的数字内滚动选择选项的组件。该组件的部分属性与 Label 组件相同，其他常用的属性和方法如表 11-11 所示。

表 11-11　Spinbox 组件的常用属性和方法

| 属性/方法 | 说　　明 |
| --- | --- |
| command | 设置改变 Spinbox 组件值时执行的函数 |
| from_ | 设置数字最小值 |
| to | 设置数字最大值 |
| increment | 设置单击 Spinbox 组件的上下按钮时，值增加或减小的步长 |
| value | 设置 Spinbox 组件的值 |
| wrap | 设置在给定范围内循环选择，默认为 False，不可循环选择 |

例 11-16　Spinbox 组件的应用。

```
1     # ex1116.py
2     from tkinter import *
3     win = Tk()
4     win.geometry("300x200")        # geometry()方法
5     label1 = Label(text='请选择科目和成绩')
6     label1.pack(expand=1,fill=X)
7     label1.config(font=('隶书',15))
8     label2 = Label()
9     label2.config(font=('宋体',18))
10    label2.pack()
11    subject = StringVar()
12    score = IntVar()
13    spin1 = Spinbox(textvariable=subject,value=('语文','数学','外语'),wrap=True)
14    spin1.pack()
15    spin2 = Spinbox(textvariable=score,from_=60,to=100,increment=5,wrap=True)
```

```
16    spin2.pack()
17    def change():
18        label2.config(text=subject.get()+str(score.get()))
19
20    button1 = Button(text="确定",command=change)
21    button1.pack()
22    win.mainloop()
```

上述代码定义了两个 Spinbox 组件,第 13 行的 spin1 组件
的值 value 为 3 个字符串,单击右侧的上下箭头可以改变显示
的值;第 15 行的 spin2 组件由 from_、to、increment 等属性定
义,单击右侧的上下箭头可以改变显示的值;第 20 行的 button1
按钮被单击后,将执行 change() 方法,将两个 Spinbox 组件的
值显示在一个标签上。程序的运行结果如图 11-15 所示。

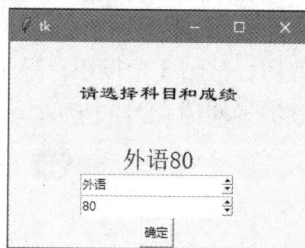

图 11-15　例 11-16 的运行结果

练习

（1）如何设置组件的 font 属性?

（2）tkinter 库的 StringVar()、IntVar()、DoubleVar()等方法用于声明变量（对象）,作用
是什么?

## 11.4　tkinter 的事件处理

事件是程序与用户之间的交互行为,如用户单击按钮、输入文本、选中复选框等。事
件处理是指用户程序如何响应这些事件。在事件处理中,产生事件的 Button、Entry、Listbox
等组件称作**事件源**,其操作称为**事件**。对这些事件作出响应的函数,称为**事件处理程序**。
事件处理通常使用组件的 command 参数或组件的 bind()方法来实现。

### 11.4.1　使用 command 参数实现事件处理

通过前面的学习可知,单击 Button 按钮时,将会触发 Button 组件的 command 参数指
定的函数。实际上是主窗口负责监听发生的事件,单击按钮时将触发事件,然后调用指定
的函数,由 command 参数指定的函数也叫回调函数。各种组件,如 Radiobutton、Checkbutton、
Spinbox 等,都支持使用 command 参数进行事件处理。

**例 11-17**　使用 Button 组件的 command 参数实现事件处理。

```
1     # ex1117.py
2     import tkinter
3     import tkinter.messagebox
4     # 创建应用程序窗口
5     win = tkinter.Tk()
6     varName = tkinter.StringVar()
7     varName.set('')
8     varPwd = tkinter.StringVar()
9     varPwd.set('')
10    # 创建 Label 组件
11    labelName = tkinter.Label(text='User Name:', justify=tkinter.RIGHT)
12    labelName.place(x=10, y=5, width=80, height=20)
13    # 创建 Entry 组件,同时设置关联的变量
14    entryName = tkinter.Entry(win, textvariable=varName)
15    entryName.place(x=100, y=5, width=80, height=20)
16    labelPwd = tkinter.Label(win, text='User Pwd:', justify=tkinter.RIGHT)
17    labelPwd.place(x=10, y=30, width=80, height=20)
18    # 创建密码输入框组件
```

```
19    entryPwd = tkinter.Entry(win, show='*', textvariable=varPwd)
20    entryPwd.place(x=100, y=30, width=80, height=20)
21    users = {"zhang3":"a12","admin":"123456","li4":"abc"}
22    def login():        # 登录按钮的事件处理函数
23        # 获取用户名和密码
24        name = entryName.get()
25        pwd = entryPwd.get()
26        flag=False
27        for item in users:
28            if item == name and users[item] == pwd:
29                flag = True
30        if flag == True:
31            tkinter.messagebox.showinfo(title='Python tkinter',message='OK')
32        else:
33            tkinter.messagebox.showerror('Python tkinter', message='Error')
34    def cancel():  # 取消按钮的事件处理函数
35        varName.set('')
36        varPwd.set('')
37    # 创建按钮组件，同时设置按钮的事件处理函数
38    buttonOk = tkinter.Button(win, text='Login', command=login)
39    buttonOk.place(x=30, y=70, width=50, height=20)
40    buttonCancel = tkinter.Button(win, text='Reset', command=cancel)
41    buttonCancel.place(x=90, y=70, width=50, height=20)
42    win.mainloop() # 启动消息循环
```

例 11-17 实现了窗体验证功能，单击按钮可对提交的数据进行验证，为了简化程序，将用户名和密码保存在一个字典中。程序运行结果如图 11-16 所示。

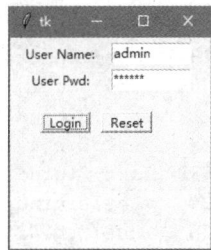

图 11-16　例 11-17 的运行结果

### 11.4.2　使用组件的 bind()方法实现事件处理

事件处理时，经常使用 bind()方法来为组件的事件绑定处理函数。其语法格式如下。

```
widget.bind(event,handler)
```

其中，widget 是事件源，即产生事件的组件；event 是事件或事件名称，常见的事件列表如表 11-12 所示；handler 是事件处理程序。

表 11-12　常见的事件列表

| 事 件 名 称 | 事　　件 |
| --- | --- |
| 1/Button-1/ButtonPress-1 | 单击鼠标左键 |
| ButtonRelease-1 | 松开鼠标左键 |
| 3/Button-3 | 单击鼠标右键 |
| Double-1/Double-Button-1 | 双击鼠标左键 |
| Double-3 | 双击鼠标右键 |
| B1-Motion | 鼠标移动 |
| Enter | 鼠标移动到区域 |
| Leave | 鼠标离开区域 |
| FocusIn | 获得键盘焦点 |
| FocusOut | 失去键盘焦点 |
| KeyPress | 按下键盘上的字符键或其他键 |
| Return | 按下回车键 |
| Configure | 组件尺寸变化 |

发生事件时，事件处理函数 handler 会接收到一个事件对象（通常用变量 event 表示），该事件对象封装了事件的细节。例如，B1-Motion 事件对象的属性 x 和 y 表示拖动鼠标时鼠标指针的坐标，KeyPress 事件对象的 char 属性表示按下键盘字符键对应的字符。

**例 11-18** 使用组件的 bind()方法实现事件处理。

```
1   # ex1118.py
2   from tkinter import *
3   def leftkey(event):
4       label1.config(text="单击鼠标左键")
5   def rightkey(event):
6       label1.config(text="单击鼠标右键")
7   def returnkey(event):
8       label1.config(text="按下回车键")
9   def mousemove(event):
10      temp="鼠标位置:{},{}".format(event.x,event.y)
11      label1.config(text=temp)
12  def keypress(event):
13      temp="按键是{}".format(event.char)
14      label1.config(text=temp)
15  win = Tk()
16  label1 = Label(text='测试显示结果',font=("黑体",14),fg="blue")
17  label2 = Label(text='常用事件测试',justify=CENTER,font=("楷体",18))
18  label1.pack()
19  label2.pack()
20  label2.focus()          # 焦点置于 label2,组件用于测试 Return、KeyPress 事件
21  label2.bind("<Button-1>",leftkey)
22  label2.bind("3",rightkey)         #label2.bind("<Button-3>",rightkey)
23  label2.bind("<Return>",returnkey)
24  label2.bind("<B1-Motion>",mousemove)    # 拖动事件
25  label2.bind("<KeyPress>",keypress)      # 按键事件
26  win.geometry("300x200")
27  win.mainloop()
```

例 11-18 的代码为命令按钮绑定了不同的事件处理函数，当执行事件处理函数时，在 Label 组件中显示事件内容。程序运行结果如图 11-17 所示。

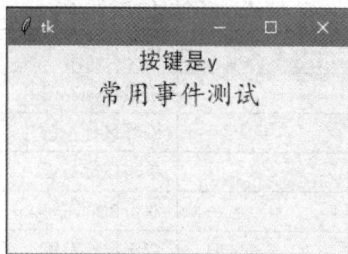

图 11-17　例 11-18 的运行结果

## 11.5　tkinter GUI 的应用

本节设计了一个包含 Label、Entry、Combobox、Radiobutton、Checkbutton 等组件的 GUI 界面。其中，Combobox 组件来自 tkinter.ttk 库。程序运行后，输入考生姓名，选择考生省份、地区，并选择考生类别和专业等信息后，单击"增加"按钮，可将学生信息添加到列表框中；选中列表框中的信息后，单击"删除"按钮，将删除列表框中的信息。

例 **11-19** tkinter 组件的综合应用。

```python
1   # ex1119.py
2   import tkinter
3   import tkinter.messagebox
4   import tkinter.ttk
5
6   # 创建 tkinter 应用程序
7   win = tkinter.Tk()
8   # 设置窗口标题
9   win.title('考试系统注册')
10  # 定义窗口大小
11  win.geometry("440x360")
12  # 与姓名关联的变量
13  varName = tkinter.StringVar()
14  varName.set('')
15  # 创建标签，然后放到窗口上
16  labelName=tkinter.Label(win, text='学生姓名:',width=10)
17  labelName.grid(row=1,column=1)
18  # 创建文本框，同时设置关联的变量
19  entryName = tkinter.Entry(win, width=14,textvariable=varName)
20  entryName.grid(row=1,column=2,pady=5)
21
22  labelGrade=tkinter.Label(win,text='省份: ',width=10)
23  labelGrade.grid(row=3,column=1)
24
25  # 模拟考生所在地区，字典键为省份，字典值为地区
26  datas = {'辽宁省':['沈阳市', '大连市', '鞍山市', '抚顺市'],
27           '吉林省':['长春市', '吉林市','白山市'],
28           '黑龙江省':['哈尔滨市', '大庆市', '牡丹江市']}
29  # 考生省份组合框
30  comboPrvince = tkinter.ttk.Combobox(win,width=11,values=tuple(datas.keys()))
31  comboPrvince.grid(row=3,column=2)
32  # 事件处理函数
33  def comboChange(event):
34      grade = comboPrvince.get()
35      if grade:
36          # 动态改变组合框可选项
37          comboCity["values"] = datas.get(grade)
38      else:
39          comboCity.set([])
40
41  # 绑定组合框事件处理函数
42  comboPrvince.bind('<<ComboboxSelected>>', comboChange)
43
44  labelClass = tkinter.Label(win,text='地区:',width=10)
45  labelClass.grid(row=3,column=3)
46  # 考生地区组合框
47  comboCity = tkinter.ttk.Combobox(win, width=11)
48  comboCity.grid(row=3,column=4)
49
50  lblType = tkinter.Label(win,text='请选择类别:',justify=tkinter.RIGHT,width=10)
51  lblType.grid(row=5,column=1)
52
53
54  # 与考生类别相关联的变量，1 表示本科学生；0 表示专科学生，默认为本科学生
55  stuType = tkinter.IntVar()
56  stuType.set(1)
57  radio1 = tkinter.Radiobutton(win,variable=stuType,value=1,text='本科学生')
58  radio1.grid(row=5,column=2,pady=5)
```

```
59    radio2 = tkinter.Radiobutton(win,variable=stuType,value=0,text='专科学生')
60    radio2.grid(row=5,column=3)
61
62    # 与英语专业相关联的变量
63    major = tkinter.IntVar()
64    major.set(0)
65    # 复选框，选中时变量值为1，未选中时变量值为0
66    checkmajor = tkinter.Checkbutton(win,text='是否英语专业?',
67    variable = major,onvalue=1,offvalue=0)
68    checkmajor.grid(row=7,column=1,pady=5)
69
70    # 添加按钮单击事件处理函数
71    def addInformation():
72        result = ' 学生姓名:' + entryName.get()
73        result = result+ '; 省份:' + comboPrvince.get()
74        result = result+ '; 地区:' + comboCity.get()
75        result = result+ '; 类别:'+('本科学生' if stuType.get() else '专科学生')
76        result = result+ '; 英语专业:' + ('Yes' if major.get() else 'No')
77        listboxStudents.insert(0, result)
78
79    buttonAdd= tkinter.Button(win,text='增加',width=10,command=addInformation)
80    buttonAdd.grid(row=7,column=2)
81
82    # 删除按钮的事件处理函数
83    def deleteSelection():
84        selection = listboxStudents.curselection()
85        if  not selection:
86            tkinter.messagebox.showinfo(title='Information', message='NoSelection')
87        else:
88            listboxStudents.delete(selection)
89
90    buttonDelete=tkinter.Button(win, text='删除',width=10,command=deleteSelection)
91    buttonDelete.grid(row=7,column=3)
92    # 创建列表框组件
93    listboxStudents = tkinter.Listbox(win, width=60)
94    listboxStudents.grid(row=8,column=1,columnspan=4,padx=5)
95    # 启动消息循环
96    win.mainloop()
```

例 11-19 的页面布局使用了 grid() 方法。为了实现较好的显示效果，设置了 grid() 方法的 padx、pady、columnspan 等参数。程序运行结果如图 11-18 所示。

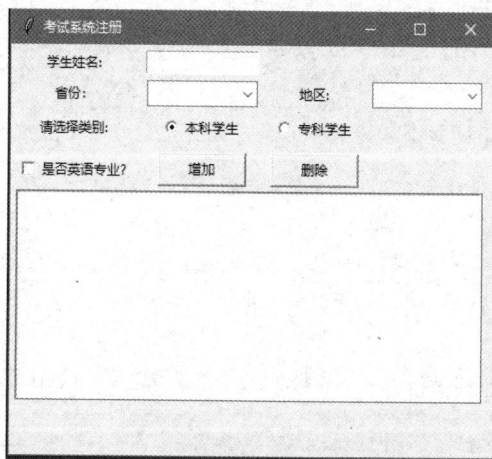

图 11-18　例 11-19 的运行结果

# 习 题 11

## 1．选择题

（1）在 tkinter 的布局管理方法中，可以精确定义组件位置的方法是哪一项？（ ）

    A．place()        B．grid()        C．frame()        D．pack()

（2）可以接收单行文本输入的组件是哪一项？（ ）

    A．Text        B．Label        C．Entry        D．Listbox

（3）以下哪种方式最有可能在容器底端依次摆放 3 个组件？（ ）

    A．用 grid()方法设计布局管理器

    B．用 pack()方法设计布局管理器

    C．用 place()方法设计布局管理器

    D．结合 grid()方法和 pack()方法设计布局管理器

（4）以下关于设置窗口属性的方法中，哪一项是**不正确**的？（ ）

    A．title()        B．config()        C．geometry()        D．mainloop()

（5）下列组件中，可以用于处理多行文本的是哪一项？（ ）

    A．Label        B．Text        C．Entry        D．Menu

（6）下面关于 tkinter 组件背景颜色属性 bg 的描述中，r、g、b 均为十六进制整数，**不正确**的是哪一项？（ ）

    A．bg= '#rgb '                B．bg= '#rrggbb '

    C．bg= 'blue '(颜色名称)       D．bg= 'rgb '

（7）下面关于 Python 不同类型文件扩展名的描述，**不正确**的是哪一项？（ ）

    A．.py        B．.pyw        C．.pyc        D．.pbj

（8）使用 bind()方法来为按钮组件 button1 绑定事件处理函数，代码如下。

```
button1.bind("<Button-1>",leftkey)
```

下列选项中，**不正确**的是哪一项？（ ）

    A．button1 是事件源          B．leftkey 是事件处理程序

    C．bind 是事件处理函数        D．<Button-1>是事件或事件名称

## 2．简答题

（1）窗口对象的 mainloop()方法有什么作用？

（2）Python 的 GUI 编程中，组件和容器的概念有什么区别？

（3）使用 grid()方法的布局有什么特点？

（4）使用 pack()方法的布局有什么特点？

（5）请列举出 6 种以上 Label 组件的属性。

（6）Radiobutton 组件和 Checkbutton 组件的区别是什么？

## 3．阅读程序

下面程序的功能是：在图形用户界面的输入框中输入数值 N，单击"输出 N 的 4 次方"按钮，计算并在命令行中输出结果。请在【代码 1】【代码 2】处补充合适的内容。

```
from tkinter import *
def computing():
    str1 = number.get()
    print(int(str1)**4)
```

```
win = Tk()
win.title("Entry Test")
win.geometry("300x200")
label1 = Label(win,text='Please ENter N: ')
label1.config(width=20,height=5)
label1.pack()
number = StringVar()
entry1 = Entry(【代码1】)
entry1.pack()
button1 = Button(win,text="输出N的4次方")
button1.config(【代码2】)
button1.pack()
win.mainloop()
```

### 4. 编程题

（1）编写 GUI 程序，计算两个正整数的最小公倍数。要求：两个输入框 txt1、txt2 用于输入整型数据；一个按钮；一个不可编辑的输入组件 txt3。当单击按钮时，在 txt3 中显示两个正整数的最小公倍数的值。

（2）编写 GUI 程序，模拟 QQ 登录界面，输入用户名和密码。如果输入正确，提示登录成功；如果输入错误，提示登录失败。

（3）例 11-17 中使用 Button 组件的 command 参数实现了事件处理，请用 bind() 方法实现事件处理。

# 第12章 爬取与分析网页中的数据

爬取与分析网页是 Python Web 编程应用的一个重要方面。爬取网页就是通过程序下载网页，分析网页中的不同元素，从中提取有用的数据。Python 提供了众多函数库来实现网页数据爬取。例如，通过标准库 urllib、第三方库 requests 爬取网页；通过正则表达式库 re、第三方库 beautifulsoup4 分析网页。

本章介绍 Python 网页爬取的基础知识，重点介绍 urllib、requests、beautifulsoup4 等函数库的应用。

## 12.1 爬取网页的 urllib 和 requests 库

网页爬取是指把 URL 地址中指定的网络资源从网络流中读取出来，保存到本地。urllib、urllib2、urllib3、scrapy、requests 等函数库均支持网页内容的爬取。requests 库建立在 urllib3 库的基础上，是目前优秀的网页内容爬取的第三方库，需要安装后使用。

### 12.1.1 爬取网页的基础知识

爬取网页需要我们了解浏览器与 Web 服务器的请求响应的工作过程，掌握 URL 地址的含义，以及理解爬虫的基本原理，下面逐一介绍。

#### 1．HTTP

浏览网页的过程就是浏览器与服务器请求应答的过程。我们通过浏览器向 Web 服务器（Web 站点）发出请求，访问服务器上的数据，服务器根据请求返回数据。浏览器与服务器之间通信的基础是 HTTP，这个协议是 Web 服务器与浏览器间传输文件的协议，但该协议限制服务器推送消息给浏览器。

HTTP 是一个无状态的协议，同一浏览器的一次请求和上次请求是没有关联关系的。

#### 2．HTTP 的工作过程

浏览器与 Web 服务器之间的一次 HTTP 操作称为一个事务，其工作过程如下。

（1）浏览器与服务器建立连接。我们在浏览器的地址栏中输入一个网址后，发出请求，HTTP 的工作就开始了。

（2）服务器接到请求后，返回响应的结果信息。

（3）浏览器接收服务器所返回的信息，解析并显示网页，然后浏览器与服务器断开连接。

如果在以上某个步骤出现错误，产生错误的信息将返回到浏览器。对于用户来说，这些过程是由 HTTP 自己完成的，用户只要等待返回的信息在浏览器中显示即可。

### 3．网络爬虫

网络爬虫也称网络蜘蛛（web spider），如果把互联网看成一个蜘蛛网，spider 就是一只网上的蜘蛛，它是搜索引擎爬取系统的重要组成部分。网络爬虫的主要目的是将互联网的网页下载到本地，从而保存文件或备份文件。

Web 服务器上的信息资源在网上都有唯一的地址，该地址称为 URL（统一资源定位器）地址。URL 地址包括 3 部分，其格式如下。

```
protocol://hostname[:port]/path
```

其中，protocol 是网络协议，如访问网页使用的是 HTTP；hostname 表示主机名；端口号 port 为可选参数。例如，百度的主机名就是 www.baidu.com，即服务器的地址，其默认端口号是 80；path 表示文件资源的具体地址，如文件路径和文件名等。

网络爬虫就是根据 URL 来获取网页信息的。网络爬虫应用一般分为两个步骤：连接网络并获取网页内容；对获得的网页内容进行处理。这两个步骤分别使用不同的库：urllib（或requests）和 beautifulsoup4。

## 12.1.2　urllib 库*

### 1．urllib 库简介

urllib 库提供了一系列函数和方法，它可以像访问本地文件一样读取网页的内容或下载网页。

urllib 库主要用于获取网页信息。urllib 库使用简单，初学者也可以尝试去抓取、读取或者保存网页。urllib 库中包括了一些处理 URL 的模块，具体如下。

- urllib.request 模块：用来打开和读取 URL。
- urllib.error 模块：包含一些由 urllib.request 产生的错误，可以使用 try 语句进行异常捕捉。
- urllib.parse 模块：包含一些解析 URL 的方法。
- urllib.robotparser 模块：用来解析 robots.txt 文本文件。它提供了一个单独的RobotFileParser 类，通过该类提供的 can_fetch()方法测试爬虫是否可以下载网页。

### 2．使用 urllib 库获取网页信息

下面重点介绍爬取网页信息的 urllib.request 模块，使用 urllib.request.urlopen()函数可以很方便地打开一个网站，读取网页信息。urlopen()函数的格式如下。

```
urllib.request.urlopen(url,[ data[, proxies]])
```

其中，参数 url 表示远程数据的路径，一般是 URL 地址；参数 data 表示提交到 URL的数据（提交数据有 post 与 get 两种方式，该参数较少使用）；参数 proxies 用于设置代理。urlopen()函数还有一些可选参数，具体信息可以查阅 Python 的官方文档。

urlopen()函数返回一个 Response 对象，我们可以像操作本地文件一样操作这个Response 对象以获取远程数据。Response 对象提供了如下方法。

- readline()、readlines()、fileno()、close()等方法的使用方式与操作文件的方法相同。
- info()：返回一个 httplib.HTTPMessage 对象，表示远程服务器的头信息。
- getcode()：返回 HTTP 状态码。如果是 HTTP 请求，200 表示请求成功，404 表示网址未找到。
- geturl()：返回请求的 URL。

下面是一个简单的爬取网页的程序。

**例 12-1** 爬取"人邮教育社区"网站首页的前 384 个字节内容。

```
1   # ex1201.py
2   import urllib.request
3   res = urllib.request.urlopen("http://www.ryjiaoyu.com")
4   html = res.read(384)
5   # print(html)
6   print(html.decode("UTF-8"))
7   res.close()
```

其中，urllib.request.urlopen()方法用于打开和读取 URL 信息，返回的 Response 对象 res 如同一个文件对象，我们可以调用 read()方法进行读取，再通过 print()方法将读取的信息输出。运行程序，读取并输出网页前 384 个字节的内容。

程序的第 6 行：print(html.decode ("UTF-8"))，通过 decode()函数将网页的信息进行解码，得到网页信息。将网页按 UTF-8 格式解码的前提是我们已经知道了这个网页使用的是 UTF-8 编码。

查看网页的编码方式（以 Google 浏览器为例）：在浏览器窗口中打开目标页面，单击鼠标右键，执行"查看网页源代码"命令，只需在源代码中找到 head 标签开始位置的 charset 属性值，就可以知道该网页采用的编码方式。

```
<!DOCTYPE html>
<html lang="zh-CN">
<head>
    <meta charset="utf-8">
    <title>首页-人邮教育社区</title>
    <meta http-equiv="X-UA-Compatible" content="IE=edge,chrome=1">
    <meta name="viewport" content="width=device-width,initial-scale=1.0, minimum-scale=
1.0, maximum-scale=1.0, user-scalable=no" />
    <meta name="apple-mobile-web-app-capable" content="yes" /
```

urllib.request.urlopen()方法中的参数可以是一个字符串（例如"http://www.ryjiaoyu.com"），也可以是一个 Request 对象。这就需要先定义一个 Request 对象，然后将该 Request 对象作为 urlopen()函数的参数。具体代码如下。

```
import urllib.request
req = urllib.request.Request("http://www.ryjiaoyu.com")
res = urllib.request.urlopen(req)
html = res.read(384)
print(html.decode("UTF-8"))
res.close()
```

### 3．获取服务器响应信息

同浏览器与 Web 服务器的交互过程一样，request.urlopen()方法代表请求，它返回的 Response 对象代表响应。Response 对象的 status 属性返回请求 HTTP 后的状态，用于判断处理数据之前的请求状态。如果请求未被响应，需要终止内容处理。Response 对象的 reason 属性非常重要，可以得到未被响应的原因，url 属性返回页面的 URL。Response 对象的 read()方法用于获取请求的页面内容的二进制形式，getheaders()方法返回 HTTP 响应的头信息。

也可以使用 Response 对象的 geturl()方法、info()方法、getcode()方法获取相关的 URL、响应信息和响应状态码。

**例 12-2** 使用 Response 对象获取 HTTP 响应信息。

```
1   # ex1202.py
2   import urllib.request
```

```
3
4    req = urllib.request.Request("http://www.ryjiaoyu.com")
5    res = urllib.request.urlopen(req)
6    print(f'URL: {res.geturl()}')
7    print(f'Info: {res.info()}')
8    print(f'Code: {res.getcode()}')
9    res.close()
```

程序运行结果如下。

```
>>>
URL: https://www.ryjiaoyu.com/
Info: Date: Mon, 28 Oct 2024 01:43:43 GMT
Content-Type: text/html; charset=utf-8
Content-Length: 148530
Connection: close
Set-Cookie: acw tc=1a0c65e317300798231877997e0039f0c834b707c71d53f55022afa77b0502;
path=/;HttpOnly;Max-Age=1800
Cache-Control: private
Set-Cookie: AnonymousUserId=0a55d83b-a08a-4fac-b0b6-6607b2ecd92a; domain=
.ryjiaoyu.com; expires=Tue, 28-Oct-2025 01:43:43 GMT; path=/
Strict-Transport-Security: max-age=7770000; includeSubDomains; preload

Code: 200
```

前面是一些简单的网页爬取的功能，除此之外，还可以通过向 urlopen()函数中传递参数，实现向服务器发送数据的功能，但这种情况较少使用，此处不再赘述。

### 12.1.3  requests 库

#### 1. requests 库简介

requests 库和 urllib 库功能类似，是一个简洁的、处理 HTTP 请求的第三方库。使用 requests 库编程的过程接近正常的 URL 访问过程，更易于理解和应用。requests 库建立在 Python 的 urllib3 库基础上，是对 urllib3 库的再封装，使用界面更加友好。

requests 库需要安装后使用。

requests 库包含非常丰富的链接访问功能，如 URL 获取、HTTP 长链接和链接缓存、自动内容解码、文件分块上传、连接超时处理、流数据下载等。

#### 2. requests 库解析

网络爬虫和信息提交是 requests 库支持的基本功能，下面重点介绍与这个功能相关的 requests.get()函数。该函数的基本格式如下。

```
res=requests.get(url[,timeout=n,headers=header])
```

其中，url 是想要爬取网页的地址，url 必须采用 HTTP 或 HTTPS 方式访问。可选参数 timeout 用于设定请求超时的时间。

参数 headers 是一个字典，是要发送到服务器的 HTTP 头，格式是{User-Agent:values}。User-Agent 值 values 的主要作用是将爬虫代码伪装成某类浏览器，当爬虫代码向网站服务器发送请求时，看起来更像是正常用户的请求，从而降低被服务器禁止访问的风险。不同浏览器的 User-Agent 值不同。以 Chrome 浏览器为例，获取 User-Agent 值的方法如下。

打开 Chrome 浏览器，在地址栏中输入 "chrome://version"，在打开的页面中找到 "用户代理" 选项，后面的字符串就是 User-Agent 值，如图 12-1 所示，选中 User-Agent 值，将其复制到用户程序中使用。

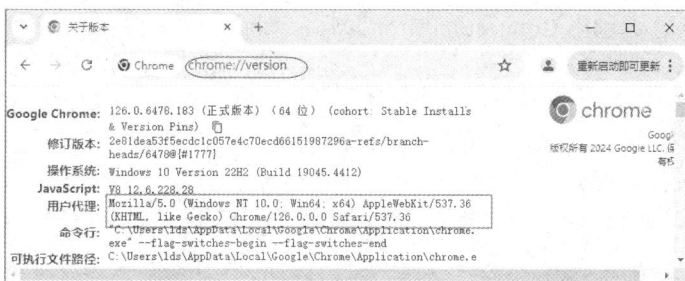

图 12-1 获取 User-Agent 值

### 3．Response 对象

requests.get()函数返回的网页内容会保存为一个 Response 对象。

下面的代码将测试 requests.get()函数和 requests.head()函数的返回值类型。可以看出，requests.head()函数与 requests.get()函数类似，但可以用更少的流量获取页面的摘要信息。

```
>>> import requests
>>> r = requests.get("http://www.ryjiaoyu.com")
>>> type(r)
<class 'requests.models.Response'>
>>> r2 = requests.head("http://www.ryjiaoyu.com")
>>> type(r2)
<class 'requests.models.Response'>
```

从爬取网页数据这一应用角度来看，只需掌握 get()函数即可获取网页。与浏览器的交互过程一样，requests.get()函数代表请求过程，它返回的 Response 对象代表响应。返回内容作为一个对象更便于操作，Response 对象的主要属性如下。

- status_code：返回 HTTP 请求的状态，200 表示连接成功，404 表示失败。
- text：HTTP 响应内容的字符串形式，即 URL 对应的页面内容。
- encoding：HTTP 响应内容的编码方式。
- content：HTTP 响应内容的二进制形式。

下面的代码有助于理解上述属性。

```
>>> import requests
>>> r = requests.get("http://www.ryjiaoyu.com")
>>> r.status_code            # 返回请求后的状态
200
>>> print(r.text[:128])      # 输出前 128 个字符
<!DOCTYPE html>
<html lang="zh-CN">
<head>
   <meta charset="utf-8">
   <title>首页-人邮教育社区</title>
   <meta http-equiv="
>>> r.encoding = 'UTF-8'     # 如果中文字符不能正常显示，更改编码方式为 UTF-8
>>> print(r.text[:128])
（输出略）
```

除了属性，Response 对象还提供了两个方法。

- json()方法：如果 HTTP 响应内容包含 JSON 格式的数据，则该方法解析 JSON 数据。
- raise_for_status()方法：如果状态码 status_code 不是 200，则会产生异常。

json()方法能够在 HTTP 响应内容中解析存在的 JSON 数据，这将带来解析 HTTP 的便利。raise_for_status()方法能在响应失败后报告异常，即只要返回的请求状态码 status_code 不是 200，这个方法就会报告一个异常，多用于 try…except 语句。

requests 库中的函数会产生一些常见异常。当遇到网络问题时，如 DNS 查询失败、拒绝连接等，requests 会抛出 ConnectionError 异常；遇到无效 HTTP 响应时，requests 会抛出 HTTPError 异常；若请求 URL 超时，则抛出 Timeout 异常；若请求超过了设置的最大重定向次数，则会抛出一个 TooManyRedirects 异常。下面代码中的 getHTMLText() 函数封装了爬取网页的主要方法，返回网页的前 256 个字符。

**例 12-3**　爬取网页内容。

```
1   # ex1203.py
2   import requests
3
4   def getHTMLText(url):
5       header = {"User-Agent": "Mozilla/5.0 (Windows NT 10.0; Win64; x64)"
6                               "AppleWebKit/537.36 (KHTML, like Gecko) "
7                               "Chrome/126.0.0.0 Safari/537.36"}
8       r = requests.get(url, timeout=15, headers=header)
9       r.raise_for_status()
10      r.encoding = 'utf-8'  # 更改编码方式为 utf-8
11      return r.text[:256]
12
13  if __name__ == "__main__":
14      url = "http://www.ryjiaoyu.com"
15      text = getHTMLText(url)
16      print(text)
```

📖 **提示**　使用 requests.get() 函数爬取网页时，headers 参数不一定是必需的。但使用 headers 参数，可以减小 Web 服务器拒绝访问的风险。

## 12.2 解析网页的 beautifulsoup4 库

### 12.2.1 beautifulsoup4 库概述

beautifulsoup4 库也称 bs4 库或 BeautifulSoup 库，是 Python 用于网页分析的第三方库，用于快速转换被爬取的网页。beautifulsoup4 将网页转换为一棵 DOM 树，并尽可能和原文档内容含义一致，这种措施通常能够满足搜集数据的需求。

beautifulsoup4 库需要先安装后使用。

beautifulsoup4 库提供一些简单的方法和类 Python 语法来查找、定位、修改一棵转换后的 DOM 树，还能自动将送进来的文档转换为 Unicode 编码，而且在输出时转换为 UTF-8 格式。beautifulsoup4 库中最重要的类是 BeautifulSoup，该类的对象相当于一个网页页面。

下面通过一个示例演示 beautifulsoup4 库的基本使用方法。

**例 12-4**　使用 beautifulsoup4 库访问网页元素。

```
1   # ex1204.py
2   from bs4 import BeautifulSoup
3
4   doc = [
5       '<!DOCTYPE html> <html>',
6       '<head>   <meta charset="UTF-8"></head>',
7       '<body>',
8       '<h3>段落标记的使用</h3>',
9       '<hr/><p id="p1">段落标记是文档结构描述的重要元素</p>',
10      .'<p>  段落标记实现了文本的换行显示，并且，段落之间有一行的间距。<br/>',
```

```
11        '段落标记虽然有开始和结束标记，但结束标记可以省略，如果浏览器遇到一个新的段落标记，将会结束前面的段落，开始新的段落……</p>'
12        , '</body></html>'
13    ]
14    soup = BeautifulSoup("".join(doc), "html.parser")
15    print("-----------------网页元素信息--------------------")
16    print("soup.title:", soup.title)
17    print("soup.head:", soup.head)
18    print("-----------------格式化后的网页代码--------------------")
19    print(soup.prettify())
```

例 12-4 先将列表元素连接成字符串，再将字符串解析成网页。

第 4～13 行的变量 doc 是一个描述网页内容的字符串列表，第 14 行将字符串列表解析成HTML 网页，第 19 行将网页格式化后显示。下面是使用 beautifulsoup4 库解析网页的过程。

（1）使用 BeautifulSoup 类时首先要导入 beautifulsoup4 库。

```
from bs4 import BeautifulSoup
```

（2）创建 BeautifulSoup 对象。

使用下面任意一种方法来创建 BeautifulSoup 对象。

- 使用包含网页内容的字符串创建 BeautifulSoup 对象。例如：

```
soup = BeautifulSoup(htmlstr, "html.parser")
```

- 使用本地 HTML 文件创建 BeautifulSoup 对象。例如：

```
soup = BeautifulSoup(open("index.html"),"html.parser")
```

其中，index.html 是本地的网页文件，上面代码的功能是将本地 index.html 文件打开，用它来创建 BeautifulSoup 对象。

- 读取 URL 地址指定的 HTML 文件，创建 BeautifulSoup 对象，代码如下。

```
from urllib import request
from bs4 import BeautifulSoup
response = request.urlopen("http://www.ryjiaoyu.com ")
html = response.read()
html = html.decode("UTF-8")
soup = BeautifulSoup(html,"html.parser")
```

例 12-4 的运行结果如图 12-2 所示。由图 12-2 可以看出，prettify()方法格式化输出了 BeautifulSoup 对象（DOM 树）的内容。

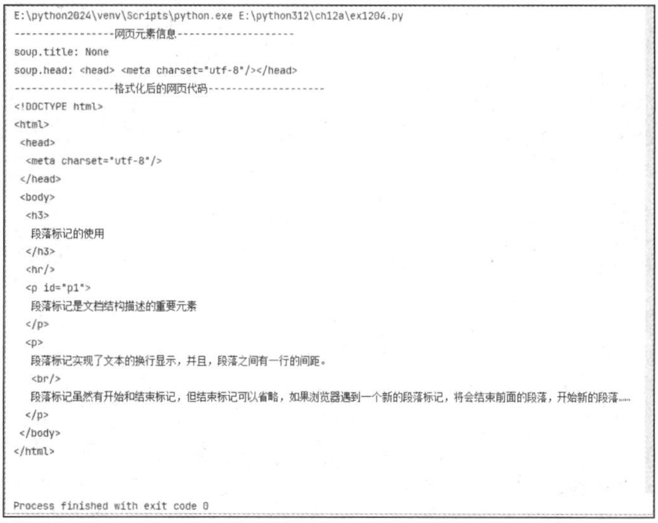

```
E:\python2024\venv\Scripts\python.exe E:\python312\ch12a\ex1204.py
-----------------网页元素信息--------------------
soup.title: None
soup.head: <head> <meta charset="utf-8"/></head>
-----------------格式化后的网页代码--------------------
<!DOCTYPE html>
<html>
 <head>
  <meta charset="utf-8"/>
 </head>
 <body>
  <h3>
   段落标记的使用
  </h3>
  <hr/>
  <p id="p1">
   段落标记是文档结构描述的重要元素
  </p>
  <p>
   段落标记实现了文本的换行显示，并且，段落之间有一行的间距。
   <br/>
   段落标记虽然有开始和结束标记，但结束标记可以省略，如果浏览器遇到一个新的段落标记，将会结束前面的段落，开始新的段落……
  </p>
 </body>
</html>


Process finished with exit code 0
```

图 12-2　显示网页元素和格式化网页的效果

### 12.2.2 beautifulsoup4 库的对象

beautifulsoup4 库将 HTML 文档转换成一个复杂的树形结构，每个结点都是一个 Python 对象，所有的对象都可以归纳为 4 种类型：Tag、NavigableString、BeautifulSoup、Comment。

生成 DOM 树的本地网页文件 page1.html 内容如下，下面将使用 beautifulsoup4 库的对象访问 page1.html 的不同元素。

```html
<!--page1.html -->
<!DOCTYPE html><html>
<head>
    <meta charset="UTF-8">
    <title>page1.html</title>
</head>
<body>
<h3>
    段落标记的使用
</h3>
<hr/>
<p id="p1" style="color:red">
    <a href="">链接到 1</a>
    段落标记是文档结构描述的重要元素
</p>

<p id="p2">
    <a href="">链接到 2</a>
    段落标记实现了文本的换行显示，并且，段落之间有一行的间距。
    <br/>
    段落标记虽然有开始和结束标记，<strong>但结束标记可以省略</strong>，如果浏览器遇到一个新的
段落标记，将会结束前面的段落，开始新的段落……
</p>
</body></html>
```

### 1. Tag 对象

Tag 是 HTML 中的标签，下面的代码输出了 3 个标签对象。

```python
>>> from bs4 import BeautifulSoup
# 下面的代码使用本地 HTML 文件建立 BeautifulSoup 对象
>>> soup = BeautifulSoup(open("page1.html",'r',encoding="UTF-8"),"html.parser")
>>> print(soup.head)
>>> print(soup.a)
>>> print(soup.title)
```

上面代码块中的<head>、<a>、<title>等 HTML 标签加上其中包括的内容就是 Tag，输出 Tag 的结果如下。

```
>>>
<head>
<meta charset="UTF-8"/>
<title>page1.html</title>
</head>
<a href="">链接到</a>
<title>page1.html</title>
>>>
```

使用 BeautifulSoup 对象 soup 加上标签名可以轻松地获取这些标签的内容，但要注意，查找到的是所有内容中第 1 个符合要求的标签。如果要查询所有的标签，需要使用 12.2.3 小节中介绍的 find_all()方法。

可以通过 type()函数验证标签对象的类型。对于 Tag，name 和 attrs 是两个重要的属性。name 属性是标签本身的名字，soup 对象的 name 属性值是 document，attrs 是标签的属性。例如，print(soup.p.attrs)把 p 标签的所有属性都打印出来，得到的类型是一个字典。例如，下面的代码。

```
>>> print(type(soup.a))
<class 'bs4.element.Tag'>
>>> print(soup.head.name)
head
>>> print(soup.name)
[document]
>>> print(soup.p.attrs)
{'id': 'p1', 'style': 'color:red'}
```

如果想要获取一个标签的某个单独属性，可以按访问字典的方式操作。而且，也可以修改属性的内容或删除标签属性。例如，获取标签 p 的 id 属性值，修改和删除 p 的 class 属性的代码如下。

```
>>> print(soup.p['id'])
p1
>>> print(soup.p.get('id'))
p1
>>> soup.p['class']= 'newclass'
>>> del soup.p['class']
```

### 2．NavigableString 对象

NavigableString 对象用于操纵标签内部的文字，标签的 string 属性返回 NavigableString 对象。

```
>>> txt = soup.title.string
>>> print(txt)
page1.html
>>> type(txt)
<class 'bs4.element.NavigableString'>
```

这样就轻松获取了 title 标签中的内容，如果用正则表达式访问，则相对复杂。

### 3．BeautifulSoup 对象

BeautifulSoup 对象表示的是一个文档的全部内容，通常可以把它看作一个特殊的 Tag。下面的代码可以分别获取它的类型、名称及属性。

```
>>> from bs4 import BeautifulSoup
>>> soup = BeautifulSoup(open("page1.html",encoding="UTF-8"),"html.parser")
>>> type(soup)
<class 'bs4.BeautifulSoup'>
>>> print(soup.name)
[document]
>>> type(soup.name)
<class 'str'>
>>> print(soup.attrs)
{}
>>>
```

### 4．Comment 对象

Comment 对象是一个特殊类型的 NavigableString 对象，它的内容不包括注释符号，用于表示 HTML 或 XML 文档中的注释。

### 12.2.3　使用 beautifulsoup4 库操作解析文档树

**1．遍历文档树**

前面已经介绍过，Tag 是 HTML 文档中的标签。下面结合 Tag 标签，介绍遍历文档树的常见方法和属性。

（1）获取直接子结点

contents 属性和 children 属性可以获取 Tag 的直接子结点。

Tag 的 contents 属性可以将直接子结点以列表的方式输出，并用列表索引来获取它的某个元素。

```
>>> from bs4 import BeautifulSoup
>>> soup = BeautifulSoup(open("page1.html",encoding="UTF-8"),"html.parser")
# soup.p.contents 是 3 个元素的列表
>>> print(soup.p.contents)
['\n', <a href="">链接到 1</a>, '\n 段落标记是文档结构描述的重要元素\n']
>>> print(soup.p.contents[1])
<a href="">链接到 1</a>
```

children 属性返回的不是一个列表，它是一个列表生成器对象，可以通过遍历获取所有子结点。

```
>>> for child in soup.p.children:
...     print(child)
# 以下是输出结果，包括若干空行


<a href="">链接到 1</a>
    段落标记是文档结构描述的重要元素
>>>
```

（2）获取所有子结点

contents 属性和 children 属性只能用于获取包含 Tag 的直接子结点，descendants 属性可以对所有 Tag 的子结点进行递归循环，它和 children 属性类似，也需要遍历获取其中的内容。

```
>>> for child in soup.descendants:
...     print(child)
```

代码运行后，部分输出结果如下。

```
...
<head>
<meta charset="utf-8"/>
<title>page1.html</title>
</head>
<meta charset="utf-8"/>
<title>page1.html</title>page1.html

<body>
<h3>
    段落标记的使用
</h3>
<hr/>
<p id="p1" style="color:red">
<a href="">链接到 1</a>
    段落标记是文档结构描述的重要元素
</p>
...
</body>
<h3>
```

```
        段落标记的使用
    </h3>
        段落标记的使用
    ...
```

从运行结果可以发现，所有的结点都被打印出来，先是最外层的 HTML 标签，接着从 head 标签一个个剥离，依此类推。

（3）获取结点内容

如果一个标签中不再包含标签（直接就是内容），那么 string 属性会返回标签中的内容；如果标签中内嵌唯一的一个标签，那么 string 属性会返回最里面标签的内容；如果 Tag 包含了多个子标签结点，Tag 将无法确定 string 属性应该返回哪个子标签结点的内容，string 的输出结果是 None。

```
>>> print(soup.a.string)
链接到 1
>>> print(soup.title.string)
page1.html
>>> print(soup.p.string)
None
>>> print(soup.head.string)
None
```

（4）获取多项内容

strings 属性用于获取多项内容，需要遍历获取。例如，下面的代码。

```
>>> for s in soup.body.strings:
        print(s)
（输出所有文本内容，略）
```

输出的字符串中可能包含很多空格或空行，使用 stripped_strings 属性可以去除多余空白内容。

```
>>> for s in soup.body.stripped_strings:
        print(s)
（输出所有文本内容，无空行，略）
```

（5）父结点

父结点是当前结点的上级结点，parent 属性用于获取父结点。

```
>>> e1=soup.title
>>> print(e1.parent.name)
head
```

（6）兄弟结点

兄弟结点可以理解为和本结点处在同一层级的结点，next_siblings 属性用于获取当前结点的下一个兄弟结点，previous_siblings 则与之相反，如果结点不存在，则返回 None。需要注意的是，实际文档中 Tag 的 next_siblings 和 previous_siblings 属性通常是字符串或空白，因为空白或者换行也可以被视作一个结点，所以得到的结果可能是空白或者换行。

通过 next_siblings 和 previous_siblings 属性可以对当前结点的兄弟结点迭代输出。

```
>>> for sibling in soup.p.next_siblings:
        print(sibling)
```

以上是遍历文档树的基本方法。

### 2．搜索文档树

（1）find_all()方法

find_all()方法用于搜索当前 Tag 的所有子结点，并判断是否符合过滤器的条件。其语法格式如下。

```
find_all(name,attrs,recursive,text,**kwargs)
```

该方法的参数的含义如下。

- name：名字为 name 的标签。
- attrs：按照 Tag 标签属性值检索，需要给出属性名和值，采用字典形式。
- recursive：调用 Tag 的 find_all()方法时，BeautifulSoup 会搜索当前 Tag 的所有子结点，如果只搜索 Tag 的直接子结点，可以使用参数 recursive=False。
- text：通过 text 参数可以搜索文本字符中的内容。
- limit：limit 是**kwargs 参数中的关键字参数，用于限定搜索次数，如 limit=2。

find_all()方法返回全部的搜索结果，如果文档树很大，那么搜索会很慢。如果不需要全部结果，可以使用 limit 参数限制返回结果的数量。当搜索到的结果数量达到 limit 的限制时，就停止搜索，并返回结果。

下面代码使用 find_all()方法搜索文档树。

```
>>> from bs4 import BeautifulSoup
>>> html = open("page1.html",encoding='utf-8')
>>> soup = BeautifulSoup(html,"html.parser")
>>> print(soup.find_all('p'))
[<p id="p1" style="color:red">
<a href="">链接到 1</a>
 段落标记是文档结构描述的重要元素
</p>, <p id="p2">
<a href="">链接到 2</a>
 段落标记实现了文本的换行显示，并且，段落之间有一行的间距。
 <br/>
 段落标记虽然有开始和结束标记,<strong>但结束标记可以省略</strong>，如果浏览器遇到一个新的段落
标记，将会结束前面的段落，开始新的段落……
</p>]
```

如果 name 参数传入正则表达式作为参数，BeautifulSoup 会通过正则表达式的 compile()方法来匹配内容。下面代码找出了所有以 h 开头的标签。

```
>>> import re
>>> for tag in soup.find_all(re.compile("^h")):
...     print(tag.name,end=" ")
head h3 hr
```

下面是 3 种访问结点属性的方法。

```
>>> soup.find_all('p',attrs={'id':'p1'})
[<p id="p1" style="color:red">
<a href="">链接到 1</a>
 段落标记是文档结构描述的重要元素
</p>]
>>> soup.find_all('p',{'id':'p1'})
[<p id="p1" style="color:red">
<a href="">链接到 1</a>
 段落标记是文档结构描述的重要元素
</p>]
>>> v1 = soup.find_all('p',id='p1')
>>> print(v1)
[<p id="p1" style="color:red">
<a href="">链接到 1</a>
 段落标记是文档结构描述的重要元素
</p>]
>>>
```

在以下代码中，re.compile("链接到")是正则表达式，表示所有包含"链接到"的字符串都与之匹配。第 2 行代码返回的文档树中有两个 Tag 符合搜索条件，但结果只返回了 1 个，因为 limit 参数限制了返回结果的数量。

```
>>> soup.find_all(text=re.compile("链接到"))
['链接到 1', '链接到 2']
>>> soup.find_all(text=re.compile("链接到"),limit=1)
['链接到 1']
```

（2）find()方法

find()方法与 find_all()方法类似，唯一区别是 find__all()方法返回全部结果的列表，而 find()方法则返回找到的第一个结果。find()方法的语法格式如下。

```
find(name,attrs,recursive,text)
```

其参数含义与 find_all()方法的参数完全相同。

### 3．用 CSS 选择器筛选元素

CSS 选择器用于选择网页元素，可以分为标签选择器、类选择器和 id 选择器 3 种。在 CSS 中，标签名不加任何修饰，类名前面需要加点（.）作为标识，id 名前加"#"号来标识。在 beautifulsoup4 库中，也可以使用类似的方法来筛选元素，用到的方法是 soup.select()，返回类型是列表。

下面的代码分别通过标签名、类名和 id 名查找元素。

```
>>> from bs4 import BeautifulSoup
>>> html = open("page1.html",encoding='utf-8')
>>> soup = BeautifulSoup(html,"html.parser")
>>> soup.select('a')          #选取 a 元素
[<a href="">链接到 1</a>, <a href="">链接到 2</a>]
>>> soup.select(".type1")    #选取类名为 type1 的元素
[]
>>> soup.select("#p1")          #选取 id 值为 p1 的元素
[<p id="p1" style="color:red">
<a href="">链接到 1</a>
 段落标记是文档结构描述的重要元素
</p>]
```

处理网页需要理解网页页面的结构和 HTML 的基本元素，beautifulsoup4 库是一个非常完备的 HTML 解析函数库，有了 beautifulsoup4 库的知识，就可以进行网页爬取实战了。

## 12.3 网页爬取技术的应用

### 12.3.1 爬取单一网页的信息

Python 爬取指定 URL 的网页，首先需要分析页面的组织结构，了解标题、链接、时间等信息（即 HTML 元素和属性的描述）。下面以爬取"东北新闻网"的国内新闻页面的新闻标题和日期为例，介绍网页爬取的具体操作。

### 1．爬取页面前的准备

用 Chrome 浏览器打开要爬取的页面，按 F12 键打开"开发者工具"窗口，如图 12-3 所示。单击"开发者工具"窗口工具栏左端的"选择检查元素"按钮 ，再单击一个要爬取信息的主题，可以看到要爬取的信息在网页中突出显示。

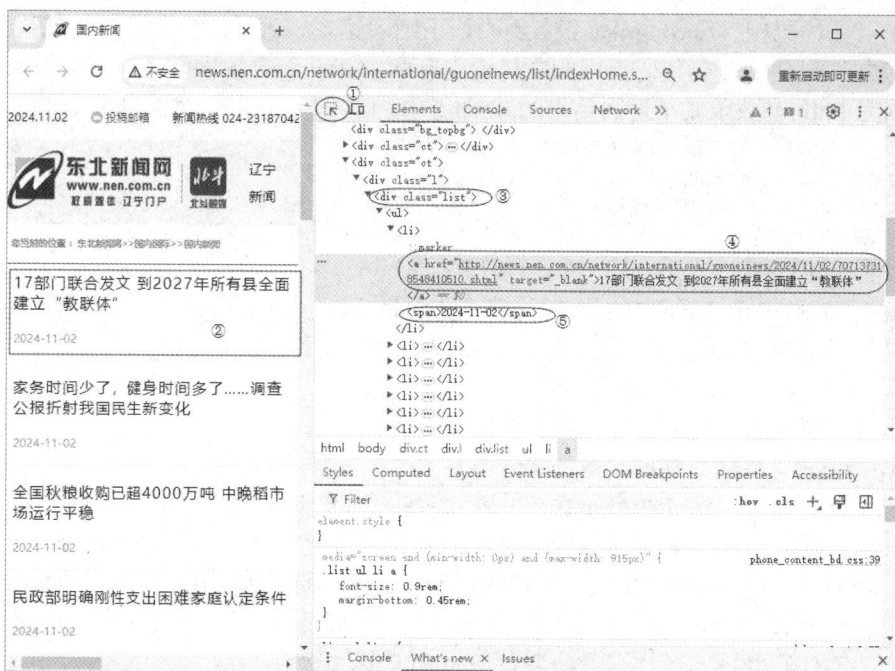

图 12-3　查找要爬取的网页元素

　　从图 12-3 所示的开发者窗口中可以看出，要爬取的内容是一个 class="list"的 div 元素的内容，所有的新闻标题呈现在一个 ul 列表中，每个列表项 li 就是一条新闻。继续浏览网页观察包含新闻信息的列表项，代码如下。

```
<li><a href="http://news.nen.com.cn/network/international/
guoneinews/2024/11/02/707137318548410510.shtml" target="_blank">
17部门联合发文 到2027年所有县全面建立"教联体"</a>
<span>2024-11-02</span></li>
```

　　对于每个列表项 li，其超链接标签 a 中的文本就是要爬取的内容，a 标签后面的 span 标签中的文本"2024-11-02"为发布日期，可以通过 a.next_sibling 属性得到。遍历所有列表项，读取想要爬取的信息，这就是程序的总体思路。下面介绍爬取网页的方法。

### 2．使用 requests 库爬取网页

　　参考例 12-3，爬取网页的代码如下。

```python
import requests

def getHTMLText(url):
    header = {"User-Agent": "Mozilla/5.0 (Windows NT 10.0; Win64; x64)"
                            "AppleWebKit/537.36 (KHTML, like Gecko) "
                            "Chrome/126.0.0.0 Safari/537.36"}
    r = requests.get(url, timeout=15, headers=header)
    r.raise_for_status()
    r.encoding = 'utf-8'    # 修改编码方式为 utf-8
    print(r.text)
    return r.text
```

　　爬取网页后，可以使用 print()函数测试并输出网页内容。

### 3．使用 beautifulsoup4 库解析网页

　　爬取到网页文本信息后，根据前面的分析，使用 beautifulsoup4 库解析网页。定义函数 getResults(url)，先创建一个 BeautifulSoup 对象，使用该对象解析出爬取的页面内容。

```python
from bs4 import BeautifulSoup
```

```
def getResults(url):
    txt = getHTMLText(url)
    soup = BeautifulSoup(txt, "html.parser")
    results=soup.select('.list')
    # print(results)      # 用于测试查找到的内容
    contents = []
    for items in results:
        item = items.select('li')                          # 遍历一条新闻
        for i in item:
            str1 = i.a.string                              # 返回超链接的文本信息
            datestr = i.a.next_sibling.string              # 返回超链接后的日期文本
            contents.append([str1,datestr[:10]])           # 添加到列表
    return contents
```

### 4．保存爬取信息到文件

创建一个函数 saveResultsToFile(lst)，通过写文件的方式，将爬取到并保存在列表 lst 中的内容写入文件。

```
def saveResultsToFile(lst):
    filename = "download.txt"
    with open(filename, 'w', encoding='UTF-8') as f:
        for row in lst:
            for col in row:
                f.write(col)
                f.writelines('\n')
```

下面是完整的程序代码。

**例 12-5** 使用 requests 库和 beautifulsoup4 库爬取网页。

```
# ex1205.py
1    # ex1205.py
2    import requests
3
4    def getHTMLText(url):
5        r = requests.get(url, timeout=15)
6        r.raise_for_status()
7        r.encoding = 'UTF-8'                              # 页面编码方式为 UTF-8
8        return r.text
9
10   from bs4 import BeautifulSoup
11
12   def getResults(url):
13       txt = getHTMLText(url)
14       soup = BeautifulSoup(txt, "html.parser")
15       results = soup.select('.list')
16       # print(results)                                  # 用于测试查找到的内容
17       contents = []
18       for items in results:
19           item = items.select('li')                     # 遍历一条新闻
20           for i in item:
21               str1 = i.a.string  # 返回超链接的文本信息
22               datestr = i.a.next_sibling.string         # 返回超链接后的日期文本
23               contents.append([str1, datestr[:10]])     # 添加到列表
24       return contents
25
26   # 将爬取内容保存到文件
27   def saveResultsToFile(lst):
28       filename = "download.txt"
29       with open(filename, 'w', encoding='utf-8') as f:
30           for row in lst:
31               for col in row:
```

```
32                f.write(col)
33              f.writelines('\n')
34
35   if __name__ == "__main__":
36       url = ("http://news.nen.com.cn/network/"
37              "international/guoneinews/list/index17187.shtml")
38       content = getResults(url)
39       saveResultsToFile(content)
40       for row in content:
41           for col in row:
42               print(col, end=" ")
43           print()
```

程序运行后，某次爬取的部分信息如下。

```
>>>
17 部门联合发文 到 2027 年所有县全面建立"教联体" 2024-11-02
家务时间少了，健身时间多了……调查公报折射我国民生新变化 2024-11-02
全国秋粮收购已超 4000 万吨 中晚稻市场运行平稳 2024-11-02
民政部明确刚性支出困难家庭认定条件 2024-11-02
准备好了！11 月 4 日迎接神十八航天员回家 2024-11-02
黑龙江一旅客列车行驶中脱线，铁路部门最新通报 2024-11-02
车上听广播难在哪儿？国家强制安装政策进展如何？来看独家调查 2024-11-01
【中国那些事儿】印度专家：金砖合作对推动多边主义和构建更加公平的国际秩序至关重要 2024-11-01
联合国副秘书长：中国加快推进生态文明建设对全球气候治理至关重要 2024-11-01
……
>>>
```

### 12.3.2　爬取多个网页的信息

有时需要爬取多个页面的信息。在这种情况下，我们可以对爬取信息设置限制条件。例如，设置爬取关键词或者检索某一时间段的信息等，也可以通过获取关联的多个页面的网址信息，逐页爬取多个网页内容。

下面以爬取"东北新闻网"的国内新闻的前 5 个页面为例，介绍如何爬取多个页面的信息。

#### 1．分析网址的规律

打开要爬取网页的首页页面，观察浏览器的地址栏，URL 地址可以看作包括两部分，前面是网页的路径描述 news.nen.com.cn/network/international/guoneinews/list/，后面是网页文件名，如图 12-4 所示。再打开后面的若干页面，部分网址信息如下。

```
http://news.nen.com.cn/network/international/guoneinews/list/indexHome.shtml
http://news.nen.com.cn/network/international/guoneinews/list/index17186.shtml
http://news.nen.com.cn/network/international/guoneinews/list/index17185.shtml
http://news.nen.com.cn/network/international/guoneinews/list/index17184.shtml
……
```

图 12-4　网页导航按钮

将网页地址与浏览器的网页导航按钮对比可以看出，第 1 页（首页）按钮对应的网页是 indexHome.shtml；第 2 页按钮对应的网页是 index17186.shtml；第 3 页按钮对应的网页是 index17185.shtml；第 4 页按钮对应的网页是 index17184.shtml，依次类推。也就是说，除第 1 页外，其他各个网页的地址是有规律的，可以通过计算得到，然后参考爬取单一网页的办法来获得信息。我们也可以通过在浏览器的地址栏中尝试输入计算得到的网页地址，来测试地址的有效性。

### 2．爬取过程的实现

创建一个空的列表 articles。首先爬取网站第 1 页的信息，将其追加到 articles 列表中。再从第 2 页开始，用 for 循环爬取后面若干网页的信息。第 2 页地址是通过观察浏览器地址样栏获得的。因为网站的内容每日都在更新，第 2 页的地址时刻在变化，因此在编写程序时需要注意。爬取多个网页的代码如下。

```
articles = []
url = ("http://news.nen.com.cn/network/international/"
       "guoneinews/list/indexHome.shtml")
content = getSinglePage(url)
articles.extend(content)
pages = 4
for i in range(pages):
    myurl = ("http://news.nen.com.cn/network/international/guoneinews/"
             +"list/index")+str(17186-i)+".shtml"
    # print(myurl)
    content = getSinglePage(myurl)
    articles.extend(content)
```

完整的程序代码如下。

**例 12-6**　爬取多个网页。

```
1   # ex1206.py
2   import requests
3
4   def getHTMLText(url):
5       header = {"User-Agent": "Mozilla/5.0 (Windows NT 10.0; Win64; x64) "
6                               "AppleWebKit/537.36 (KHTML, like Gecko) "
7                               "Chrome/126.0.0.0 Safari/537.36"}
8       r = requests.get(url, timeout=15, headers=header)
9       r.raise_for_status()
10      r.encoding = 'UTF-8'  # 页面编码方式为 UTF-8
11      return r.text
12
13  from bs4 import BeautifulSoup
14
15  # 爬取单一页面的数据
16  def getSinglePage(url):
17      txt = getHTMLText(url)
18      soup = BeautifulSoup(txt, "html.parser")
19      results = soup.select('.list')
20      # print(results)   # 用于测试查找到的内容
21      contents = []
22      for items in results:
23          item = items.select('li')  # 遍历一条新闻
24          for i in item:
25              str1 = i.a.string  # 返回超链接的文本信息
26              datestr = i.a.next_sibling.string  # 返回超链接后的日期文本
27              contents.append([str1, "-------------", datestr[:10]])  # 添加到列表
```

```
28              contents.append("----------next page----------")
29       return contents
30
31   # 将爬取内容保存到文件
32   def saveResultsToFile(lst):
33       filename = "../ch12a/download2.txt"
34       with open(filename, 'w', encoding='utf-8') as f:
35           for row in lst:
36               for col in row:
37                   f.write(col)
38               f.writelines('\n')
39
40   if __name__ == "__main__":
41       articles = []
42       url = ("http://news.nen.com.cn/network/international/"
43              "guoneinews/list/indexHome.shtml")
44       content = getSinglePage(url)
45       articles.extend(content)
46       pages = 4
47       for i in range(pages):
48           myurl = ("http://news.nen.com.cn/network/international/guoneinews/"
49                   + "list/index") + str(17186 - i) + ".shtml"
50           # print(myurl)
51           content = getSinglePage(myurl)
52           articles.extend(content)
53
54       for row in articles:
55           for col in row:
56               print(col, end=" ")
57           print()
58       saveResultsToFile(articles)
```

程序运行后，爬取的部分信息如下。

```
>>>
杭州一男子理发花了2万多？官方：对涉事门店立案调查 ----------------- 2024-11-02
长沙一商场发生火灾，消防通报 ----------------- 2024-11-02
即将出现雨雪天气，黑龙江发布道路结冰预警 ----------------- 2024-11-02
台青何冠奕：锦丝手中穿 文化代代传 ---------------- 2024-11-02
悄悄告诉你，冬日的温柔都藏在林芝 ---------------- 2024-11-02
……
- - - - - - - - - - - - - - - - n e x t   p a g e - - - - - - - - - - - - - - - -
西部地区各省份有效发明专利量同比增长16.7% ----------------- 2024-11-01
人流快于货流 前三季度跨区域人员流动量近五百亿人次 ---------------- 2024-11-01
我国汽车产销双增市场回暖 出口延续良好态势 ---------------- 2024-11-01
行业人才缺口达百万，无人机"飞手"之渴如何解？ ---------------- 2024-11-01
国家防总对上海启动防汛防台风四级应急响应 ---------------- 2024-11-01
国防部新闻发言人就近期涉军问题答记者问 ----------------- 2024-11-01
中国人民银行首次开展买断式逆回购操作 ---------------- 2024-11-01
黑龙江双鸭山市友谊县发生3.5级地震 ---------------- 2024-11-01
……
- - - - - - - - - - - - - - - - n e x t   p a g e - - - - - - - - - - - - - - - -
安徽：分类精准普法筑牢网络安全防线 ---------------- 2024-10-31
幸福河湖海丨"三新""三量"引活水 润泽高质量发展"沃土" ---------------- 2024-10-31
【中甘特稿】千年石窟 匠心传承丨峭壁造像镌刻历史 雕琢彩绘传承文脉 ---------------- 2024-10-31
顶级实验室丨揭秘太空生活的必备装备！ ---------------- 2024-10-31
……
>>>
```

如果通过设置查询条件来爬取来自多个页面的信息，通常需要借助网页导航的"下一页"按钮，这个过程需要使用beautifulsoup4库或re库来解析网页，找到后续页面的地址，再逐页爬取内容。

　　关于使用关键词爬取信息、显示结果的格式控制等内容，请读者参考相关书籍自行完成。

# 习 题 12

**1．选择题**

（1）下列选项中，**不属于** HTML 标签的是哪一项？（　　　）

    A．<p>　　　　　　B．<a>　　　　　　C．<div>　　　　　　D．<class>

（2）urllib.request.urlopen()函数的返回值类型是哪一项？（　　　）

    A．String　　　　B．text　　　　　C．Response　　　　D．Request

（3）以下哪个选项**不是** Python 的 Web 应用框架？（　　　）

    A．Flask　　　　B．Django　　　　C．Tornado　　　　D．urllib

（4）beautifulsoup4 库的对象可以归纳为 4 种类型，**不正确**的是哪一项？（　　　）

    A．Comment　　　　　　　　　　B．Tag

    C．String　　　　　　　　　　　D．NavigableString

（5）第三方库 beautifulsoup4 的功能是哪一项？（　　　）

    A．解析和处理 HTML 和 XML　　　　B．支持 Web 应用程序框架

    C．支持 Webservices 框架　　　　　D．处理 HTTP 请求

（6）以下**不属于**网络爬虫领域的第三方库的是哪一项？（　　　）

    A．Scrapy　　　　B．SnowNLP　　　　C．Requests　　　　D．PySpider

（7）下面是解析网页的一段代码，其中，soup 是一个 BeautifulSoup 对象，最后一行代码中，变量 str 内容的功能是哪一项？（　　　）

```
contents = soup.select('.hot')
    for items in contents:
        item = items.select('li')
        for i in item:
            str = i.a['href']
```

    A．超链接的网址　　　　　　　　B．列表中的一个数据项

    C．超链接的属性信息　　　　　　D．超链接的格式信息

（8）requests.get()函数的返回值类型是哪一项？（　　　）

    A．String　　　　　　　　　　　B．text

    C．Response　　　　　　　　　　D．Request

**2．简答题**

（1）简述网络爬虫的工作原理。

（2）requests 库的 get()方法返回 Response 对象，该对象的 status_code、text、encoding 等属性的含义是什么？

（3）请列举出 beautifulsoup4 库解析文档树的主要方法和属性。

（4）beautifulsoup4 库可以用 CSS 选择器来筛选页面元素，对应的方法是什么？举例说明。

### 3．阅读程序

下面程序实现的功能是爬取"中国知网"主页页面前 4K 字节的信息。请在【代码 1】【代码 2】处补充合适的内容。

```
import requests

def getHTMLText(url):
    r = 【代码1】
    r.raise_for_status()
    r.encoding = 'UTF-8'
    return 【代码2】

url = "http://www.cnki.net"
text=getHTMLText(url)
print(text)
```

### 4．编程题

（1）使用 requests 库爬取青蓝云数字教材云平台（https://www.qldbook.com/index.html）首页前 256 字节内容。

（2）使用 requests 库和 beautifulsopu4 库爬取"辽宁本科教学管理平台"的通知公告页面的信息。（https://www.upln.cn/channels/8.html）

# 第13章 科学计算与图表绘制

科学计算与图表绘制是 Python 的重要应用，是理工科专业学生学习和研究的基础。作为通用的程序设计语言，Pyhton 比早期用于科学计算的 Matlab 应用范围更广泛，有更多的第三方库的支持。Pyhton 的第三方库 numpy、scipy、matplotlib 等适用于科学计算、数据分析和绘制高质量的 2D 和 3D 图表。

本章介绍用于科学计算和数据分析的第三方库 numpy，以及用于图表绘制的第三方库 matplotlib。

## 13.1 用于科学计算的 numpy 库

微课视频

numpy 是所有科学计算的第三方库的基础，其中包含大量数学和数值计算工具。numpy 的数组对象可以实现矩阵乘积及转置、解方程系统、向量乘积和归一化等操作，这为图像变形、图像分类、图像聚类等应用提供了基础。

numpy 数组是一个具有矢量算术运算和复杂广播能力的多维数组，numpy 包含用于对数组快速运算的标准数学函数，并且具有线性代数、随机数生成以及傅里叶变换功能。numpy 还包含用于读写外存数据的工具、操作内存映射文件的工具，以及用于集成由 C、C++、Fortran 等语言编写的代码的工具。

### 13.1.1 numpy 数组的创建

#### 1. numpy 数组的概念

numpy 库处理的最基础数据类型是同种元素构成的数组。numpy 数组是一个多维数组对象，称为 ndarray。numpy 数组的维数称为**秩**，一维数组的秩为 1，二维数组的秩为 2，依此类推。在 numpy 中，每一个线性的数组是一个轴，秩其实是描述轴的数量。例如，一个二维数组相当于两个一维数组，其中每个一维数组中的元素又是一个一维数组。而轴的数量——秩，就是数组的维数。

> 📖 **提示** numpy 数组的下标从 0 开始，同一个 numpy 数组中所有元素的类型必须是相同的。

#### 2. 创建 numpy 数组

创建 numpy 数组的方法有很多。例如，可以使用 array()函数从 Python 列表或元组创建数组，所创建的数组类型由原序列中的元素类型推导而来。

**例 13-1** 用列表和元组创建数组。

```
>>> import numpy as np
>>> arr1 = np.array((1,2,3))
>>> lst = [100,200,300,400]
>>> arr2 = np.array(lst)
>>> arr1,arr2
(array([1, 2, 3]), array([100, 200, 300, 400]))
>>> arr1.dtype
dtype('int64')
```

使用 array() 函数创建数组时，参数必须是列表或元组，且不能是多个数值。

可使用双重序列来创建二维数组、三重序列创建三维数组，依次类推。创建数组时可以显式指定数组元素的类型。

经常有这种情况，创建数组时元素的值未知，而数组的大小（维数）已知。因此，numpy 提供了一些使用占位符创建数组的函数。这些函数有助于满足数组扩展的需要，同时降低了运算开销。

函数 zeros() 用于创建一个全是 0 的数组，函数 ones() 用于创建一个全是 1 的数组，函数 empty() 可用于创建一个内容随机且依赖于内存状态的数组。默认创建的数组类型（dtype）都是 float 64，可以用数组的 dtype.itemsize 属性来查看数组中元素占用的字节数。

**例 13-2** 用函数 zeros()、ones() 创建数组。

```
>>> import numpy as np
>>> lst2 = [[1,2,3],[4,5,6]]
>>> arr3 = np.array(lst2)
>>> print(arr3)
[[1 2 3]
 [4 5 6]]
>>> arr4 = np.zeros((3,4))
>>> print(arr4)
[[0. 0. 0. 0.]
 [0. 0. 0. 0.]
 [0. 0. 0. 0.]]
>>> arr5 = np.ones((3,4))
>>> print(arr5)
[[1. 1. 1. 1.]
 [1. 1. 1. 1.]
 [1. 1. 1. 1.]]
>>> print(arr5.dtype)
float64
>>> arr5.dtype.itemsize
8
```

numpy 提供了 arange() 函数和 linspace() 函数，用于返回数列形式的数组。

arange() 函数类似于 Python 内置的 range() 函数，通过指定开始值、终值和步长来创建一维数组。需要注意的是，生成的数组不包括终值。

linspace() 函数通过指定开始值、终值和元素个数（默认为 50）来创建一维数组，可以通过 endpoit 参数指定是否包含终值，默认设置包含终值。

random.rand() 函数用于生成一个指定形状的数组，数组的元素值是 [0, 1) 区间的随机（浮点）数。

**例 13-3** 使用 arange()、linspace()、random.rand() 等函数创建数组。

```
>>> import numpy as np
>>> arr6 = np.arange(0.1,1,0.1)    # 在区间[0.1,1）以0.1为步长创建数组
>>> print(arr6)
[0.1, 0.2, 0.3, 0.4, 0.5, 0.6, 0.7, 0.8, 0.9]
```

```
>>> arr7 = np.arange(0.2,2,0.3)
>>> print(arr7)
[0.2, 0.5, 0.8, 1.1, 1.4, 1.7]
>>> arr8 = np.arange(10)
>>> arr8
array([0, 1, 2, 3, 4, 5, 6, 7, 8, 9])
>>> arr9 = np.arange(0.6,6)
>>> arr9
array([0.6, 1.6, 2.6, 3.6, 4.6, 5.6])

>>> arr10 = np.linspace(0,24,6)
>>> print(arr10)
[ 0.   4.8  9.6 14.4 19.2 24. ]
>>> arr11 = np.random.rand(2,3)
>>> print(arr11)
[[0.71798025 0.36201523 0.42963641]
 [0.48348099 0.8577501  0.97590968]]
```

📖 **提示**　如果 arange() 函数仅使用 1 个参数，则代表的是终值，开始值为 0；如果仅使用两个参数，则步长默认为 1。

### 3．numpy 中的数据类型

numpy 用于科学计算，不仅包括 Python 的整型、浮点型、复数类型等数据类型，还包括 bool、int16、int8、int32、int64、uint8、uint16、uint32、uint64、float16、float32、float64 等类型。

## 13.1.2　访问 numpy 数组的元素

numpy 数组中的元素是通过下标来访问的，可以通过方括号括起一个下标来访问数组中的单一元素，也可以用切片的形式访问数组中的多个元素。表 13-1 给出了 numpy 数组的切片方法。可以看出，数组元素的切片方式与列表相似。

微课视频

**表 13-1　numpy 数组的切片方法**

| 切 片 方 法 | 功 能 描 述 |
|---|---|
| x[i] | 检索数组索引为 $i$ 的元素 |
| x[-i] | 从后向前检索索引为 $-i$ 的元素 |
| x[n:m] | 切片，默认步长为 1，从前向后检索，不包含索引为 $m$ 的元素 |
| x[-m:-n] | 切片，默认步长为 1，从后往前检索，不包含索引为 $-n$ 的元素 |
| x[n:m:i] | 切片，索引步长为 $i$ 的检索由 $n$ 到 $m$ 的元素 |

**例 13-4**　一维 numpy 数组的切片。

```
>>> import numpy as np
>>> nums = np.arange(1,10)
>>> print(nums)
[1, 2, 3, 4, 5, 6, 7, 8, 9]
>>> print(nums[4])
5
>>> print(nums[2:4])
[3, 4]
>>> print(nums[:5])
[1, 2, 3, 4, 5]
>>> print(nums[:-1])
```

```
[1, 2, 3, 4, 5, 6, 7, 8]
>>> nums[2:4] = 10,20                # 修改数组元素的值
>>> print(nums)
[ 1,2,10,20,5,6,7,8,9]
>>> print(nums[::-1])                # 数组翻转
[ 9,8,7,6,5,20,10,2,1]
```

多维数组可以每个轴有一个索引,这些索引由一个逗号分隔的元组给出。下面是一个访问二维数组元素的例子。

**例 13-5** 二维 numpy 数组的切片。

```
>>> import numpy as np
>>> nums = np.random.rand(3,4)
>>> nums
array([[0.53127302, 0.32686001, 0.06445367, 0.91970985],
       [0.70596456, 0.06780697, 0.61663509, 0.58560205],
       [0.15372644, 0.04424296, 0.50741279, 0.19471969]])
>>> e1 = nums[0,2]            # 第 0 行索引为 2 的元素
>>> print(e1)
0.06445366834669564
>>> e2 = nums[:2]            # 第 0 行和第 1 行的元素
>>> e2
array([[0.53127302, 0.32686001, 0.06445367, 0.91970985],
       [0.70596456, 0.06780697, 0.61663509, 0.58560205]])
>>> e3 = nums[:,1]          # 所有行索引为 1 的元素
>>> e3
array([0.32686001, 0.06780697, 0.04424296])
>>> e4 = nums[1,:]          # 第 1 行的所有元素,与 e4=nums[1]相同
>>> e4
array([0.70596456, 0.06780697, 0.61663509, 0.58560205])
>>> e5 = nums[2,2:]         # 第 2 行索引为 1 的元素后的所有元素
>>> e5
array([0.50741279, 0.19471969])
>>> e6 = nums[0:3,2]        # 每行索引为 2 的元素
>>> e6
array([0.06445367, 0.61663509, 0.50741279])
>>> e7 = nums[:,2]          # 每行索引为 2 的元素
>>> e7
array([0.06445367, 0.61663509, 0.50741279])
```

### 13.1.3 numpy 的 ufunc 函数和算术运算

ufunc 函数也称为通用函数(universal function),是一种对数组的每个元素进行运算的函数。许多 ufunc 函数是用 C 语言实现的,针对数组进行操作,以数组作为输出。ufunc 函数实现的运算针对的是数组中的每个元素,与使用循环相比,在运算速度上更快、效率更高。在函数名称前加上 numpy 库的别名 np,就可以实现数组的函数计算。

常用的 ufunc 函数包括用于数组元素运算的 add()、subtract()、multiply()、divide()等。

**例 13-6** 应用 ufunc 函数实现 numpy 数组运算。

```
>>> import numpy as np
>>> arr1 = np.array([10,20,30,40])
>>> arr2 = np.arange(1,5)
>>> arr1,arr2
(array([10, 20, 30, 40]), array([1, 2, 3, 4]))
>>> result1 = np.add(arr1,arr2)
>>> result2 = np.subtract(arr1,10)
>>> result3 = np.multiply(arr1,arr2)
>>> result4 = np.divide(arr1,5)
```

```
>>> print(result1)
[11 22 33 44]
>>> print(result2)
[ 0 10 20 30]
>>> print(result3)
[ 10  40  90 160]
>>> print(result4)
[2. 4. 6. 8.]
```

numpy 数组可以使用算术运算符实现数据元素的运算功能，因此数组的运算也可以写为算术表达式的形式。

**例 13-7** 应用算术运算符实现 numpy 数组运算。

```
>>> import numpy as np
>>> arr1 = np.array([10,20,30,40])
>>> arr2 = np.arange(1,5)
>>> arr1,arr2
(array([10, 20, 30, 40]), array([1, 2, 3, 4]))
>>> effect1 = arr1 - arr2
>>> effect2 = arr1 // arr2
>>> effect3 = arr2 **2
>>> effect4 = arr1 < 30
>>> print(effect1,effect2)
[ 9 18 27 36] [10 10 10 10]
>>> print(effect3,effect4)
[ 1  4  9 16] [ True  True False False]
```

numpy 数组是按元素逐个运算的，运算后将返回包含运算结果的新数组。

numpy 中的乘法运算符 "*" 是按元素逐个计算的，矩阵乘法可以通过 dot()函数或创建矩阵对象来实现。

**例 13-8** numpy 数组的矩阵乘法。

```
>>> import numpy as np
>>> lst1 = [[1,2],[3,4]]; lst2 = [[5,6],[7,8]]
>>> arr1 = np.array(lst1); arr2 = np.array(lst2)
>>> print(arr1); print(arr2)
[[1 2]
 [3 4]]
[[5 6]
 [7 8]]
>>> result1 = arr1 * arr2
>>> print(result1)
[[ 5 12]
 [21 32]]
>>> result2 = np.dot(arr1,arr2)
>>> print(result2)
[[19 22]
 [43 50]]
```

numpy 数组的赋值运算符，如 "+=" 和 "*=" ，只能用来更改已存在的数组，而不能创建一个新的数组。

**例 13-9** numpy 数组中 "+=" 和 "*=" 运算符的应用。

```
>>> import numpy as np
>>> arr1 = np.ones((2,3))
>>> arr2 = np.random.rand(2,3)
>>> print(arr1)
[[1. 1. 1.]
 [1. 1. 1.]]
>>> print(arr2)
[[0.13529124 0.86261149 0.76898786]
```

```
 [0.64350444 0.3597896  0.01896294]]
>>> id(arr2)
2092785125392
>>> arr2 += arr1      # arr2 数组发生内容改变
>>> print(arr2)
[[1.13529124 1.86261149 1.76898786]
 [1.64350444 1.3597896  1.01896294]]
>>> id(arr2)
2092785125392
```

从运行结果可以看出，arr2 数组在计算前后的 id 值是不变的，这表明没有新数组产生。

numpy 中的 ufunc 函数还包括随机数函数、三角函数、指数和对数函数、算术函数等。例如，利用 sin()、cos()、log()、max()、sum()等函数可以快速对数组进行各种运算。

**例 13-10**　ufunc 的 sin()、max()、sum()等函数的应用。

```
>>> import numpy as np
>>> x = np.arange(0,np.pi*0.5,0.1)
>>> print(x)
[0.  0.1 0.2 0.3 0.4 0.5 0.6 0.7 0.8 0.9 1.  1.1 1.2 1.3 1.4 1.5]
>>> y = np.sin(x)
>>> print(y)
[0.         0.09983342 0.19866933 0.29552021 0.38941834 0.47942554
 0.56464247 0.64421769 0.71735609 0.78332691 0.84147098 0.89120736
 0.93203909 0.96355819 0.98544973 0.99749499]

>>> nums = np.random.rand(2,3)
>>> nums
array([[0.24615302, 0.85082203, 0.9673129 ],
       [0.81468726, 0.1802416 , 0.05243335]])
>>> nums.max()
0.967312895828254
>>> nums.min()
0.05243334962440893
>>> nums.sum()
3.111650171219935
>>> nums.sort()
>>> nums
array([[0.24615302, 0.85082203, 0.9673129 ],
       [0.05243335, 0.1802416 , 0.81468726]])
>>>
```

在对 numpy 数组中的元素进行运算时，可将数组看作一维列表。sum()、max()等函数通过 axis 参数的值可以对指定的轴做相应的运算。

**例 13-11**　通过指定 axis 参数计算 numpy 数组的特征值。

```
>>> import numpy as np
>>> myarr1 = np.arange(12).reshape(3,4)
>>> myarr1
array([[ 0,  1,  2,  3],
       [ 4,  5,  6,  7],
       [ 8,  9, 10, 11]])
>>> myarr1.sum(axis=0)       # 计算每列和
array([12, 15, 18, 21])
>>> myarr1.sum(axis=1)       # 计算每行和
array([ 6, 22, 38])
>>> myarr1.max(axis=0)       # 列最大值
array([ 8,  9, 10, 11])
>>> myarr1.max(axis=1)       # 行最大值
array([ 3,  7, 11])
>>> myarr1.cumsum(axis=1)    # 计算每行累积和
```

```
array([[ 0,  1,  3,  6],
       [ 4,  9, 15, 22],
       [ 8, 17, 27, 38]], dtype=int32)
```

### 13.1.4  numpy 数组的形状操作

数组的形状（shape）取决于其每个轴上的元素个数，ravel()、reshape()、transpose()等函数用于修改数组的形状。其中，ravel()函数用于降低数组的维度；reshape()函数用于改变数组的维度；transpose()函数用于转置数组。具体来看下面的例子。

**例 13-12**  numpy 数组的形状操作。

```
>>> import numpy as np
>>> nums0 = np.int64(50*np.random.rand(3,4))
>>> print(nums0)
[[31  4  8 30]
 [31 49 40 19]
 [18  3 40 20]]
>>> nums1 = nums0.ravel()
>>> print(nums1)
[31  4  8 30 31 49 40 19 18  3 40 20]
>>> nums0.shape =(6,2)        # 与 nums0.reshape(6,2)等价
>>> print(nums0)
[[31  4]
 [ 8 30]
 [31 49]
 [40 19]
 [18  3]
 [40 20]]
>>> nums2 = nums0.transpose()
>>> print(nums2)
[[31  8 31 40 18 40]
 [ 4 30 49 19  3 20]]
>>> id(nums2)
1837176898448
>>> nums2.transpose()
array([[31,  4],
       [ 8, 30],
       [31, 49],
       [40, 19],
       [18,  3],
       [40, 20]])
>>> id(nums2)       # 转置数组，id值不发生改变
1837176898448
```

由 ravel()函数展平的数组元素的顺序通常是以行为基准，最右边的索引变化得最快，所以元素 nums0[0,0]之后是 nums0[0,1]。numpy 通常创建一个以行为基准，顺序保存数据的数组，所以 ravel()函数通常不需要创建数组的副本。但如果数组是通过切片或者其他方式创建的，就可能需要创建其副本。

resize()函数也能实现改变数组形状的功能。

**例 13-13**  使用 resize()函数改变数组形状。

```
>>> import numpy as np
>>> arr = np.array([[12, 31],[32, 49],[34, 41],[26, 34], [43,3],[10,5]])
>>> id(arr)
226959992
>>> arr.resize((4,3))
>>> arr
array([[12, 31, 32],
```

```
      [49, 34, 41],
      [26, 34, 43],
      [3,10,5]])
>>> id(arr)
226959992
```

如果在 reshape() 函数中指定数组维度为 –1，那么其准确的维度将根据实际情况计算得到。更多关于 reshape()、resize() 和 ravel() 等函数的内容请参考 numpy 的官方文档。

### 13.1.5　numpy 库的文件操作

numpy 库的文件操作主要通过 genfromtxt()、loadtxt()、savetxt() 等函数实现。

#### 1. genfromtxt() 函数

genfromtxt() 函数可以从文本文件中加载数据并将其转换为 numpy 数组，该函数通过不同的参数来处理不同格式的文本文件，包括分隔符、缺失值、数据类型等。其语法格式如下。

```
nnumpy.genfromtxt(fname,dtype=float,comments='#',delimiter=None,skip_header=0,
skip_footer=0,skip_rows=0, usecols=None,encoding=None,filling_values=None,…)
```

下面是部分常用参数的说明。

- fname：文件名字符串、字符序列或生成器。生成器需要返回字节字符类型。
- dtype：生成数组的数据类型，默认值为 float。当 dtype=None 时，每列的类型根据其中的数据确定。
- comments：用作注释的字符或字符序列，默认值为#。
- delimiter：字段分隔符，默认用空格、制表符等作为分隔符，也可以用单个字符或字符序列作为分隔符。
- skip_header：要跳过的文件开头的行数，默认值为 0，表示不跳过任何行。
- skip_footer：要跳过的文件末尾的行数，默认值为 0，表示不跳过任何行。
- skip_rows：要跳过的行数（从文件开头），默认值为 0。
- usecols：要读取的列索引或列名列表，默认为 None（读取所有列）。
- encoding：文件的编码格式，默认值为 None（系统默认编码）。
- filling_values：用设置的值作为默认值替代缺失数据。

**例 13-14**　genfromtxt() 函数的应用。

文件 score.csv 内容如下，文件编码类型为 utf-8，完成下面的文件读取和计算操作。

```
姓名,学号,Python,Java,C,总分
Tom,23101,78,98,67,243
Rose,10022,78,78,34,190
Mike,23402,94,32,61,187
Jhon,34355,66,87,33,220
Kate,34502,56,99,67,220
```

（1）将 score.csv 文件读入 numpy 数组，数据以字符串形式输出。

```
>>> import numpy as np
>>> fname = "score.csv"
>>> data = np.genfromtxt(fname,dtype=None,delimiter=",",encoding="utf-8")
>>> print(data)
[['姓名' '学号' 'Python' 'Java' 'C' '总分']
 ['Tom' '23101' '78' '98' '67' '243']
 ['Rose' '10022' '78' '78' '34' '190']
 ['Mike' '23402' '94' '32' '61' '187']
 ['Jhon' '34355' '66' '87' '33' '220']
 ['Kate' '34502' '56' '99' '67' '220']]
```

文件 score.csv 的第 1 行是字符串，参数 dtype 的默认值是 float，字符串无法转换为 float

类型，所有数据均表示为字符串。

（2）将 score.csv 文件除第 1 行外的数据读入 numpy 数组并输出。

```
>>> import numpy as np
>>> fname = "score.csv"
>>> data = np.genfromtxt(fname,dtype=None,delimiter=",",encoding="utf-8",
skip_header=1)
>>> print(data)
[('Tom', 23101, 78, 98, 67, 243)
('Rose', 10022, 78, 78, 34, 190)
('Mike', 23402, 94, 32, 61, 187)
('Jhon', 34355, 66, 87, 33, 220)
('Kate', 34502, 56, 99, 67, 220)]
```

参数 skip_header=1 的作用是跳过文件开头的第 1 行数据。去除第 1 行后的每列数据的类型都是相同的，再通过参数 dtype=None，由系统判定各列的数据类型为 int、float 或 str 等。从输出结果可以看出，"姓名"列被认定为 str 类型、其他各列均为 int 类型，所以整列被认定为 int 类型。

（3）输出 Python、Java、C 等 3 门课程的总成绩、平均成绩和成绩中位数。

```
>>> import numpy as np
>>> fname = "score.csv"
>>> data = np.genfromtxt(fname,delimiter=",",skip_header=1,usecols=(2,3,4))
>>> print(data)
[[78. 98. 67.]
 [78. 78. 34.]
 [94. 32. 61.]
 [66. 87. 33.]
 [56. 99. 67.]]
>>> print(np.sum(data,axis=0))
[372. 394. 262.]
>>> print(np.mean(data,axis=0))
[74.4 78.8 52.4]
>>> print(np.median(data,axis=0))
[78. 87. 61.]
```

在 np.genfromtxt()函数中，skip_header=1 表示跳过文件的第 1 行数据；usecols=(2,3,4) 表示选择文件的第 2、3、4 列，对应 3 门课程成绩，dtype 参数缺省，成绩数据默认转换为 float 类型。

在 np.sum(data,axis=0)函数中，axis=0 表示沿着列（垂直方向）求和，即计算每一列的和。类似地，np.mean(data, axis=0)表示沿着列（垂直方向）计算均值，np.median(data, axis=0) 表示沿着列（垂直方向）计算中位数。

### 2．loadtxt()函数和 savetxt()函数

numpy 的 loadtxt()函数的功能与 genfromtxt()函数类似，也用于读取文件中的数据。loadtxt()函数的目标是快速读取简单、格式化的文件，要求目标文件每一行具有相同数量的数据。

loadtxt()函数的语法格式如下，参数的含义与 genfromtxt()函数类似。

```
numpy.loadtxt(fname,dtype=float,delimiter=None,comments='#',skip rows=0,
usecols=None,encoding=None,…)
```

numpy 库的 savetxt()函数用于保存数组到文件，语法格式如下，其中大部分参数的含义与 genfromtxt()函数类似。

```
numpy.savetxt(fname,X,fmt='%.18e',delimiter='',newline='\n',header='',footer='',
comments='#',encoding=None))
```

写出下面 numpy 数组的运算结果。

```
>>> import numpy as np
>>> a1 = np.array((1,2,3))
>>> print(a1+100)
>>> b1 = np.array(([1,2,3],(4,5,6),(7,8,9)))
>>> print(np.sum(b1))
>>> print(np.sum(b1,axis=0))
>>> print(np.sum(b1,axis=1))
```

## 13.2 用于绘制图表的 matplotlib 库

### 13.2.1 matplotlib 简介

matplotlib 是 Python 的面向对象的 2D 绘图库，使用它绘制的图表中的每个绘图元素，如线条 Line2D、文字 Text、刻度等，都有一个对象与之对应。matplotlib 还通过 pyplot 模块提供了一套用于快速绘图 API，将众多绘图对象所构成的复杂结构隐藏在这套 API 内部。我们只需调用 pyplot 模块所提供的函数就可以实现快速绘图，并设置图表的各个细节。

安装 matplotlib 之前先要安装 numpy。

> 微课视频

### 13.2.2 matplotlib.pyplot 模块中的函数

matplotlib 库的 pyplot 模块用于快速绘制 2D 图表。此外，matplotlib 库还提供了一个名为 pylab 的模块，其中包含了许多 numpy 和 pyplot 模块中常用的函数，方便用户快速进行计算和绘图，适合在 Python 交互式环境中使用。

通常使用 import matplotlib.pyplot as plt 语句导入模块，使用 plt 作为 matplotlib. pyplot 模块的别名。本章后面的描述中，都将采用这个别名，从而方便书写程序。

**1．绘图过程和主要函数**

下面以一个示例说明绘图的过程。

**例 13-15** 绘制余弦三角函数 $y = \cos(x)$。

```
1    # ex1315.py
2    import matplotlib.pyplot as plt
3    import numpy as np
4
5    plt.figure(figsize=(6, 4))         # 创建绘图对象
6    x = np.arange(0, np.pi * 4, 0.01)
7    y = np.cos(x)
8    # plt.plot(x,y,"g-",linewidth=2.0)
9    plt.plot(x, y, color="g", ls='-.', linewidth=2.0)
10   plt.xlabel("x")                    # x 轴文字
11   plt.ylabel("cos(x)")               # y 轴文字
12   plt.ylim(-1, 1)                    # y 轴范围
13   plt.title("y=cos(x)")              # 图表标题
14   plt.grid(True)
15   plt.show()
16   # plt.savefig("test.png", dpi=120)
```

例 13-15 绘制了一幅余弦函数的图像，如图 13-1 所示。

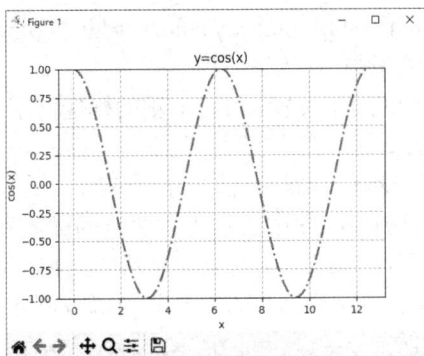

图 13-1　使用 matplotlib.pyplot 模块绘制余弦函数图像

（1）创建绘图对象

第 5 行语句 plt.figure(figsize=(6,4))用于创建一个绘图对象，我们也可以不创建绘图对象而是直接调用 plot()函数绘图，matplotlib 会自动创建一个绘图对象。

如果需要同时绘制多幅图表，可以给 figure()函数传递一个整数参数以指定图表的序号。如果所指定序号的绘图对象存在，则 matplotlib 不创建新的对象，而只选择其成为当前绘图对象。

figure()函数的参数 figsize 用于指定绘图对象的宽度和高度，单位为英寸；dpi 参数用于指定绘图对象的分辨率，即每英寸（in）多少 px，默认值为 100。因此，本例所创建的图表窗口的宽度为 $6 \times 100 = 600$px，高度为 $4 \times 100 = 400$px。程序运行后，单击图 13-1 中的"保存"按钮，保存下来的.png 图像的大小是 $600 \times 400$px。dpi 参数值可以通过如下语句查看。

```
>>> import matplotlib
>>> matplotlib.rcParams['figure.dpi']
100.0
```

（2）使用 plot()函数绘图

创建 figure 对象后，接下来调用 plot()函数在当前的 figure 对象中绘图。实际上，plot()是在子图 axes 对象上绘图，如果当前的 figure 对象中没有 axes 对象，将自动创建一个几乎充满整个图表的 axes 对象，并且使此 axes 对象成为当前的绘图对象。

plt.plot(x,y,"g-",linewidth=2.0)绘图语句的具体功能说明如下。

- 参数 x、y 用于表示 x 轴和 y 轴的数据。
- "g-"用于指明绘图曲线的颜色和线型，这个参数是格式化参数，它能够通过一些符号快速指定曲线的样式。其中，g 表示绿色；"-"表示线型为实线。plot 绘图中常用的颜色参数和线型参数如表 13-2 所示。

表 13-2　plot 绘图中常用的颜色参数和线型参数

| 颜色参数（color，简写为 c） | 线型参数（linestyles，简写为 ls） |
| --- | --- |
| 蓝色：'b'（blue） | 实线：'-' |
| 绿色：'g'（green） | 虚线：'--' |
| 红色：'r'（red） | 虚点线：'-.' |
| 黄色：'y'（yellow） | 点：'.' |
| 黑色：'k'（black） | |
| 白色：'w'（white） | |

- linewidth 用于指定线宽，可用浮点数（float）描述。

所以，代码第9行也可以改为plt.plot(x,y,color="g",ls='-',linewidth=2.0)。

（3）设置绘图对象属性的函数

- xlabel()、ylabel()：分别用于设置 x 轴、y 轴的标题文字。
- title()：用于设置图的标题。
- xlim()和 ylim()：用于设置 x 轴和 y 轴的显示范围。
- legend()：用于显示图例，即图中表示每条曲线的标签和样式的矩形区域。

matplotlib.pyplot 模块提供了一组用于读取和显示的函数，可在绘图区域中增加显示内容及读取数据，如表 13-3 所示。这些函数需要与其他函数搭配使用，此处读者了解即可。

**表 13-3　pyplot 模块的读取和显示函数**

| 函　　数 | 功　　能 |
| --- | --- |
| plt.legend() | 在绘图区域中放置图例 |
| plt.show() | 显示创建的绘图对象 |
| plt.matshow() | 在窗口显示数组矩阵 |
| plt.imshow() | 在 axes 上显示图像 |
| plt.imsave() | 保存数组为图像文件 |
| plt. imread() | 从图像文件中读取数组 |

（4）图形的保存和输出

plt.savefig()函数用于将当前的 figure 对象保存为图像文件，图像格式由图像文件的扩展名决定。下面的代码将当前的图表保存为 test.png，并且通过 dpi 参数指定图像的分辨率为 120，因此输出图像的宽度为 $6 \times 120 = 720px$。

```
plt.savefig("test.png", dpi=120)
```

在 matplotlib 中绘制完图形后，可通过 show()函数显示，我们可以通过图形界面中的工具栏对其进行设置和保存，还可以用工具栏中的按钮调整图形上下左右的边距。

**2．在绘图对象中绘制多个子图**

我们可以使用 subplot()函数快速绘制包含多个子图的图表，调用形式如下。

```
subplot(nrows, ncols, index)
```

subplot()函数将整个绘图区域等分为 nrows 行与 ncols 列个子区域，然后按照从左到右、从上到下的顺序对每个子区域进行编号，左上角的子区域的编号为 1。index 用于指定使用第几个子区域。

如果 nrows、ncols 和 index 这 3 个参数都小于 10，可以把它们缩写为一个整数。例如，subplot(324) 和 subplot(3,2,4)是相同的，表示图表被分割成 $3 \times 2$（3 行 2 列）的网格子区域，并在第 4 个子区域绘制子图。

subplot()函数会在参数 index 指定的区域创建一个 axes 对象。例如，下面的代码创建了一个 3 行 2 列共 6 个子图的图表，并通过 facecolor 参数给每个子图设置不同的背景颜色，如图 13-2 所示。

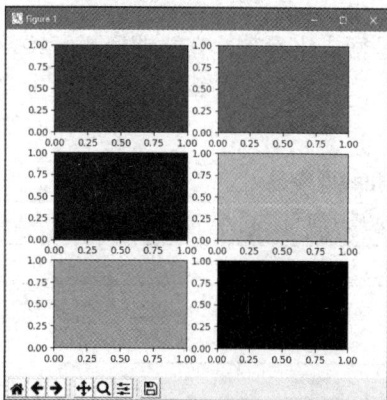

图 13-2　给每个子图设置不同的背景颜色

```
import numpy as np
import matplotlib.pyplot as plt
for idx,color in enumerate('rgbyck'):
```

```
        temp = 1+idx
        plt.subplot(3,2,temp,facecolor=color)
    plt.show()
```

subplot()函数返回它所创建的 axes 对象，用户可以将它用变量保存起来，然后用 sca() 函数交替让它们成为当前的 axes 对象，并调用 plot()函数在其中绘图。

如果绘图对象中有多个轴，可以通过工具栏中的 Configure subplots 按钮，交互式地调节轴与轴之间的距离及轴与边框之间的距离，图 13-2 的显示效果已经部分调整了轴与边框的距离。如果希望在程序中调节，可以调用 subplots_adjust()函数，其关键字参数如 left、right、bottom、top、wspace、hspace 等的值都是 0～1 的小数，它们是以绘图区的宽、高为 1 进行正规化之后的坐标或者长度。

**3. 绘制多幅图表**

给 figure()函数传递一个整数参数作为 figure 对象的序号，该序号可用来标识多幅图表中的一个图表。如果序号所指定的 figure 对象已经存在，则不再创建新的对象，而只让它成为当前的 figure 对象。下面的程序演示了如何在不同图表的不同子图中绘制曲线。

**例 13-16** 绘制多幅图表。

```
1   # ex1316.py
2   import numpy as np
3   import matplotlib.pyplot as plt
4
5   plt.figure(1)              # 创建图表 1
6   ax1 = plt.subplot(211)     # 图表 1 中的子图 1
7   ax2 = plt.subplot(212)     # 图表 1 中的子图 2
8   plt.figure(2)              # 创建图表 2
9   x = np.linspace(0, 3, 50)
10  for i in x:
11      plt.figure(2)          # 选择图表 2
12      plt.plot(x, np.exp(i * x / 3))
13      plt.sca(ax1)           # 选择图表 1 中的子图 1
14      plt.plot(x, np.sin(i * x))
15      plt.sca(ax2)
16      plt.plot(x, np.cos(i * x))
17  plt.show()
```

程序先在 figure(1)中创建了两个子图，然后创建 figure(2)。

在循环中，先选择 figure(2)成为当前图表，并在其中绘图。然后执行 sca(ax1)和 sca(ax2)分别让子图 ax1 和 ax2 成为当前子图，并在其中绘图。当它们成为当前子图时，包含它们的 figure(1)也自动成为当前图表，因此不需要再调用 figure()函数在 figure(1)和 figure(2)的两个子图之间切换。程序运行结果如图 13-3 所示。

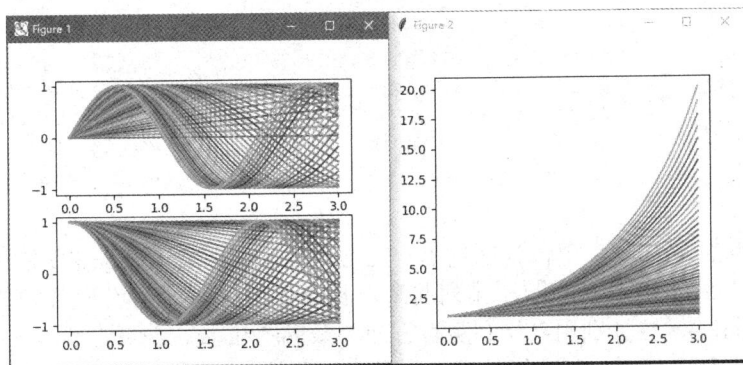

图 13-3　使用 figure()函数绘制曲线

## 4．在图表中显示中文

matplotlib 的默认配置文件中，使用的字体无法在图表中正确显示中文。在.py 文件头部加上如下内容，可以让图表正确显示中文。

```
matplotlib.rcParams['font.family']='SimHei'    # 指定默认字体
matplotlib.rcParams['font.sans-serif']='SimHei'
plt.rcParams['axes.unicode_minus']=False        # 用来正常显示负值
```

其中，'SimHei' 表示黑体。常用的中文字体及其英文表示为：宋体 – Simsun；黑体 – SimHei；楷体 – Kaiti；微软雅黑 – Microsoft Yahei；隶书 – LiSu；仿宋 – Fangsong；幼圆 – YouYuan；华文宋体 – STSong；华文黑体 – STHeiti。

### 13.2.3　绘制直方图、条形图、饼图

微课视频

matplotlib 库的 pyplot 模块提供了 plt.plot()、plt.hist()、plt.bar()、plt.pie()、plt.scatter()等用于绘制"基础图表"的常用函数，下面通过示例进行说明。

#### 1．直方图

直方图（histogram）是一种统计报告图，由一系列高度不等的纵向条状图或线段表示数据分布的情况。一般用横轴表示数据类型，纵轴表示分布情况。直方图的绘制可通过 plt.hist()函数实现。例如下面的代码。

```
plt.hist(x,bins=30,color='green',density=True)
```

hist()函数的主要参数如下。

- x：该参数用于指定每个 bin（箱子）分布在 x 轴的位置。
- bins：用于指定 bin 的个数，即条状图的个数。
- color：用于指定条状图的颜色。
- density：值为 True 时，本区间的点在所有点中所占的概率。

**例 13-17**　绘制正态分布随机数的范围分布直方图。

```
1    # ex1317.py
2    import matplotlib.pyplot as plt
3    import numpy as np
4    mu = 100                                    # 设置起始值
5    sigma = 20                                  # 每个点的放大倍数
6    x = mu + sigma*np.random.randn(20)          # 为简单直观，样本量取 20
7    plt.hist(x,bins=10,color='green',density= True)
8    print(x)
9    plt.show()
```

上述程序产生了 20 个正态分布的随机数，某次运行产生的随机数数据如下。其范围分布直方图如图 13-4 所示。

```
>>>
 [ 78.24891131 134.24763558  93.0436471   89.2762526   53.96714039
 103.35699424  99.50034783  79.90906458 131.60034072 109.76100185
 129.44854882 129.4170927   80.0679256  107.98583345  68.17515876
  90.23676712  80.45664565  73.60678218  90.13597704 107.88305145]
>>>
```

#### 2．条形图

条形图（bar）是用一个单位长度表示一定的数量，根据数量的多少绘制长短不同的线条，然后把这些线条按一定的顺序排列起来。从条形图中很容易看出各种数量的多少。plt.bar()和 plt.barh()函数分别用来绘制竖直方向的条形图和水平方向的条形图。

下面的两个程序分别绘制了简单的条形图和层叠的条形图。

**例 13-18** 绘制简单的条形图。

```
1   # ex1318.py
2   import matplotlib.pyplot as plt
3   import numpy as np
4   plt.figure(figsize=(6,4))
5   y = [10,20,8.45,22,3,2,12]
6   x = np.arange(7)
7   plt.bar(x,y,color="blue",width=0.5)
8   plt.show()
```

程序运行结果如图 13-5 所示。

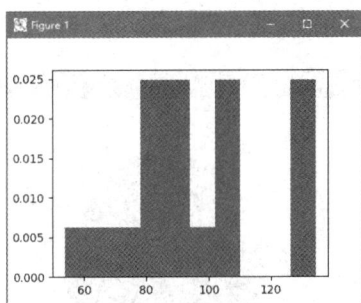

图 13-4　直方图

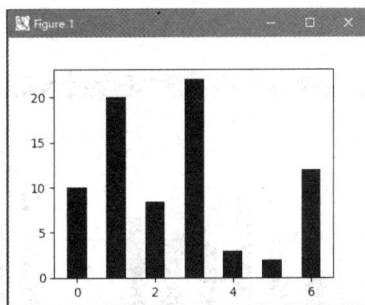

图 13-5　条形图

**例 13-19** 绘制层叠的条形图。

```
1    #ex1319.py
2    import matplotlib.pyplot as plt
3    import numpy as np
4    plt.figure(figsize=(8,6))
5    x=np.arange(21)
6    y1 = np.random.randint(10,30,20)
7    y2 = np.random.randint(10,30,20)
8    plt.ylim(0,70)      # 设置 Y 轴的显示范围
9    #上部的条形图
10   plt.bar(x,y1,width=0.5,color="grey",label="$y1$")
11   #底部的条形图
12   plt.bar(x,y2,bottom=y1,width=0.5,color="blue",label="$y2$")
13   plt.legend()
14   plt.show()
```

程序的第 6 行和第 7 行产生[10,30)范围内的 20 个随机数, 某一次的运行结果如图 13-6 所示。

## 3. 饼图

饼图（pie）显示一个数据系列中各数值项的大小与总和的百分比。使用 plt.pie()函数可以绘制饼图。

**例 13-20** 绘制饼图。

```
1    # ex1320.py
2    import matplotlib
3    import matplotlib.pyplot as plt
4
5    matplotlib.rcParams['font.family']='SimHei'
6    matplotlib.rcParams['font.sans-serif']='SimHei'
7    labels = ["一季度","二季度","三季度","四季度"]
8    data = [16,27,25,29]
9    explodes = [0,0.1,0.1,0]
10   plt.axes(aspect=1)
```

```
11    plt.pie(x=data,labels=labels,explode=explodes,autopct="%.1f%%",shadow=True)
12    plt.show()
```

绘制饼图的方法为 plt.pie(x=data,labels=labels,explode=explodes,autopct="%.1f%%", shadow=True)，其中各个参数的含义如下。

- x：数据，可以来源于列表或元组。
- labels：设置饼图数据项的标签。
- explode：设置突出显示的数据，由用户定义。
- autopct：显示数据块所占的百分比。
- shadow：设置图形的阴影效果。

程序运行结果如图 13-7 所示。

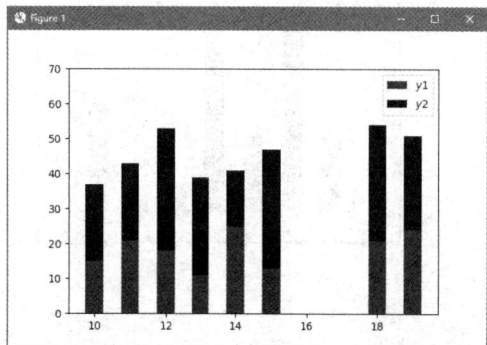

图 13-6　层叠的条形图

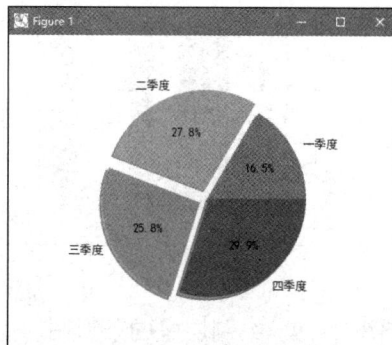

图 13-7　饼图

练习

一组成绩数据用字典描述为{"Eng":67,"PE":79,"Chinese":93,"Maths":72}，绘制成绩数据的条形图。

# 习　题　13

## 1．选择题

（1）在代码 import matplotlib.pyplot as plt 中，plt 的含义是什么？（　　　）

　　A．函数名　　　　　B．类名　　　　　C．库的别名　　　　D．变量名

（2）阅读下面的代码，其中 show()函数的作用是什么？（　　　）

```
import matplotlib.pyplot as plt
plt.plot([9, 7, 15, 2, 9])
plt.show()
```

　　A．显示绘制的数据图　　　　　　　B．刷新绘制的数据图
　　C．缓存绘制的数据图　　　　　　　D．存储绘制的数据图

（3）以下哪个选项不是 matplotlib.pyplot 的绘图函数？（　　　）

　　A．hist()　　　　　B．bar()　　　　　C．pie()　　　　　D．curve()

（4）以下哪个选项不能生成一个 ndarray 对象？（　　　）

　　A．arr1 = np.array([0, 1, 2, 3, 4])　　　B．arr2 = np.array({0:0,1:1,2:2,3:3,4:4})
　　C．arr3 = np.array((0, 1, 2, 3, 4)　　　D．arr4 = np.array(0, 1, 2, 3, 4)

（5）下面代码中，savefig()函数的作用是什么？（　　　）

```
import matplotlib.pyplot as plt
```

```
plt.plot([9, 7, 15, 2, 9])
plt.savefig('test', dpi=600)
```

  A. 将数据图存储为文件    B. 显示所绘制的数据图

  C. 记录并存储数据      D. 刷新数据

（6）下面代码运行后，数组 arr 的值是哪一项？（    ）

```
>>> import numpy as np
>>> arr1 = np.array([2,3,4])
>>> arr2 = np.array([[1,1,1],[2,2,2],[3,3,3],[4,4,4]])
>>> arr = arr1*arr2
```

  A. array([[ 2,4,6 ,8], [ 3,6,9,12],[ 4,8,12,16]])

  B. array([[ 2,2,2], [ 6,6,6],[ 12,12,12], [4,4,4]])

  C. array([[ 2,3,4], [ 4,6,8],[ 6,9,12], [ 8,12,16]]

  D. 两个数组的行数不同，不能运算

（7）下面代码的运行结果是哪一项？（  ）

```
>>> import numpy as np
>>> arr1 = np.array([[2,3,4],[1,2,3],[3,4,5]])
>>> np.transpose(arr1)
>>> arr1.T
```

  A. array([[2,1,3],[3,2,4],[4,3,5]])   B. array([[2,3,4],[1,2,3],[3,4,5]])

    array([[2,1,3],[3,2,4],[4,3,5]])     array([[2,3,4],[1,2,3],[3,4,5]])

  C. array([[2,1,3],[3,2,4],[4,3,5]])   D. array([[2,1,3], [3,2,4],[4,3,5]])

    array([[2,3,4],[1,2,3],[3,4,5]])     array([2,1,3,3,2,4,4,3,5])

（8）下面代码的运行结果是哪一项？（  ）

```
>>> arr = np.arange(-1,-10,-2)
>>> arr[::-1]
```

  A. array([-9, -7, -5, -3, -1])   B. array([-1, -3, -5, -7, -9])

  C. array([-2, -4, -6, -8, -10])   D. array([-10, -8, -6, -4, -2])

## 2．简答题

（1）numpy 数组有什么特点？

（2）使用 numpy 库创建数组有哪几种方法？

（3）用于 numpy 数组形状操作的函数有哪些，请通过示例说明。

（4）使用 import matplotlib.pyplot as plt 导入模块后，绘图的语句是 plt.plot(x,y,"g-", linewidth=2.0)，plot()函数中各参数的含义是什么？

（5）简述使用 matplotlib.pyplot 模块绘图的过程。

## 3．阅读程序

  下面程序的功能是绘制正弦三角函数 $y=\sin(x)$ 和余弦三角函数 $y=\cos(x)$ 的图形，如图 13-8 所示。请在【代码 1】【代码 2】处补充合适的内容。

```
import numpy as np
import matplotlib
import matplotlib.pyplot as plt
matplotlib.rcParams['font.family']='SimHei'        # 指定默认字体
matplotlib.rcParams['font.sans-serif']='SimHei'
plt.rcParams['axes.unicode_minus']=False           # 用来正常显示负值
x = 【代码 1】
y1 = np.sin(x)
y2 = np.cos(x)
plt.xlabel("x-变量")
plt.ylabel("y-变量")
```

```
plt.title("函数图像")
plt.【代码2】
plt.show()
```

## 4．编程题

（1）编写程序绘制余弦三角函数 $y=\cos(2x)$ 的函数曲线。

（2）编写程序绘制 $y=e^{-x}\sin t(2\pi x)$ 和 $y=\sin(2\pi x)$ 的函数曲线，如图 13-9 所示。

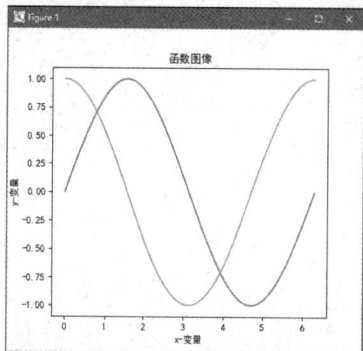

图 13-8　$y=\cos(2x)$ 的函数曲线

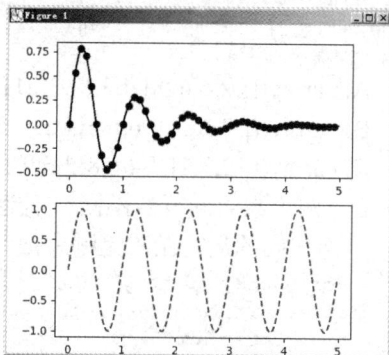

图 13-9　$y=e^{-x}\sin t(2\pi x)$ 和 $y=\sin(2\pi x)$ 的函数曲线

（3）参考本章示例，绘制一个散点图。

📖 **提示**　可使用 import matplotlib.pyplot as plt 和 help(plt.scatter)查看绘制散点图的帮助信息。